BAEDEKER SMART

Wien

Wie funktioniert der Reiseführer?

Wir präsentieren Ihnen Wiens Sehenswürdigkeiten in fünf Kapiteln. Jedem Kapitel ist eine *spezielle Farbe* zugeordnet.
Um Ihnen die Reiseplanung zu erleichtern, haben wir alle wichtigen Sehenswürdigkciten jedes Kapitels in drei Rubriken gegliedert: Einzigartige Sehenswürdigkeiten sind in der Liste der *TOP 10* zusammengefasst und zusätzlich mit zwei Baedeker Sternen gekennzeichnet. Ebenfalls bedeutend, wenngleich nicht einzigartig, sind die Sehenswürdigkeiten der Rubrik *Nicht verpassen!* Eine Auswahl weiterer interessanter Ziele birgt die Rubrik *Nach Lust und Laune!*

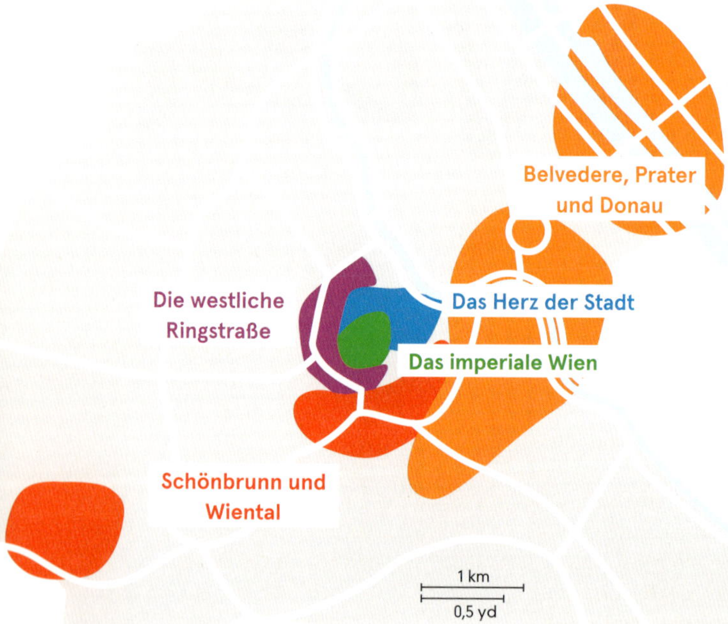

Spaziergänge

Praktische Informationen

Anhang

Magische Momente

Kommen Sie zur rechten Zeit an den richtigen Ort und erleben Sie Unvergessliches.

Mit bestem Blick auf den Stephansdom:
Wintergarten des Restaurants »Do & Co« im Haas-Haus am Stephansplatz

Vom Dach des Naturhistorischen Museums eröffnen sich neue Perspektiven auf das Maria-Theresia-Denkmal und seinen Zwillingsbau, das Kunsthistorische Museum.

1

2

3

4

5

6

7

8

9

10

★★Baedeker Topziele

Unsere TOP 10 helfen Ihnen, von der absoluten Nummer eins bis zur Nummer zehn, die wichtigsten Sehenswürdigkeiten einzuplanen

❶ ★★ Hofburg

Wo einst das Herz des habsburgischen Staates schlug, warten heute imperiale Schauräume, Museen und – Sängerknaben. (S. 78)

❷ ★★ Stephansdom

Eingebettet in ein Labyrinth mittelalterlicher Gassen, markiert der »Steffl« als Wahrzeichen Wiens den geografischen und geistigen Mittelpunkt der Stadt. (S. 46)

❸ ★★ Schloss Schönbrunn

In ihrer von einem herrlichen Park umgebenen Sommerresidenz spiegelt sich der ganze Glanz der Habsburger wider. (S. 136)

❹ ★★ Belvedere

Die Schlossanlage Prinz Eugens gilt als Inbegriff eines barocken Gesamtkunstwerks und bietet hochkarätige Sammlungen. (S. 168)

❺ ★★ Kunst- und Naturhistorisches Museum

Der eine Prunkbau birgt eine der kostbarsten Gemäldegalerien der Welt, sein Zwilling bedeutsame naturwissenschaftliche Schätze. (S. 110)

❻ ★★ Burgtheater

Im prunkvollen Rahmen einer der besten Bühnen der Welt feiern Klassiker und zeitgenössisches Regietheater eine beglückende Hochzeit. (S. 112)

❼ ★★ MuseumsQuartier

Hinter der 350 m langen Barockfassade erstreckt sich eines der größten Kulturareale der Welt – mit tollen Museen, Ateliers und Studios für Gegenwartskunst sowie einer pulsierenden Gastroszene. (S. 113)

❽ ★★ Prater

Die Wiesen und Auwälder laden zum Spazierengehen ein. Im Wurstelprater zu Füßen des weltberühmten Riesenrads warten auf Jung und Alt Adrenalinkicks aller Art. (S. 170)

❾ ★★ Naschmarkt und Wienzeile

Der »Bauch von Wien« bietet mit seinen kulinarischen Köstlichkeiten aus aller Welt eine wunderbare Wallfahrt der Sinne. (S. 144)

❿ ★★ Karlskirche

Kaiserhaus und Klerus bündelten ihre Kräfte bei der Schaffung hochbarocker Architektur. Grandiosestes Ergebnis unter Wiens Sakralbauten ist die Karlskirche mit ihrer Kolossalkuppel. (S. 147)

Ein Gefühl für Wien bekommen ...

Erleben Sie, was diese Stadt ausmacht, und spüren Sie das einzigartige Flair Wiens. So, wie die Wiener selbst.

Im Kaffeehaus

Was den Pragern ihre Bierstube und den Londonern ihr Pub, ist den Wienern ihr Kaffeehaus. Die Palette dieser »öffentlichen Wohnzimmer« reicht von Renommieradressen wie dem Sacher, Landtmann, Prückel oder Schwarzenberg bis zum plüschigen Geheimtipp in der Vorstadt. Gemütlich sind sie alle. Als besonders behaglich – und zugleich Wiens ältestes Café – entpuppt sich das urige Frauenhuber (S. 97).

Strand am Donaukanal

Natürlich denkt man beim Thema (Sonnen)Baden in Wien zuerst an die Donauinsel. Doch in jüngsten Jahren haben sich auch die Gestade im citynahen Abschnitt des Donaukanals zum veritablen Sommerszene-Revier gemausert. Auf künstlichen Sandstränden werden Liegestühle aufgeklappt. Spiele, köstliche Snacks, coole Drinks und Sounds sorgen bis spät in die warmen Nächte für Party-Flair pur. Zu den populärsten Open-Air-Treffs zählen Tel Aviv Beach, Adria Wien und die Strandbar Herrmann (S. 185). Besonders beliebt dank Pool an Deck und hippem Club im Bauch ist das Badeschiff.

Tel Aviv Beach
✉ Wien 2., Obere Donaustrasse 65
◑ April–Okt. tägl. 12–24 Uhr

Adria Wien
✉ Wien 2., Obere Donaustraße 77
☎ 660 127 17 84
🌐 www.adriawien.at
◑ Mo–Sa 10–1, So bis 24 Uhr
🚇 U2 und U4 Schottenring

Badeschiff
✉ Wien 2., Obere Donaustraße, nahe Urania
☎ 660 31 24 703
🌐 www.badeschiff.at
◑ Anf. Mai–Anf. Okt. tägl. ab 10 Uhr, Biergarten: Mo–Fr ab 16, Sa/So ab 11 Uhr
🚇 U1, U4, Schwedenplatz

Feiern im Dreivierteltakt

Nicht nur, aber vor allem in der Faschingszeit frönt Wien dem Walzen und Balzen so lustvoll, wie wohl keine zweite Stadt der Welt. Wer im Januar oder Februar herkommt, sollte unbedingt auf einem der fast 500 Bälle das Tanzbein schwingen und die spezifisch Wienerische Aus-

Relaxen in einem Café am Donauufer mit Blick auf die UNO-City – hier scheint der hauptstädtische Trubel weit entfernt.

gelassenheit erleben. Als traditionsträchtigste Veranstaltungen gelten Ärzte-, Jäger- und Juristenball in der Hofburg, der Ball der Philharmoniker im Musikverein und, als absoluter Höhepunkt, jeweils am Donnerstag vor Aschermittwoch, der Opernball (S. 118, 211).

Verführung Naschmarkt

Eine Wallfahrt der Sinne und authentische Basar-Atmosphäre obendrein bietet ein Bummel durch den berühmten »Bauch von Wien«. Denn viele Händler, die hier zwischen Obst- und Gemüsepyramiden, Wurst- und Käsetürmen so charmant wie lautstark ihre Waren preisen, stammen vom Balkan oder aus der Türkei. Haben die gereichten Kostproben Ihren Appetit angeregt? Dann kehren Sie doch in der angrenzenden Gastromeile ein! Herzhafte Orient-Spezialitäten kredenzt man etwa bei Neni.

Neni
✉ Stand 510
◑ Mo–Sa 8–23, warme Küche 12–22.30 Uhr

Am Würstelstand

Was wäre Wien ohne diese Kalorientankstellen für den kleinen Hunger zwischendurch? Unvorstellbar, zumindest für Taxifahrer, Nachtarbeiter und Nachtschwärmer. Doch auch als Tourist sollte man der Institution Würstelstand einmal die Reverenz erweisen. Dort bekommt man etwa 20 Deka (200 g) Leberkäse, eine Debreciner, Käsekrainer, Brat- oder Burenwurst, bekannt als »Heiße«, samt Brot und Senf auf Pappkarton gereicht. Und dazu gratis eine Riesenportion Wiener Schmähs der eher würzigen Sorte. Zwei der populärsten, bis frühmorgens geöffneten Kioske stehen am Albertinaplatz hinter der Oper und auf dem Hohen Markt (S. 61).

In die Weinberge

Dem innerstädtischen Getriebe entfliehen und mit der Tram Linie D hinaus nach Nussdorf fahren: Dort wandern Sie dann auf Beethovens Spuren den Schreiberbach entlang, dem Kahlenberg entgegen und in die Weingärten. Zur Krönung des idyllischen Ausflugs lockt die Einkehr beim Heurigen. Besonders idyllisch sitzt man beim Sirbu hoch droben in der Kahlenberger Straße, wo man Stadt und Strom wie auf dem Servierbrett unter sich hingebreitet sieht. Und beim Wieninger in Nußdorf genießen sie den Heurigen mitten in den Reben.

Heuriger Sirbu
✉ Wien 19., Kahlenberger Str. 210
☎ 320 59 28
🌐 www.sirbu.at
◑ Mitte April–Mitte Okt. Mo–Fr 16–23, Sa ab 15 Uhr
🚌 Bus 38A bis Armbrustergasse, von dort zu Fuß oder mit dem Taxi weiter

Heuriger Wieninger
✉ Wien 21., Stammersdorfer Straße 78
☎ 292 41 06 🌐 http://heuriger-wieninger.at
◑ Mitte Feb.–Mitte April Sa 14–24, So 12–22 Uhr, Mai–Mitte Nov. Fr 17–24, Sa ab 14, So 12–22 Uhr, Mitte Nov.–Mitte Dez. Sa 14–24, So 12–22 Uhr
🚌 Tram 31 bis Stammersdorf, dann ca. 10 Min. zu Fuß, Bus 30A bis Stammersdorf-Freiheitsplatz, von dort noch etwa 2 Min. Fußweg

Ein Heurigen-Nachmittag inmitten von Weinreben beim »Wieninger« in Nußdorf ist einfach herrlich.

Lust auf einen Aperitiv? Probieren Sie Erwin Gegenbauers Essigspezialitäten an seinem Stand auf dem Naschmarkt.

INHALT

Mitten hinein in die Wiener Geschichte mit einer nostalgischen Fiakerfahrt über den Michaelerplatz vor den Toren der Hofburg

Das Magazin

Von Donau, Schnitzel und Kaffeehaus, der unsterblichen Liebe zu Musik und Tod: Geschichten aus dem Innersten der Wiener Seele

Seite 12–35

Berühmt-berüchtigt: das »Goldene Wienerherz«

Die Liebe zum Wein, zum Tod, zur angeblich glorreichen Kaiserzeit der k.u.k.-Monarchie und eine hohe, nicht selten heurigenselige Musikalität sind nur einige Wesenszüge, die man den Wienern als für sie charakteristisch gerne zuschreibt.

Tiefenpsychologen haben die Mentalität des typischen Wieners als eine Mixtur aus Minderwertigkeitskomplexen und lärmigem Selbstbewusstsein interpretiert. Ein Grund für Erstere mag in der Erfahrung liegen, lange Zeit im Zentrum eines Weltreichs gelebt, sich dann aber abrupt in einem Kleinstaat am Rande des freien Europas wieder gefunden zu haben. Auch das geistige Erbe der Habsburger und ihrer mehr als 600 Jahre währenden Herrschaft scheint nicht gänzlich überwunden. Wie sonst sollte man den strikten Katholizismus und das

Beliebter Treffpunkt zum »Nachmittags-Schmäh«: der Innenhhof des MuseumsQuartiers mit seinen »Enzis« genannten Sitzgelegenheiten

Er hat es: das »Goldene Wienerherz« - der »Fiaker-Baron« Wolfgang Fasching

devote Obrigkeitsdenken, das manche Köpfe bis heute bestimmt, erklären?

Raunzig, tierliebend und mit Schmäh

Berühmt gemacht haben den Wiener vor allem drei Eigenschaften. Zum Ersten ist es das Raunzen: Einem Wiener kann man nur in den seltensten Fällen etwas recht machen, er findet in jeder Suppe ein Haar. Zum Zweiten ist es das »Goldene Herz«, das vor allem für Tiere schlägt. Zum Dritten schließlich ist es der »Wiener Schmäh«.
Alle drei dieser urwienerischen

Was ist der »Wiener Schmäh«?

Darüber, was der »Wiener Schmäh« ist, wurden schon wissenschaftliche Abhandlungen geschrieben. Eine genaue Definition gibt es trotzdem nicht. Er setzt sich zusammen aus einer merkwürdigen Art von Humor, einer pointierten Ausdrucksweise und ein wenig Aufschneiderei. Zu Hause ist der »Wiener Schmäh« v. a. in Beisln, beim Heurigen und zu später Stunde am Würstelstand.

Eigenschaften sind heute nicht mehr so oft zu finden wie früher. Die Fun-Generation, die mit Computern aufgewachsen ist, hat sie nicht mehr. Aber wenn Sie das Glück haben, in einem Taxi ausnahmsweise nicht an einen Pakistani, Iraner oder Türken zu geraten, sondern an einen »echten Wiener«, dann haben Sie die Chance, sie live zu erleben. Fragen Sie ihn nach den Baustellen in Wien, und er wird Ihnen die Ohren vollraunzen. Sprechen Sie ihn auf die von der Vizebürgermeisterin, einer Grünen-Politikerin, verfügte, heiß diskutierte Umwidmung der Mariahilfer Straße in eine Fußgängerzone an, und sein »Goldenes Herz« wird Ihnen eine nicht druckreife Meinung über Kommunalpolitik liefern. Und fragen Sie ihn, ob er mit dem Geschäftsgang zufrieden ist, und er wird Ihnen einen wortreichen »Schmäh« erzählen – wetten?

Wien zeigt sich traditionell im Kaffeehaus (li. u.) und multikulturell auf dem Brunnen- (li. u. re. ob.) und Naschmarkt (re. u.)

Apropos »echter Wiener«

Dass es den »echten Wiener« nicht gibt und wahrscheinlich auch nie gegeben hat, ist eine Tatsache. Von der Frühzeit an bis zum Aufstieg des Orts zur Weltmetropole Ende des 19. Jhs. haben Menschen verschiedenster Herkunft in der Stadt an der Schnittstelle zwischen West und Ost gelebt. Noch um 1900 war es für hohe Staatsbeamte Bedingung, sechs bis acht Sprachen zu sprechen. Und wenn Sie das Wiener Telefonbuch aufschlagen, werden Sie sehen, dass Namen wie Swoboda und Cerny, Kovacs und Arslan viele Spalten füllen.
Zuwanderer waren es auch, die Wien seit jeher mit ihrer Kultur, ihrer Küche und ihrem Lebensstil geprägt haben. Lange bevor der Begriff »multikulti« aktuell wurde, zogen Menschen aus allen Ecken der Monarchie in die Donaumetropole, und die wurde zu einem Schmelztiegel des Vielvölkerstaates.

Pennälertag-Prozession des katholischen Mittelschüler-Kartell-Verbands

Erzkonservativer Geist

Die Habsburger regierten ihr Weltreich im Namen Gottes, und stets zählten Kleriker zu ihren wichtigsten Beratern. Somit ist es kein Zufall, dass ihre Leichname in der Kapuzinergruft zur letzten Ruhe gebettet sind – in der Obhut besonders frommer, asketischer Bettelmönche,
Das konservative Wien stellt sich bis heute stolz zur Schau. Seine Verbundenheit zur katholischen Kirche beweist es zu Fronleichnam, wenn Tausende Gläubige hinter dem Baldachin vom Dom durch die Innenstadt ziehen. Die Monarchisten hingegen zeigen am 18. August, dem Geburtstag Kaiser Franz Josephs, rund um die Kapuzinergruft – schwarzgelbe – Flagge.

Der »Wiener Schmäh« ist ein allgegenwärtiger Begleiter – auch 16 Meter unter der Stadt bei einer Weinverkostung im »Villon Weinkeller«.

Auch später, als Wien der Wasserkopf eines geschrumpften Reiches war, hielt der Zustrom an. Nach 1956 kamen Tausende von Ungarn, und ab den 1970er-Jahren Menschen aus dem ehemaligen Jugoslawien und der Türkei, die damals so genannten Gastarbeiter.

Die Zuwanderer haben jene interessante Atmosphäre geschaffen, die seit jeher die kulturelle Kraft Wiens ausgemacht hat. Sie war um 1900 der Nährboden, auf dem sich Wissenschaft, Architektur, bildende Kunst und Musik so einzigartig entwickeln konnten. Schriftsteller wie Arthur Schnitzler und Robert Musil, Heimito von Doderer und Hermann Broch, Hugo von Hofmannsthal und Peter Altenberg, Karl Kraus, Alfred Polgar und Egon Friedell bezogen ihre Kreativität auch aus der Vielfalt der Wurzeln Wiens.

Gerade in den letzten Jahren hat Wien zu seiner alten Kraft und Kreativität zurückgefunden. Jetzt herrscht Aufbruchsstimmung, die Stadt erneuert sich, das Leben zeigt sich prall wie selten zuvor – und das Goldene Wienerherz pulsiert nach Leibeskräften.

Im Brennpunkt der Geschichte Europas

Der kaiserliche Glanz und die Eleganz der k.u.k. Zeit, das ist in Wien immer und überall zu spüren. Die große Symbolfigur dafür ist Franz Joseph I. Der Kaiser mit dem väterlichen Blick und dem zweigeteilten Backenbart regierte 68 Jahre lang. Er machte Wien zu einer Weltmetropole. Dass sie es nicht für lange bleiben würde, konnte er freilich nicht ahnen.

Franz Joseph bestieg den Kaiserthron im Revolutionsjahr 1848 mit nur 18 Jahren. Seinen Beratern und besonders seiner Mutter Sophie, deren kühle Steifheit er geerbt hatte, treu ergeben, regierte er zeitlebens pflichtbewusst und dogmatisch. 1854 heiratete er in der Wiener Augustinerkirche die blutjunge Elisabeth, »Sisi«. Sie begann bald unter der distanzierten Art des Kaisers und seiner Mutter zu leiden.
An Schicksalsschlägen hatte er eine ganze Menge zu verkraften. 1867 wurde sein Bruder Maximilian in Mexiko hingerichtet, 1889 nahm sich sein Sohn, Kronprinz Rudolf, das Leben, 1898 fiel seine Frau Elisabeth einem Attentat zum Opfer, und 1914 wurden der Thronfolger Erzherzog Franz Ferdinand und seine Frau Sophie in Sarajevo ermordet.

Bau der Ringstraße

Als Kaiser Franz Joseph den Kaiserthron bestieg, war Wien noch von starken Wällen und Befestigungsanlagen umgeben.

Kaiser Franz Joseph I. als Postkartenmotiv im Jahr 1900

Sie hatten ihre Funktion aber schon verloren und waren eigentlich nur noch ein enges Korsett, das die Stadt einengte. 1857 gab der Kaiser den offiziellen Startschuss zum Abbau der Fortifikationen und Ausbau der Ringstraße. Damit war die Ära der Großstadterweiterung eingeläutet. Wien konnte sich vom Biedermeieridyll zur Weltstadt entwickeln, zu einer Metropole, deren prachtvolle Architektur ihre Dominanz über alle Städte der Monarchie demonstrieren sollte.

Blüte und Niedergang

Unter Franz Josephs Herrschaft blühte das kulturelle und intellektuelle Leben auf, der Kaiser selbst interessierte sich freilich wenig für die schönen Künste. Er lebte in Schönbrunn bescheiden, ja nahezu spartanisch. Durch politische Fehlentscheidungen vorsichtig geworden, widersetzte er sich allem Neuen und Reformen ebenso wie der Abdankung zugunsten seines Neffen Franz Ferdinand. Mit 84 Jahren unterschrieb er 1914 in Bad Ischl die Kriegserklärung an Serbien. Der Erste Weltkrieg brach aus. Franz Joseph starb 1916, zwei Jahre vor dem Ende dieses furchtbaren Krieges.

Unverstandene, arme Sisi

Was als große Romanze begonnen hatte, endete in Einsamkeit und Trauer. Die junge Kaiserin Elisabeth I. (1837–1898) litt unter dem Zeremoniell der Wiener Hofburg und dem strengen Regiment der Schwiegermutter Sophie. Sie flüchtete in Krankheit, Isolation und ausgedehnte Reisen. Ihre Schönheit wurde zur Obsession. Sie pflegte ihr fersenlanges Haar täglich stundenlang, ritt, turnte und hielt strengste Diät. Das Schicksal meinte es nicht gut mit der Kaiserin: 1857 starb ihre Tochter Sophie im Alter von zwei Jahren. Ihr Seelenfreund, König Ludwig II. von Bayern, ertrank 1886 unter mysteriösen Umständen. Als 1889 ihr Sohn Rudolf und seine Geliebte Mary Vetsera Selbstmord begingen, verstärkte sich ihre Melancholie. »Möge der Tod mich überraschen«, schrieb sie in ihr Tagebuch. Ihr Wunsch ging in Erfüllung. Der italienische Anarchist Luigi Luccheni erstach sie in Genf mit einer Feile.

Nur 40 von über 1400 Räumen des Schlosses Schönbrunn, das im Sommer als Wohnsitz des Kaiserpaars diente, können besichtigt werden – darunter auch die mit Deckenfresken ausgemalte Große Galerie.

Für das perfekte Sommer-Feeling wird in der Strandbar »Herrmann« mit Tonnen von Sand gesorgt.

Wien und die Donau

Jahrhundertelang lag Wien nicht an, sondern neben der Donau. Erst die Regulierung des Flusses ab 1870 ließ die Stadt an und über seine Ufer hinauswachsen. Als Nebeneffekt – allerdings erst gut hundert Jahre später – entstand das Freizeit- und Erholungsgebiet Donauinsel mit einem rund 40 Kilometer langen Strand.

Das Verhältnis der Wiener zu ihrer Lebensader war lange Zeit ein gespaltenes. Die Donau wurde von ihnen vor allem als bedrohlich empfunden. Erst in den 70er-Jahren des 19. Jahrhhundets kamen Stadt und Fluss einander näher, nachdem der Strom reguliert und die Hochwassergefahr somit einigermaßen gebannt worden war. Nun ließen sich auch endlich stabile Straßen- und Eisenbahnbrücken bauen – leistungsfähige Verbindungen in die wirtschaftlich überaus wichtigen Kronländer Böhmen und Mähren.

Megaprojekt Neue Donau

Bis in die 70er-Jahre des 20. Jahrhunderts war das Nordufer der Donau ödes Überschwemmungsgebiet. Dann setzte eine wundersame Wandlung ein. Es wurde festgestellt, dass das Grundwasser im Marchfeld, sozusagen Wiens Gemüsegarten, dramatisch sank. Schließlich drohten die wunderschönen Badereviere an der Alten Donau und in der Lobau zu verlanden. Man eilte ans Reißbrett, grub die Neue Donau, eine über 20 Kilometer lange Entlastungsrinne, und baute daneben eine sechsspurige Autobahn als neue Verbindung nach Prag und Budapest.

Freizeitparadies Donauinsel

Ein Ergebnis der Hochwasserregulierung war die Donauinsel. Über sie wurde anfänglich recht viel geraunzt.

Doch inzwischen ist der durchschnittlich 200 Meter breite Landstreifen den Wienern ans Herz gewachsen. Radfahrer, Spaziergänger und Inline-Skater lieben die langen asphaltierten Wege, Fischer angeln nach Herzenslust, und an Wochenenden wird in den betonierten Ufernischen um die Wette gegrillt.

Jeden Sommer wird diese menschliche Kunstlandschaft zu einer zentraleuropäischen Copacabana. Abertausende nehmen dann ihre »Copa Cagrana« (benannt nach dem benachbarten Stadtteil Kagran) in Beschlag, fahren Tretboot und Wasserski, paddeln, segeln und surfen oder nehmen an dem über 40 Kilometer langen Strand ein Sonnenbad.

Vor weltstädtischer Kulisse

Betulicher geht es an den Gestaden der Alten Donau zu mit ihren Arbeiterstrandbädern, Badehütten, Ruder- und Segelbootverleihen und herrlich altmodischen Ausflugslokalen.

Eine Idylle, die unversehens in die Gegenwart führt, sobald man den Kopf hebt: Den gesamten Freizeit- und Erholungsbereich an Neuer und Alter Donau überragen der moderne Glaspalast der Uno-City, der Donauturm und etliche Wolkenkratzer.

Die Uno-City, ein riesiges Areal von 180 000 m² mit drei konkav geschwungenen Bürotürmen, Konferenz- und Kongresszentrum, ist seit 1979 neben New York und Genf der dritte Uno-Hauptsitz. Sie ist u. a. Sitz der Internationalen Atomenergiebehörde (IAEA) und der Organisation für Industrielle Entwicklung (UNIDO).

Eine Skyline, die – wohltuend weit vom historischen Stadtkern entfernt – auch Wien ein zeitgemäßes Gepräge verleiht. Besonders spektakulär ist der von Frankreichs Stararchitekt Dominique Perrault entworfene, 2014 eröffnete DC Tower, das mit 250 m derzeit höchste Gebäude Österreichs.

Der Tod, das muss ein Wiener sein

Dass Wien eine besondere Beziehung zum Tod hat, wusste auch der Kabarettist Georg Kreisler. Das reicht von der nahezu kultischen Verehrung von Grüften, letzten Ruhestätten und Friedhöfen bis hin zu den Wienerliedern, die beim Heurigen gesungen werden: traurig, schaurig, schön.

Die Wiener und der Tod, das ist eine lange Geschichte. Sie reicht bis ins 17. Jh. zurück, als der »liebe Augustin«, ein berühmter Bänkelsänger, versehentlich in eine Pestgrube geworfen wurde. Er verlor seinen Humor selbst da nicht, sondern riss weiter seine Possen, um sich Mut zu machen. So überlebte er unter all den Leichen der an der Pest Gestorbenen. Die Geschichte gipfelt in der Vorstellung, dass eine »schöne Leich'« (ein prächtiges Begräbnis) der Höhepunkt des Lebens sei. Und sie hat auch einen wissenschaftlichen Touch: In Wien erforschte Sigmund Freud den Todestrieb, in Wien gründete Erwin Ringel (in der Fachwelt als Mr. Suicide bekannt) bereits 1948 Europas erstes Krisen-interventionszentrum, und in Wien verfasste Prof. Tomáš G. Masaryk, der später dann Präsident der Tschecho- slowakei wurde, seine Habilitationsschrift zum Thema Selbstmord.

Der größte Friedhof Europas

Der Zentralfriedhof ist, was die Zahl der Bestattungen anbelangt, der größte Friedhof Europas. Beim Aufseher erhalten Sie einen Wegweiser zu den letzten Ruhestätten großer Persönlichkeiten: Johannes Brahms, Johann Strauss Vater und Sohn, Ludwig van

Schädelskulptur mit Reichskrone auf dem Sarkophag von Karl VI. in der Kapuzinergruft

Vor allem im 19. Jahrhundert wurden viele der Grabstätten auf dem Zentralfriedhof überaus pompös und aufwendig gestaltet.

Das Bestattungsmuseum zeigt, was alles zu einer »schönen Leich'« gehörte.

Skurriles Museum

Das Bestattungsmuseum ist ein Kuriosum. Etwa 250 Exponate dokumentieren die Auswüchse des Totenkults. Neben Trauerlivreen und Accessoires der Totengräber sind Modelle von Urnen, Särgen und Leichenwagen zu bestaunen, bis hin zum sogenannen Sparsarg, dessen Klappe eine Wiederverwendung ermöglichte.

Bestattungsmuseum
✉ Wien 11., Zentralfriedhof, Tor 2, Simmeringer Hauptstr. 234,
🌐 www.bestattungsmuseum.at,
🕘 Mo–Fr 9–16.30, März–Anf. Nov. auch Sa 10–17.30 Uhr 🎟 6 €).

Beethoven, Mozart (Gedenkstein), Franz Schubert, Curd Jürgens oder Helmut Qualtinger, von dem der wunderbare Ausspruch stammt: »In Wien musst erst sterben, bevor sie dich hochleben lassen. Aber dann lebst lang.«

Wehmut und Glückseligkeit

Die Walzerkönige Johann Strauss Vater und Sohn haben eine Musik komponiert, bei der unter der Oberfläche der Seligkeit immer auch ein Tropfen Wehmut und Schmerz mitschwingt. Das gilt auch für die Musik beim Heurigen, wo der Tod nicht furchterregend, sondern als Kumpan auftritt. »Erst wann's aus wird sein, mit einer Musi' und an Wein ... « ist eine Erinnerung an den Tod, die sich singt wie geschmiert ...

Wien spielt die erste Geige

In der U-Bahn dürfen Sie zwar nicht auf den Donauwalzer hoffen, aber sonst werden Sie auf Schritt und Tritt erleben, dass Wien die Welthauptstadt der Musik ist. Die Staatsoper, die Philharmoniker, das Konzerthaus und der Musikverein, das sind die Eckpfeiler der elitären Kunst.

In keiner anderen Stadt der Welt haben so viele Musiker gelebt wie in Wien. Leicht haben es die wenigsten gehabt. Der Kabarettist Georg Kreisler formulierte es einmal so: »Wien ist immer musikfeindlich gewesen und hat alles getan, um ernst zu nehmende Musiker abzuschrecken.« In vielen Fällen ist das auch gelungen. Franz Schubert war bettelarm, Hugo Wolf musste hungern, Anton Bruckner wurde zwar als Lehrer und Organist, nie aber als Komponist geschätzt, Gustav Mahler musste sich erst taufen lassen, bevor er Operndirektor werden konnte, Arno Schönberg und seine Schüler Anton Webern und Alban Berg wurden schlicht und einfach ignoriert.

Walk of Fame

Doch der Wind hat sich vollständig gedreht: Aus Ablehnung wurde Stolz. Über die Tatsache, dass Mozart, Haydn, Beethoven und Gluck, mit denen sich Wien gerne brüstet, gar nicht hier geboren sind, wird heute großzügig hinweggesehen. Entlang der »Musikmeile«, des »Walk of Fame der Klassik« zwischen Naschmarkt und Stephansdom, erinnern mehr als 80 Marmorsterne an die Weltgrößen der Musik.

Das »Wiener Dreigestirn«: Mozart (oben), Beethoven (rechts) und Haydn (re. Seite oben)
Besichtigung des Mozarthauses, begleitet von den virtuosen Klängen des Musikgenies (re. Seite unten)

Von Wien aus eroberte der Walzer die Welt

Dass in Wien musikalische Weltgeschichte geschrieben wurde, ist unbestritten. Zweimal, in der Klassik und am Ende des 19. Jhs., waren in Wien mehr richtungweisende Musiker am Werk als in irgendeiner anderen Stadt. Und von der Donau aus gingen die Walzerklänge der Strauss-Dynastie um die Welt. Heute sind neben den Ausbildungs- und Aufführungsstätten auch die Interpreten und die Instrumentenbauer berühmt. Die Philharmoniker, die Sängerknaben und die Flügel von Bösendorfer, das sind Synonyme für höchste Perfektion, die man auf der ganzen Welt kennt.

Das Neujahrskonzert

Viele lieben die Musik aus Wien als klingenden Auftakt: Das Neujahrskonzert der Wiener Philharmoniker wird jedes Jahr aus dem Goldenen Musikvereinssaal in die ganze Welt übertragen, eine Milliarde Menschen schaut zu.

Das Haus der Musik

Musik hören, sehen und fühlen ist im Haus der Musik in sieben Erlebnisbereichen möglich. Wer will, kann den Taktstock selbst in die Hand nehmen und die Philharmoniker dirigieren (Wien 1., Seilerstätte 30, Tel. 513 48 50, www.hdm.at, tägl. 10–22 Uhr, Eintritt: 13 €).

W. A. Mozart (1756–1791)

Der in Salzburg geborene Mozart ist in Wien oft schlecht behandelt worden. Seit Wien und die Welt aber Ende Januar 2006 den 250. Geburtstag des Meisters groß gefeiert haben, kann man sein zuvor lange Zeit recht desolates Wohnhaus in der Domgasse Nr. 5, das nun Mozarthaus (Abb. rechts; S. 58) heißt und eine Gedenkstätte ist, in neuer Herrlichkeit wieder besichtigen. Das »Mozartgrab« auf dem Friedhof St. Marx (S. 179) ist allerdings leer: Das größte Musikgenie aller Zeiten wurde in einem »allgemeinen einfachen Grab« beerdigt. Wo genau? Unbekannt.

Der Klassiker der Wiener Küche: Schnitzel mit Petersilienkartoffeln

Sachertorte, Schnitzel & Co.

Wien ist die einzige Hauptstadt der Welt, die ihren Namen einer Küche gegeben hat. Paradoxerweise stammt aber so gut wie keines ihrer Gerichte tatsächlich aus Wien.

Was in den Töpfen und Pfannen der Donaumetropole köchelt, dünstet und schmort, ist das Erbe der Monarchie. Das Gulasch kommt aus Ungarn, die Knödel aus Böhmen und das Wiener Schnitzel aus Mailand. Wien hat es zu allen Zeiten verstanden hat, sich überall das Beste zu holen.

Wer auf den Geschmack der k.u.k. Zeit kommen will, braucht nur in ein echtes Wiener Wirtshaus zu gehen. Dort ist die Monarchie noch allgegenwärtig. Kaiser Franz Joseph ist mit seinem flaumigen Lieblingsgericht, dem Kaiserschmarrn vertreten, der ungarische Hochadel mit dem Esterházy-Rostbraten, der seinen Charakter einer Sauce aus Wurzelwerk und Sauerrahm verdankt, und der berühmte Feldmarschall mit der Radetzky- Torte.

Einer der Eckpfeiler der gutbürgerlichen Wiener Küche ist das Rindfleisch. Es kommt als Tafelspitz mit verschiedenen Beilagen wie Röstkartoffeln, Spinat oder Dillsauce auf den Tisch, als Rindsbraten oder als

Leberkäs' und Käsekrainer

Eine echte Institution ist der Wiener Würstelstand. Sein Repertoire umfasst die klassische »Haaße« (heiße Wurst), dann Bratwurst, Leberkäs' und Käsekrainer (gebratene Wurst mit Käseeinlage), dazu süßen oder scharfen Senf. Zu einem Ort zutiefst wienerischer Kommunikation wird der Würstelstand in den späten Nachtstunden. Da beißen elegant gekleidete Ball- oder Opernbesucher ebenso wie »Taxler« (Taxifahrer) oder Bedienstete der Müllabfuhr nebeneinander stehend von ihrer Wurst ab.

Rindsgulasch. Im »Beisl«, dem einfachen, urgemütlichen Lokal, steht deftige Hausmannskost auf der Speisekarte. Suppen, von Leberknödel- über Frittaten- (in Streifen geschnittene Pfannkuchen) zu Grießnockerlsuppe, sind Standard. Als Hauptgerichte gibt es Schweinsbraten mit Knödel, Szegediner Krautfleisch oder Wiener Schnitzel. Gänzlich in den Bereich himmlischer Genüsse entführen die Mehlspeisen: Kaiserschmarrn, Palatschinken und Buchteln, Strudel und Topfenknödel. Die ungekrönte Königin alles Süßen ist die Sacher-Torte, um deren Originalrezept *Demel* und *Sacher* sich jahrelang durch alle Gerichtsinstanzen stritten. Der Torten-Streit wurde schließlich außergerichtlich beigelegt: Seitdem stellt das *Sacher* die »Original Sachertorte« her, *Demel* die »Eduard-Sacher-Torte«.

Nichts fürs Kalorienzählen, aber überaus lecker: eine üppige Portion Kaiserschmarrn (re.) und frisch gebackene Sachertorten in der *K.u.K. Hofzuckerbäckerei Demel* (li.)

Beethovens Neunte Symphonie als 34 m langer Bilderzyklus und herausragendes Jugendstilwerk: »Beethovenfries« von Gustav Klimt in der Secession

Wiener Jugendstil: ein Höhenflug

Der Wiener Jugendstil ist mehr als eine Architekturform. Er ist ein Mythos, der Architektur, Design, Gebrauchsgrafik und Kunsthandwerk zu einem großen, eleganten Gesamtkunstwerk zusammenfasst.

Alles begann mit einer Jugendrevolte. 1897 verließen Gustav Klimt und seine Mitstreiter die »Genossenschaft«, die Vereinigung bildender Künstler, und schlossen sich zur neuen Künstlervereinigung »Secession« zusammen, deren Namen später den Stil selbst bezeichnete. Josef Hoffmann, Joseph Maria Olbrich, Koloman Moser, Otto Wagner und Adolf Loos verfolgten von nun an ein Ziel: Sie protestierten gegen die sinnentleerte Ornamentik, wie sie bei den Ringstraßenbauten bis zum Exzess praktiziert worden war.

Secessionsstil

Der florale Jugendstil, der in anderen Ländern üppige Blüten trieb, scheiterte in Wien an der konservativen Haltung des Kaisers. Als der neue Stil dann doch nach Wien kam, entwickelte er klare, strenge Formen. Der Wiener Jugendstil zeichnete sich durch die Rückkehr von der geschwungenen zur geraden Linie aus, von organischen Formen zu geometrischen. Die beliebteste Form des Wiener Jugendstils war das Quadrat; wichtig war außerdem die Senkrechte. Ornamente wurden spärlich verwendet und großen leeren Flächen entgegengestellt. Der Wiener Jugendstil ist der Spätphase des Jugendstils zuzuordnen und kündigt bereits den Bauhausstil an, der sich um 1920 entwickelte.

Auf dem Weg zur modernen Architektur

So gesehen sind die Jugendstilwerke des Architekten Otto Wagner, wie beispielsweise die Stadtbahn mit den Stadtbahnstationen und die Postsparkasse, echte Pionier-

Über dem Eingang des Secessions-Gebäudes schmücken »Gorgonen« von Othmar Schimkowitz die Fassade.

Jugendstil erleben

Majolikahaus: Otto Wagners Wohnhaus mit der Fassade aus Majolikafliesen (Wien 5., Wienzeile 40)

Postsparkasse: Otto Wagners Meilenstein der Architekturgeschichte (Wien 1., Georg-Coch-Platz 2)

MAK (Museum für angewandte Kunst): Kunsthandwerk von Gustav Klimts Stoclet-Friesentwurf und die Werkschau der Wiener Werkstätten (Wien 1., Stubenring 5, www.mak.at)

Thonet-Showroom: Die Bugholzklassiker, Stahlrohrmöbel der Bauhauszeit sowie aktuelle Entwürfe sind im Thonet Pop-up Café-Showroom in der Alten Post zu bewundern (Wien 1., Dominikanerbastei 11, www.thonet.de, tägl. 10–18 Uhr).

leistungen. Joseph Maria Olbrich schuf mit der Secession (S. 151), dem Ausstellungsgebäude der neuen Künstlervereinigung, ein weiteres Wahrzeichen Wiens. Josef Hoffmann beschritt mit dem Sanatorium Purkersdorf, das ein flaches Dach und glatte Mauern hat, ganz neue Wege der Funktionalität.

Dekorative Kunst

Die Secessionisten blieben nicht lange zusammen. 1905 verließen Klimt, Wagner, Hoffmann und Moser die Gemeinschaft. Die Kunst müsse möglichst weite Bereiche des Lebens durchdringen, forderten sie. In diesem Sinne übernahmen Hoffmann und Moser die Leitung der Kunstgewerbevereinigung »Wiener Werkstätte«, um sich dort der Reform der Wohnkultur zu widmen und ihre ästhetischen Ansprüche in alle Bereiche des alltäglichen Lebens einzubringen: Es entstanden Stoffe, Möbel, Kleider und Gebrauchsgegenstände, deren Ästhetik heute noch fasziniert.

Jugendstil vom Feinstein: die Ankeruhr am Hohen Markt (li. oben), Gustav Klimts »Tod und Leben« im Leopoldmuseum (re. o.), mit goldenen Ornamenten von Koloman Moser geschmückte Fassade des Hauses Linke Wienzeile 38 von Otto Wagner (Detail, li. u.) und dessen Kirche am Steinhof (re. u.)

Des Wieners zweites Wohnzimmer

Der Feuilletonist Alfred Polgar meinte, dass das Wiener Kaffeehaus ein Ort für Menschen sei, die allein sein wollen, dazu aber Gesellschaft brauchen. Diese Funktion erfüllt es schon lange. Die feine Melange aus Mythos und Schmäh geht auf das Jahr 1685 zurück. Damals erhielt Kolschitzky die Lizenz, »daß türkhische Getränk, den Caffé« öffentlich auszuschenken.

Der Sage nach wussten die Wiener lange nicht, was sie mit dem Inhalt der Säcke machen sollten, die die Türken vor den Toren Wiens zurückgelassen hatten. Erst, als sie auf die Idee kamen, die Bohnen zu rösten, war des Rätsels Lösung gefunden – und Wien um ein Lebenselixier reicher.

Beim Stadtbummel immer mal wieder die Wiener Kaffeehauskultur entspannt genießen ...

Geistige Höhenflüge im Kaffeehaus

Um die Jahrhundertwende und in der Zwischenkriegszeit erlebte das »öffentliche Wohnzimmer« des Wieners seine Glanzzeit als Brennpunkt des Geisteslebens. Im »*Herrenhof*«, im »*Griensteidl*« und im »*Central*« wurden die Marmortische und abgewetzten Plüschbänke zu Zeugen geistiger Höhenflüge. Literatur und Politik, Musik, Architektur und Seelenkunde, all das ging Hand in Hand mit einem Großen Braunen und einem Glas Wasser, serviert auf einem Silbertablett.

Zwei Klassiker des Cafés Sperl …

Was man im Kaffeehaus trinkt:

Melange: Kaffee mit viel Milch und, eventuell mit Schlagobershaube

Schwarzer, groß oder klein: Mokka ohne Milch

Brauner, groß oder klein: Mokka mit Milch

Cappuccino: großer Brauner mit einer Krone aus geschäumter Milch

Einspänner: Mokka im Glas serviert, mit Obers

Das Kaffeehaus als Informationsbörse

In den 1980er- und 1990er-Jahren erlitten viele Kaffeehäuser das grausame Schicksal, in Bankfilialen oder Autosalons umgewandelt zu werden, andere wurden zu Tode restauriert oder zu Renommiercafés hochgestylt. Oft ging das alte Flair verloren. Ihre Funktion haben sie dennoch behalten: Sie dienen Politikern, Journalisten und Geschäftsleuten für ein Bad in der Öffentlichkeit, als Informationsbörse und Intrigenstadl. So wird beispielweise im Kaffeehaus »Sluka« am Rathausplatz (S. 124) und im »Landtmann« (S. 124) wird mehr Politik betrieben als im Rathaus und im Parlament.

Zwischen Gestern und Heute

Von den rund 500 Kaffeehäusern haben viele aber auch ihren Charakter bewahrt. Ja, inzwischen wurde die Wiener Kaffeehauskultur sogar als »typische gesellschaftliche Praxis« ganz offiziell von der UNESCO in deren Verzeichnis des

Wer schrieb wo?

Peter Altenberg, Josef Roth: Café Central (S. 64)

Thomas Bernhard: Café Bräunerhof (S. 97)

Felix Salten, Karl Kraus, Hermann Bahr, Anton Kuh: Griensteidl (einst in der Herrengasse 1)

Hugo v. Hofmannsthal, Franz Werfel, Sigmund Freud: Herrenhof (einst in der Herrengasse 10)

H. C. Artmann, Oswald Wiener, Gerhard Rühm, Friedrich Achleitner: Hawelka (S. 97)

immateriellen Kulturerbes aufgenommen. Ins romantische »Sperl« (S. 156) zum Beispiel gehen Verliebte, im »Bräunerhof« (S. 97) sitzen Antiquitätenhändler und Thomas-Bernhard-Fans.
Herübergerettet hat sich aus den alten Zeiten auch mancherorts das lebendige Inventar des Kaffeehauses: der Ober mit schwarzer Frackweste, Schleife bzw. Fliege und Geldtasche an der Hüfte, der im klassischen Fall über ein Paar mustergültiger Plattfüße verfügt. Er kennt natürlich die Wünsche seiner Stammgäste, begrüßt sie höflich mit »Küss' die Hand, Gnä' Frau« und »Habe die Ehre, Herr Hofrat« und rechnet mit 10 Prozent Trinkgeld.

Eine Tasse Kaffee, dazu ein Stück »Original Sacher-Torte« im Café des altehrwürdigen Hotels Sacher – das muss man sich bei einem Wien-Besuch gönnen.

Kontrastreiches Stadtzentrum: Vis-à-vis dem mittelalterlichen Stephansdom steht das 1990 eröffnete, von Glasfassaden dominierte »Haas-Haus«.

Das Herz der Stadt

In den engen Gassen des historischen Kerns verschmelzen Mittelalter und Moderne zu einer überaus anregenden Melange

Seite 36–67

Erste Orientierung

Jeder Stein Geschichte, das ist der historische Stadtkern Wiens. Die Gässchen um den alles dominierenden Stephansdom sind hochromantisch. Doch zwischen den uralten Mauern von Kirchen, Klöstern, Stiften und Palais hat sich junges Leben etabliert.

Ein Spaziergang durch den ältesten Teil Wiens gleicht einer Zeitreise in die Vergangenheit. In vielen Gässchen scheint die Zeit stehen geblieben zu sein. Sie sind noch mit altem Kopfsteinpflaster belegt, und in zahlreichen Innenhöfen klettern Efeu und Rosen die Mauern hoch.

In dieser nostalgischen Atmosphäre gibt es eine Menge zu entdecken. Die Sehenswürdigkeiten reichen von den Fundamenten des römischen Vindobona über die ältesten Kirchen der Stadt bis zum ehemaligen Judenviertel und den prachtvoll renovierten Palais auf der Freyung. Hier können Sie auch schöne Dinge kaufen, oder sie nur beim Schaufensterbummel bewundern. Zahlreiche Boutiquen, Antiquitäten- und Buchhandlungen bieten ein breites Angebot. Und außerdem haben sich in den alten Gassen feine Läden und schicke In-Lokale angesiedelt. Auch nachts ist jede Menge los, denn hier pulsiert die Kneipenszene!

TOP 10
❷★★ Stephansdom

Nicht verpassen!
⓫ Judenplatz
⓬ Freyung

Nach Lust und Laune!

13 Erzbischöfliches Palais

14 Franziskanerplatz

15 Mozarthaus

16 Jesuitenkirche

17 Heiligenkreuzerhof

18 Fleischmarkt

19 Griechenbeisl

20 Ruprechtskirche

21 Hoher Markt & Ankeruhr

22 Am Hof

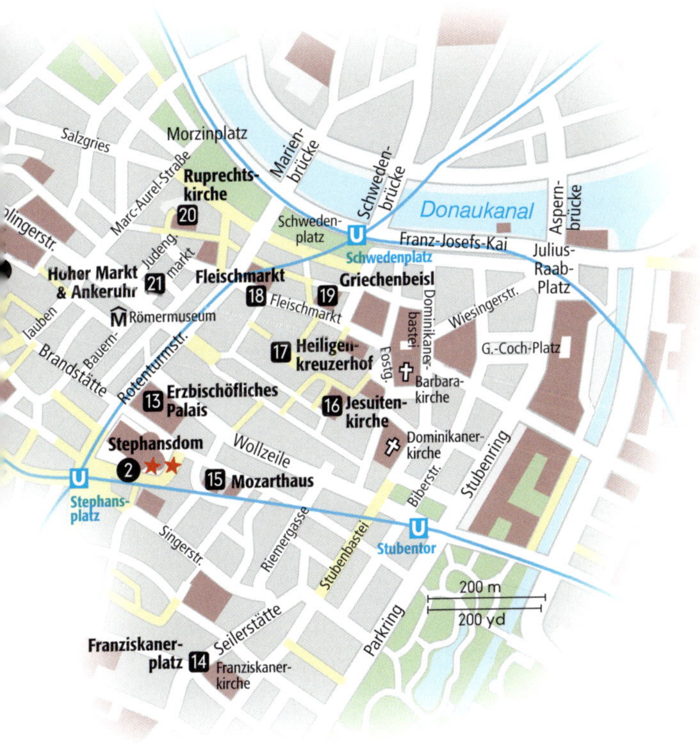

Mein Tag im alten Wien

Römer, Juden und Jesuiten: Die facettenreiche Geschichte der Kaiserstadt zeigt sich am besten in ihrem historischen Zentrum. Schlendern Sie durch die mittelalterlichen Gassen und kehren Sie zwischendurch in Cafés und in Wiens ältestem Beisl ein.

9 Uhr, Der Stadt aufs Dach steigen

Eine innerstädtische Nabelschau im schönsten Sinne steht am Beginn dieses erlebnisreichen Tages. Und zwar aus der Vogelperspektive – von einem der beiden Türme des ❷ ★★ Stephansdoms. Je nach Lust und Kondition erklimmen Sie entweder über 343 Stufen den Südturm und genießen von dessen Türmerstube den Blick über das Dächermeer weithin bis an die Ränder des Wiener Beckens. Oder sie fahren mit dem Lift auf den Nordturm, bestaunen dort die mächtige »Pummerin«-Glocke, die nur bei ganz besonderen Gelegenheiten geläutet wird, und das kaum minder erhebende Rundpanorama.

Als denkbar krassen Kontrapunkt können Sie im Anschluss hinab in die Gruftanlagen des Domes steigen. Dort werden neben Sarkophagen von Wiener Bischöfen auch die Eingeweide-Urnen der Habsburger aufbewahrt.

Wirklich unverzichtbar ist eine ausführliche Innenbesichtigung dieses grandiosen gotischen Gotteshauses mit all seinen Kunstschätzen. Und danach wohl ein kurzer Koffeinbooster – zum Beispiel, begleitet von einer sündhaft süßen Cremeschnitte oder einem Punschkrapferl, gleich an der Ecke zum

14 Uhr, Der malerischen Zeitreise zweiter Teil – mit einer Kaffeepause im Café Central

19 Uhr, Abendschmaus und Jazz – und dann auf einen Absacker ins »Bermuda-Dreieck«

9 Uhr, Der Stadt aufs Dach steigen

12.30 Uhr, Schlemmen in historischem Ambiente

11 Uhr, Zeitreise ins Mittelalter

Ein naher Blick auf das mit farbigen, in einem Zickzack-Muster angeordneten Ziegeln bedeckte Dach des Stephansdoms – und ein weiter auf das Häusermeer der Stadt

Stock-im Eisen-Platz in der pinkfarbenen Café-Konditorei Aida.

11 Uhr, Zeitreise ins Mittelalter

Tief in frühere Jahrhunderte tauchen Sie nun beim Gang durch das angrenzende Gassengeflecht. Er führt zunächst auf den 14 Franziskanerplatz, auf dem sich Wiens einziger Sakralbau im Stil der Renaissance erhebt. Nur einen Katzensprung entfernt liegt die verträumte Domgasse, wo Sie im 15 Mozarthaus dessen Namenspatron die Ehre erweisen. Danach geht es, Singer-, Schulerstraße und Wollzeile querend, in leichtem Zickzack in die nordöstliche Ecke der Inneren Stadt. 16 Jesuiten-, Dominikaner-, Barbarakirche: Hier stehen die Zeugnisse einstiger katholischer Macht, eines prachtvoller als das nächste, dicht an dicht. Besonders sehenswert sind auch der verträumte 17 Heiligenkreuzerhof und, als Meilenstein moderner Architektur, Otto Wagners Postsparkasse (S. 31).

12.30 Uhr, Schlemmen in historischem Ambiente

Dann aber meldet sich knurrend der Magen. Zur historischen Umgebung passend, besänftigen Sie ihn am besten im 19 Griechenbeisl. Immerhin reichen dessen Wurzeln bis

gvollen Genüssen im Mozart-
z oben) und kulinarischen im
asthaus der Stadt führt die
durch das Zentrum vorbei
en Gotteshaus Wiens, der
nen Ruprechtskirche (rechts;
des hl. Ruprecht wurde 1837
t).

weit in das 15. Jh. zurück. Und während Sie hier Herzhaftes wie Grießnockerlsuppe, Gulasch oder Gansl schmausen, können Sie auf den Gewölben die Originalunterschriften illustrer Gäste von anno dazumal studieren. Hier speisten u.a. schon Wolfgang Amadeus Mozart, Ludwig van Beethoven, Franz Schubert und Johann Brahms, Franz Grillparzer, Johann Nestroy und Mark Twain, dem der »Unterschriftenraum« gewidmet ist.

14 Uhr, Der malerischen Zeitreise zweiter Teil

Gestärkt geht es weiter auf dem geschichtsträchtigen Pflaster: Ein Stück westlich thront hoch über dem Donaukanal mit **20** St. Ruprecht die älteste Kirche der Stadt. Auf dem **21** Hohen Markt, genauer: im dortigen Römermuseum (S. 61), können Sie sogar Reste der antiken Vorgängersiedlung *Vindobona* inspizieren. Und nur wenige Gehminuten entfernt, auf dem

Die noble Ladenpassage des Palais Ferstel verführt zumindest zum Window-Shopping inklusive einer Kaffeepause im berühmten Café Central.

Mit einer kleinen Foto-Session holen sich die beiden Appetit auf die Schmankerln aus der Küche der Gösser Bierklinik.

Coole Bars, hippe Clubs, Musikkneipen ... Im »Bermuda-Dreieck«, zwischen Schweden- und Morzinplatz, finden Nachtschwärmer genügend Locations, um ihrer Feierlaune bis in den frühen Morgen hinein freien Lauf zu lassen ...

⓫ Judenplatz, stoßen Sie, nomen est omen, auf das Erbe von Wiens jüdischer Gemeinde. auf Synagogenreste, Lessing-Denkmal, das moderne Schoah-Mahnmal ... Historie, reich und tragisch, wohin man blickt.

Gleiches gilt auch für den benachbarten, von Prachtfassaden gesäumten 22 Hof und mehr noch für die nur wenig nur westlich gelegene ⓬ Freyung. An deren Nordseite zieht die Schottenkirche – der das gleichnamige Stift mit seiner formidablen Gemäldegalerie angeschlossen ist – alle Blicke auf sich. Eine Augenweide ist auch die Phalanx von Adelspalästen vis-à-vis. Eines davon, das Palais Ferstel, wartet mit einer hoch eleganten Ladenpassage auf. An deren Ende sollten Sie im Café Central (S. 64), einem der pompösesten – und als einstiger Literatentreff legendärsten – Kaffeehäu-

ser Wiens, bei Melange und Marmorgugelhupf Atem holen.

19 Uhr, Abendschmaus und Jazz

Für einen kulinarisch ortstypischen Ausklang wird in der Gösser Bierklinik (S. 63), in den 3 Hacken (S. 64) oder in Form der legendären Riesenschnitzel beim Figlmüller (S. 62) gesorgt. Was Sie mit dem Rest des angebrochenen Abend anfangen? Lieben Sie schräge Töne, dann pilgern Sie ins Jazzland (S. 67) oder ins Porgy & Bess (S. 67). Verfügen Sie zu späterer Stunde dann noch über genügend Energie, dann tauchen ein ins »Bermuda-Dreieck« (S. 67). Rund um Morzin- und Schwedenplatz laden Sie hippe, stylishe Bars und Clubs ein, die Nacht hindurch zu feiern ...

i

Café-Konditorei Aida
✉ Wien 1., Singerstr. 1
☎ 89 08 98 82 10, 🌐 http://aida.at
🕑 Mo–Sa 7–22, So ab 8 Uhr

❷ ★★ Stephansdom

Warum?	Der »Steffl« markiert Herz und Mittelpunkt Wiens
Was tun?	Das weihevolle Innere bestaunen
Wie lange?	1 bis 2 Std. inkl. Turmbesteigung
Was noch?	Hinauf auf den Südturm zum City-Rundblick
Was überrascht?	Wenn Sie etwas Glück haben – ein wunderschönes Orgelkonzert
Was nehm ich mit?	Süße Mannerschnitten mit dem »Steffl«-Logo aus dem Shop vis-à-vis

Der Stephansdom ist nicht nur Höhepunkt der Wiener Gotik und ein Meisterwerk der Steinmetzkunst – der alles überragende Bau ist darüber hinaus auch das nationale Wahrzeichen Österreichs.

Allein die technischen Daten des Stephansdoms sind beeindruckend. Der gewaltige Dom besteht aus 20 000 m³ Sandstein, ist 108 m lang, 39 m breit, und die Spitze des Südturms ragt 137 m in den Himmel.

Die Baugeschichte reicht in das 12. Jh. zurück, in die Zeit, in der die neuen Babenberger Herrscher ein repräsentatives Gotteshaus benötigten. Sie begannen mit dem Bau einer dem hl. Stephan geweihten Basilika. Diese brannte jedoch zweimal nieder. Um 1260 ließ König Ottokar II. von Böhmen eine romanische Kirche errichten. Ihre Reste bilden heute den Haupteingang, das Riesentor und die Westfassade. Erst eine Generation später, unter Herzog Albrecht II., wurde weitergebaut. 1359 gab der Habsburger Herzog Rudolf IV., der Stifter, den Startschuss für den Umbau im nun aktuellen gotischen Stil. Der Hallenchor, das Langhaus mit seinem riesigen, mit farbig glasierten Ziegeln gedeckten Satteldach und der Südturm wurden errichtet.

Standfest gegen viele Feinde

Als Anfang des 16. Jhs. die Türken zur akuten Bedrohung für Wien wurden, mussten die Bauarbeiten eingestellt werden. Jetzt waren Befestigungsanlagen wichtiger, der Nordturm blieb unvollendet. Er wurde 1579 mit einem »Turmhelm«

Eine Fiakerfahrt durch Wiens Altstadt beginnt am Stephansdom.

Altäre und Kapellen aus mehreren Jahrhunderten säumen das Kirchenschiff des Doms (oben). Die spätgotische Kanzel (links), geschmückt mit den Porträts der vier lateinischen Kirchenväter Gregor der Große, Hieronymus als Kardinal und die Bischöfe Augustinus von Hippo und Ambrosius von Mailand, zählt, ebenso wie das um 1480 geschnitzte Chorgestühl (rechts), zu den Schätzen des »Steffls«. Der Sockel zeigt den berühmten »Fenstergucker«, ein Porträt des Dombaumeisters Anton Pilgram.

abgeschlossen. Unter ihm hängt freischwingend die Lieblingsglocke der Wiener, die 1711 aus dem Erz türkischer Kanonen gegossene »Pummerin«. Sie wiegt stolze 21 t. Auch wenn in der Fassade des Südturms immer noch zwei Kanonkugeln stecken, die von den Türken auf die Kirche abgefeuert wurden, ging der »Steffl« aus den Türkenbelagerungen relativ unbeschadet hervor. Auch die Franzosen konnten ihm später nichts anhaben. In den letzten Tagen des Zweiten Weltkriegs allerdings erlitt er schwere Schäden. Im April 1945 legte ein Brand große Teile des Langhauses in Schutt und Asche. Dem Feuer fiel auch der hölzerne Dachstuhl, eine Glanzleistung gotischer Zimmermannskunst, zum Opfer. Unterstützt von ganz Österreich, wurde der Wiederaufbau nach dem Krieg von 1948 an in nur sieben Jahren so weit geschafft, dass erneut Gottesdienste abgehalten werden konnten. Der »Steffl« wurde so zum Symbol des Zusammenhalts nach den Schrecken der Hitler-Diktatur.

Bevor man den Stephansdom betritt, ist ein kurzer Halt an dem von den beiden Heidentürmen flankierten Riesentor angebracht. Die romanischen Plastiken sind es wert, länger betrachtet zu werden. Drachen, Löwen und Basilisken symbolisieren die dämonischen Kräfte, den Kampf zwischen Gut und Böse. Da der Platz vor dem Dom lange als Marktplatz diente, sind im Mauerwerk neben dem Riesentor noch die sogenannten »Wiener Maße« zu sehen, ein Brotlaib und zwei Längenmaße, die (kleinere) böhmische und die (größere) Wiener Elle.

Weihevollster Kirchenraum der Welt

Der Architekt Adolf Loos bezeichnete den Stephansdom als »weihevollsten Kirchenraum der Welt«. Sobald man den Innenraum betreten hat, muss man ihm Recht geben. Die aufstrebenden Säulen, das hohe Netzrippengewölbe und das Dämmerlicht verleihen dem dreischiffigen Langhaus eine entrückte, zeitlos wirkende Atmosphäre.

Der berühmteste Kunstschatz des Stephansdoms ist die Kanzel. Um das Jahr 1514 aus sieben Sandsteinblöcken zusammengesetzt, zeigt die filigrane Steinmetzarbeit vier, übrigens nicht besonders schmeichelhaft porträtierte, Kirchenväter und am Sockel das liebevoll als »Fenstergucker« bezeichnete Bildnis des Dombaumeisters Anton Pilgram. Auf dem Stiegengeländer kriechen Kröten und Eidechsen aus Stein in die Höhe, Symbole für das Böse. Sie werden von einem Hund, dem Symbol des Guten, am Vordringen gehindert.

Der Wiener Stephansdom hat aber natürlich nicht nur kulturelle Bedeutung, sondern ist auch Kirche. Täglich werden hier Gottesdienste abgehaltent; v.a. an hohen Feiertagen wie Ostern, Pfingsten und Weihnachten besuchen zahlreiche

Der Nabel von Wien

Die Entstehungsgeschichte des Stephansdoms reicht bis ins 12. Jahrhundert zurück. Für den Wiederaufbau des im Zweiten Weltkrieg schwer beschädigten Wahrzeichens von Wien spendete ganz Österreich. Der Besuch des »Steffls« gehört zu den Höhepunkten einer Wienreise.

❶ Südturm Der Südturm ist mit 137 m einer der höchsten Kirchtürme in Mitteleuropa. Er steht auf quadratischem Grundriss und geht dann in ein Achteck über. An der Kreuzblume an der Spitze ist eine Bronzekugel mit Doppeladler angebracht.

❷ Dienstbotenmadonna Wertvollste Statue im Dom ist die der Muttergottes aus der Zeit um 1340.

❸ Gruftanlagen In den Gruftanlagen ruhen die sterblichen Überreste von 15 Habsburgern sowie die Eingeweide jener Habsburger, die in der Kaisergruft bestattet sind.

❹ Kanzel Die Kanzel mit den Büsten der vier Kirchenväter ist das glanzvollste Kunstwerk im Kirchenschiff, ein Meisterwerk spätgotischer Bildhauerei aus der Werkstatt des Niederländers Niclas Gerhaert van Leyden.

❺ Hochgrab Kaiser Friedrichs III. Die Arbeit an dem Marmorsarkophag zog sich über zwei Generationen hin. Der Gesamtentwurf stammt von Niclas Gerhaert van Leyden.

❻ Barbarakapelle Die Barbarakapelle gleicht in ihrer Grundform der gegenüberliegenden Katharinenkapelle und wurde von Hans Puchsbaum entworfen.

❼ Aufzug zur Pummerin Mit einem Schnellaufzug kann man zur »Lieblingsglocke« der Wiener, zur »Pummerin«, hinauffahren. Die 1711 gefertigte, 1945 zerstörte Glocke wurde 1951 neu gegossen.

❽ Riesentor Haupteingang zum Dom ist das um 1230 entstandene, um 1250 zu einem Trichterportal umgebaute spätromanische »Riesentor« mit seiner ungemein reichen Ornamentik.

9 Adlertor Als Erbauer des Adlertors gilt der Baumeister Hans Puchsbaum (um 1390 bis um 1455).

10 Dach Der dreistöckige Dachstuhl trägt ein Dach mit rund 230 000 bunt glasierten Ziegeln.

Magischer Moment

Dem Dom aufs Dach steigen

Heerscharen von Besuchern nehmen das Wahrzeichen Wiens täglich in Beschlag. Wenn Sie aber frühmorgens oder am späteren Abend kommen, haben Sie den »weihevollsten Kirchenraum der Welt« (Adolf Loos) fast für sich und können die mystische Atmosphäre und die vielen Kunstschätze in aller Ruhe auf sich wirken lassen. Ein stimmungsvolles Erlebnis eröffnen die Abendführungen auf das Dach: Bestaunen Sie den fein ziselierten Fassadenschmuck aus der Nähe und genießen den Blick aus der Vogelperspektive auf die Innenstadt. *Abendführung: Treffpunkt bei der Südturm-Kasse*

Kirchgänger die Messen. An diesen Feiertagen und auch zum Jahreswechsel läutet dann auch die »Pummerin«.

Weitere Höhepunkte sind der von Meister Pilgram geschaffene Orgelfuß und die 125 Register umfassende Riesenorgel, der Wiener Neustädter Altar mit seinen 72 auf die Innen- und Außenflügel gemalten Heiligengestalten aus dem Jahr 1447 in der linken und das Hochgrab Friedrichs III. aus rotem Marmor in der rechten Seitenkapelle.
In ihrer noblen Schlichtheit berührt die 700 Jahre alte Dienstbotenmadonna besonders. Der Legende nach konnte die Unschuld eines des Diebstahls bezichtigten Dienstmädchens bewiesen werden, nachdem sie diese Madonna um Hilfe gebeten hatte.

Von der nördlichen Turmhalle aus gelangt man in die Gruftanlagen. Sie ziehen sich unter dem Chor bis unter den Stephansplatz hin und bergen in mehreren öffentlich unzugänglichen Stockwerken die Gebeine Tausender Wiener. Diese stammen aus dem Bürgerfriedhof des 18. Jhs., der um den Stephansdom angelegt war. Im Rahmen einer Führung sind Krypta, Eingeweideurnen und Sarkophage der Habsburger und mehrerer Bischöfe zu sehen.

KLEINE PAUSE

Direkt hinter der Stephanskirche, in den historischen Mauern des Deutschordenshauses, befindet sich das traditionsreiche Teehaus **Haas & Haas.** Palmen, Loomchairs und Antiquitäten verströmen die Atmosphäre eines britisch-kolonialen Clubs. Montags bis samstags ab 8 Uhr, sonntags ab 9 Uhr gibt es über 30 als »best breakfast in town« prämierte Frühstücksvariationen.

Haas & Haas: Stephansplatz 4

---

216 C1
Wien 1., Stephansplatz,
www.stephansdom.at
Kirche: Mo–Sa 6–22, So 7–22 Uhr
Führungen: tägl. 15 Uhr
Abendführungen mit Dachrundgang: Juni–Sept. Sa 19 Uhr
Katakomben: tägl. (außer So vormittags) 10–11.30 und 13.30–16.30 Uhr
Aufstieg zur Türmerstube im Südturm: tägl. 9–17.30 Uhr
Aufzug zur Pummerin im Nordturm: tägl. 9–17.30 Uhr
Domschatz Westempore: Mo–Sa 9–17, So 13–17 Uhr
Kirche gratis, Führungen: Dom 5,50 €, Katakomben 5,50 €, Türmerstube 4,50 €, Pummerin 5,50 €, Abendführungen 11 €, All-inclusive-Ticket für Audioguide, Katakomben, Süd- und Nordturm und Domschatz 17,90 €
U1, U3 Stephansplatz, Bus 1A, 2A, 3A Stephansplatz

⓫ Judenplatz

Warum?	Der Geschichte von Wiens Juden auf den Grund gehen
Was?	Orte der Erinnerung
Wie lange?	1 Stunde
Wann?	Jederzeit
Was noch?	Das Denkmal des »Toleranzdichters« Lessing

Von den römischen Kasernen über das mittelalterliche Judenviertel zum berührenden Ort des Gedenkens – kaum ein anderer Platz spiegelt die lange und wechselvolle Geschichte der Stadt so wider wie der Judenplatz.

Das »Mahnmal für die österreichischen jüdischen Opfer der Schoah« gestaltete die britische Bildhauerin Rachel Whiteread.

Lange Zeit war der Platz ein recht unspektakulärer Ort. Erst die Ausgrabungen, die 1995–98 für die Errichtung eines 1994 von Simon Wiesenthal angeregten Mahnmals durchgeführt wurden, brachten seine lange Geschichte ans Tageslicht. Dieser Stadtteil wurde erstmals von den Römern besiedelt, sie errichteten hier im 1. Jh. n. Chr. Kasernen für ein großes Legionslager. Ab dem 12. Jh. entstand dann das Judenviertel.

Eines der größten mittelalterlichen Judenviertel

Das Ghetto besaß 70 Häuser, die so angeordnet waren, dass ihre Rückwände nach außen hin eine Mauer bildeten. Im Zentrum stand das erstmals 1205 erwähnte Schul- oder Bethaus, eine der größten Synagogen Europas. Die Wiener jüdische Gemeinde machte damals 5 % der Stadtbevölkerung aus. Die meisten Familien waren nicht reich, die Judenstadt entwickelte sich aber zu einem Zentrum berühmter jüdischer Gelehrter. 1421 wurden 210 Juden verbrannt, die anderen vertrieben und die Synagoge zerstört. Mehr als ein halbes Jahrtausend später entdeckten Archäologen nun die

Reste der Synagoge, Grundmauern, Teile des Fliesenbodens und die Fundamente der sechseckigen *Bima*, auf der die Thora gelesen wurde.

Im Museum Judenplatz, einer Außenstelle des Jüdischen Museums in der Dorotheergasse, informieren drei moderne Schauräume über Alltag, Wirtschaft und Religion der mittelalterlichen Gemeinde. Eine Computeranimation rekonstruiert die Judenstadt um 1400 und erlaubt einen virtuellen Rundgang durch die Gassen und in die Synagoge.

Holocaustdenkmal

Heute gilt der Judenplatz mit Mahnmal, Ausgrabungen und Museum als Ort der Erinnerung. Dominiert wird der Platz vom Mahnmal der britischen Bildhauerin Rachel Whiteread. Der im Jahr 2000 enthüllte weiße Stahlbetonkubus ist von starker Symbolkraft. Er stellt eine nach außen gestülpte Bibliothek aus 7000 Büchern dar, die Türen sind verschlossen, die Buchrücken nach innen gekehrt. Der nicht betretbare Raum und die nicht mehr lesbaren Bücher stehen für den unwiederbringlichen Verlust der 65 000 österreichischen Juden, die zu Opfern des Nazi-Regimes wurden. Auf Bodenfliesen rund um das Mahnmal sind die Namen jener Orte festgehalten, an denen sie zu Tode kamen.

Das Museum Judenplatz zeigt die Geschichte des Judentums im mittelalterlichen Wien.

KLEINE PAUSE

Das Restaurant **Gustl Bauer** in der zum Platz Am Hof führenden Drahtgasse serviert Wiener und böhmische Küche.

Gustl Bauer: Drahtgasse 2
Mo–Sa 11.30 bis 23 Uhr

---

216 B2
U3 Herrengasse, Bus 1A Heidenschuss/Am Hof

Museum Judenplatz
Wien 1., Judenplatz 8
So–Do 10–18, Fr bis 14 Uhr

Jüdisches Museum
Wien 1., Dorotheergasse 11
Tel. 535 04 31 www.jmw.at
So–Fr 10–18 Uhr
Kombiticket für beide Museen 12 €, vier Tage gültig

i

⓬ Freyung

Warum?	Der Platz zählt zu den elegantesten der Stadt
Was tun?	Kunstausstellungen besuchen rund um die Freyung
Wie lange?	Mit Museums- und Café-Besuch ca. 2 Stunden
Wann?	Am besten ganz früh oder spät abends
Was noch?	Schaufensterbummel durch die Ferstel-Passage
Resümee	Ein wunderschöner urbaner »Kunstraum«

Gesäumt von prachtvollen, aufwendig renovierten Palais, hat sich die Freyung zu einem urbanen Zentrum entwickelt, in dem Kunstinteressierte spektakuläre Ausstellungen erwarten. Zum großstädtischen Flair tragen aber auch die Passagen und Innenhöfe der Palais bei, in denen sich hübsche Läden und Lokale etabliert haben.

Im Mittelalter hatte der nahezu dreieckige Platz die wenig ehrenvolle Aufgabe, der Stadt als Mülldeponie zu dienen. Wenn die Müllberge gerade einmal nicht allzu hoch waren, traten hier vorbeiziehende Gaukler und Spielleute auf, und in dringenden Fällen wurden auf dem Platz auch im Schnellverfahren Galgen für Verräter errichtet. Von dieser düsteren Vergangenheit ist nichts mehr übrig.

Glanzvolle Bauwerke

Die eine Seite des Platzes bildet das von Lukas von Hildebrandt entworfene Palais Daun Kinsky, ein Glanzstück barocker Baukunst. In seinen fürstlichen Räumlichkeiten finden festliche Bankette statt. Das ebenfalls barocke Palais Harrach wird vom Kunsthistorischen Museum (S. 110) für hochkarätige Ausstellungen und Konzerte genützt. Im anschließenden Palais Ferstel, 1856–60 von Heinrich Ferstel im Stil der italienischen Architektur erbaut, war bis 1877 die Wiener Börse untergebracht. Später verfiel das Ge-

An den Herbstwochenenden gibt's auf der Freyung einen Biobauernmarkt; im Hintergund rechts: die Barockkirche des Schottenstifts.

bäude, bis es 1975 samt dem berühmten *Café Central* (S. 64) restauriert wurde.

Im Norden begrenzt das Schottenstift die Freyung. Es wurde im Jahr 1155 von dem Babenberger Herzog Heinrich II. Jasomirgott gegründet, der Mönche aus Irland, das damals *Scotia maior* hieß, nach Wien gerufen hatte – mit Schotten hat dieses Stift also nichts zu tun. Die Mönche hatten das Recht, Asylsuchende aufzunehmen, sie konnten im Stift von der Gerichtsbarkeit nicht belangt werden – daher der Name Freyung. In der Kirche des Schottenstiftes liegt Heinrich II. Jasomirgott begraben.

Das Kunstforum bietet hochkarätige Ausstellungen zur Klassischen Moderne.

Der 1. Stock des Stiftes beherbergt bedeutende Werke des 17. bis 19. Jhs. Highlight der Sammlung ist der Altar des »Wiener Schottenmeisters« aus den Jahren 1469–80, auf dessen Detail *Flucht nach Ägypten* die älteste Ansicht Wiens zu sehen ist.

Wo früher das Bethaus der Schottenkirche stand, befindet sich das Kunstforum der Bank Austria. Hier werden regelmäßig hochinteressante Wechselausstellungen gezeigt, die sich wirklich lohnen.

An der Ecke des verkehrsberuhigten Platzes zur Renngasse steht der 1846 nach Entwürfen von Ludwig Schwanthaler gefertigte Austria-Brunnen, dessen Bronzefiguren die Flüsse Elbe, Donau, Weichsel und Po symbolisieren, einst die Hauptflüsse der Monarchie.

KLEINE PAUSE

Im **Café Central** (S. 64) im Palais Ferstel wird Sie außer den süßen Köstlichkeiten auch die Atmosphäre des hohen, luftigen Raumes begeistern.

216 B2 U3 Herrengasse, U2 Schottentor, Tram 1, 2, D Schottentor, Bus 1H Herrengasse

Kunstforum
Wien 1., Freyung 8, 537 33 26,
www.kunstforumwien.at
tägl. 10–19, Fr bis 21 Uhr

11 € (Mo–Do zw. 18 und 19 Uhr für 2 Personen gültig)

Gemäldesammlung im Schottenstift
Wien 1., Freyung 6A
www.schotten.wien
Di–Fr 11–17, Sa bis 16.30 Uhr 8 €

Nach Lust und Laune!

Der idyllische Innenhof des Erzbischöflichen Palais

13 Erzbischöfliches Palais

Das barocke Palais wurde in den Jahren 1632–41 nach Entwürfen von Giovanni Coccapani errichtet. Der ausgedehnte Bau hat je eine Fassade zum Stephansplatz, zur Rotenturmstraße und zur Wollzeile hin. Das Palais war und ist der Sitz der Bischöfe und Erzbischöfe Wiens. Zu besichtigen ist hier das Dom- und Diözesanmuseum, das sakrale Kunst aus Gotik, Barock und Renaissance zeigt samt einigen kostbaren ehemaligen Ausstattungsstücken des Stephansdoms.

Erzbischöfliches Palais
216 C1 Wien 1., Stephansplatz 6
515 52-33 00 www.dommuseum.at Mi–So 10–18, Do bis 20 Uhr
8 € U1, U3 Stephansplatz, Bus 1A, 2A, 3A Stephansplatz

14 Franziskanerplatz

Auf dem durch große Steinkugeln vom Verkehr abgeschotteten Franziskanerplatz fühlt man sich auf Anhieb in eine mittelalterliche Stadt in Italien versetzt. Diesen Eindruck vermittelt die Franziskanerkirche, Wiens einziger Sakralbau im Renaissancestil. Ihr Giebel ragt hoch über die schmale Fassade hinaus. Den Hochaltar schuf 1707 Andrea Pozzo, der Meister der Scheinarchitektur. Interessant ist die aus Böhmen stammende Gnadenstatue *Madonna mit der Axt* aus dem 15. Jh. Sie hat ihren Namen daher, dass Protestanten versucht haben sollen, sie zu zerstören, es jedoch sowohl misslang, sie zu verbrennen als auch mit einer Axt zu zerstören, denn die Axt blieb in Marias linker Schulter stecken.

Franziskanerplatz
216 C1 U1, U3 Stephansplatz, Bus 1A, 2A, 3A Stephansplatz

15 Mozarthaus

In der engen, malerischen Domgasse lässt es sich auf Mozarts Spuren wandeln. Mozart zog in Wien elfmal um, erhalten ist aber nur die Wohnung, die er von September 1784 bis April 1787 in der Beletage des

Die vermeintlich unzerstörbare »Madonna mit der Axt«

damals noch sogenannten Camesina-Hauses in der Domgasse 5 bewohnte. Glaubt man den Biografen, dann verlebte Mozart in diesem Haus mit Frau Constanze und Sohn Karl seine glücklichsten Jahre. Er komponierte hier zahlreiche Werke, darunter die Oper Die *Hochzeit des Figaro*. Heute ist die Wohnung als Erinnerungsstätte eingerichtet.

Mozarthaus
216 C1 Wien 1., Domgasse 5
512 17 91 www.mozarthaus vienna.at tägl. 10–19 Uhr
11 € U1, U3 Stephansplatz, Bus 1A, 2A, 3A Stephansplatz

16 Jesuitenkirche

Die ehemalige Universitätskirche umrahmt zusammen mit der Alten Universität und der Akademie der Wissenschaften, die Mitte des 18. Jhs. als Aula der Alten Universität errichtet wurde, den Dr.-Ignaz-Seipel-Platz. Der Zauber dieses Platzes kommt besonders abends voll zur Geltung, wenn Scheinwerfer das frühbarocke Ensemble in ein unwirkliches Licht tauchen.

Die 1623–31 erbaute Kirche wurde von Kaiser Ferdinand II. gestiftet, als er den Jesuiten die Universität anvertraute. Besonders interessant ist die illusionistische Malerei des Andrea Pozzo im Hauptschiff. Die Kirche ist nach Norden ausgerichtet, dadurch hatte Pozzo mit schlechten Lichtverhältnissen zu kämpfen. Er integrierte deshalb das Hochaltarbild, das die Aufnahme Marias in den Himmel zeigt, in die Architektur, setzte das Bild in einen flachen Erker und erschloss eine natürliche Lichtquelle, indem er zwischen Bild und Rahmen schmale Fenster einfügte. In den Kapellen hinten rechts, wo ein an die Kirche anschließendes hohes Gebäude den Lichteinfall behindert, wird es noch interessanter. Pozzo leitete das Licht um, indem er die schmalen Seitenluken durch Spiegel ersetzte.

Jesuitenkirche
217 D1 Wien 1., Dr.-Ignaz-Seipel-Platz U3 Stubentor, Tram 2 Stubentor, Bus 1A Riemergasse

17 Heiligenkreuzerhof

Zwischen der Köllnerhofgasse und der Schönlaterngasse liegt ein weitläufiger, idyllischer Hof. Er gehört den Zisterziensern der Abtei Heiligenkreuz. Die Räumlichkeiten um den Hof sind als Privatwohnungen vermietet (der berühmte Kabarettist Helmut Qualtinger hat lange hier gewohnt).

Ein gastronomisches Highlight markiert im nahen Mandalahof, einer buddhistisch angehauchten Oase der Stille (Zugang über Fleischmarkt), das Restaurant ef16. Es verwöhnt Gäste mit stilvollem Ambiente unter historischen Kreuzgratgewölben, mit einem lauschigen, herrlich ruhigen »Schanigarten«, vor allem aber mit gehobener, österreichisch-mediterraner Feinschmecker-Küche. Angeschlossen ist eine bestens sortierte Weinbar.

Heiligenkreuzerhof
216 C2 Wien 1. Heiligenkreuzerhof U1, U3 Stephansplatz, Bus 1A, 2A, 3A Stephansplatz

Restaurant ef16
Wien 1., Fleischmarkt 16 513 23 18 www.ef16.at tägl. 17.30–23.30 Uhr U1, U4 Schwedenplatz

18 Fleischmarkt

Nachdem die Türken geschlagen waren und keine Gefahr mehr darstellten, entwickelte sich Wien zu Beginn des 18. Jhs. zu einem Knotenpunkt für den Handel mit dem Orient. Türkische, griechische und levantinische Kaufleute – nach ihnen ist das *Griechenbeisl* (s.u.) benannt – siedelten sich in der Umgebung des Fleischmarktes an und wickelten den Warenverkehr mit dem Orient ab. Die byzantinisch anmutende Fassade der Griechischen Nichtunionierten Kirche erinnert an diese Zeit.

Fleischmarkt
216 C2 U1, U4 Schwedenplatz, Tram 1, 2, Bus 3A Schwedenplatz

19 Griechenbeisl

In den Matrikeln der Stadt findet sich eine Eintragung aus dem Jahr 1447 über den Verkauf eines Hauses; sie weist das *Griechenbeisl* als ältestes Gasthaus Wiens aus. Seine Anfänge gehen aber noch weiter

Auch der »Liebe Augustin« war Stammgast im Griechenbeisl.

zurück, die Fundamente stammen aus römischer Zeit. Um die Mitte des 17. Jhs., in den Zeiten der Pest, erdachte und sang der Bänkelsänger Augustin hier das berühmte Lied *O du lieber Augustin*. Daran erinnert die Figur des Augustin, die aus einem vergitterten Kellerraum unter dem Eingang hervorlugt. Das *Griechenbeisl* hat schon viele prominente Gäste gesehen, auf der Decke eines Gewölbes haben sich u. a. Mozart und Beethoven, Richard Wagner, Johann Nestroy, Mark Twain und Einstein verewigt.

Griechenbeisl
217 D2 Wien 1., Fleischmarkt 11 533 19 77 www.griechenbeisl.at tägl. 11–1 Uhr (warme Küche 11.30 bis 23.30 Uhr) U1, U4 Schwedenplatz, Tram 1, 2, Bus 32A Schwedenplatz

20 Ruprechtskirche

Das kleine efeuumrankte Gotteshaus, das wie ein ruhender Pol aus dem turbulenten »Bermuda-Dreieck« (S. 67) herausragt, ist die älteste Kirche Wiens. Sie steht auf einer Anhöhe über dem Donaukanal, von der bereits im Mittelalter eine Stiege hinab zur Anlegestelle für die Salzschiffe führte. Gegründet soll die Ruprechtskirche bereits um 470 worden sein. Im schlichten Inneren der im 11. Jh. erbauten Kirche sind Glasmalereien aus dem 13. Jh. und eine *Schwarze Madonna*, die man bei Türkenangriffen oder zu Zeiten der Pest anrief, zu sehen.

Ruprechtskirche
216 C2 ✉ Wien 1., Ruprechtsplatz 1
www.ruprechtskirche.at
U1, U4 Schwedenplatz, Tram 1, 2, Bus 2A Schwedenplatz

21 Hoher Markt & Ankeruhr

Unter dem Pflaster des ältesten Platzes Wiens entdeckten Archäologen römische Ruinen. Im Mittelalter standen hier neben der Schranne, dem Gerichtsgebäude, der Pranger für den Strafvollzug und der Narrenkotter, in den »Irre« gesperrt wurden. Der Platz diente auch lange als Fischmarkt, und hier endete die erste Wasserleitung Wiens. Der Vermählungsbrunnen in der Mitte stammt von Joseph Emanuel Fischer von Erlach.

Glanzpunkt ist die Ankeruhr in der Ostecke des Platzes. Der Jugendstilmaler Franz von Matsch schuf sie 1911 als Dekoration für den Schwebebogen zwischen dem Firmensitz der Anker-Versicherung und dem Nachbarhaus. Die Besonderheit der Uhr ist eine Figurenparade. Täglich um 12 Uhr öffnen sich die Türen und es erscheinen zwölf überlebensgroße Figuren aus der Stadtgeschichte Wiens, darunter Marc Aurel und Rudolf I.

Im Römermuseum im Haus Nr. 3 am Hohen Markt sind Reste des römischen Lagers *Vindobona* und Fundamente des Palastes zu sehen, in dem wahrscheinlich Kaiser Marc Aurel gewohnt hat.

Hoher Markt & Ankeruhr
216 C2 U1, U3 Stephansplatz, Bus 1A, 2A, 3A Hoher Markt

Römermuseum
✉ Wien 1., Hoher Markt 3
www.wien museum.at
Di–So 9–18 Uhr 7 €
U1, U3 Stephansplatz, Bus 1A, 2A, 3A Hoher Markt

22 Am Hof

Um den weiten Platz Am Hof ließ sich 1155 der Babenberger Heinrich II. Jasomirgott einen Herrschersitz erbauen. Er entwickelte sich zu einem Zentrum höfisch-ritterlicher Kultur, in dem Künstler wie Walther von der Vogelweide auftraten. Herrschaftlich wirkt der Platz Am Hof auch heute noch, nicht zuletzt wegen der Kirche Zu den neun Chören der Engel, dem Palais Collalto, in dem der 6-jährige Mozart sein Konzertdebüt gab, und der mächtigen Mariensäule, die an die Bedrohung durch die Schweden im Dreißigjährigen Krieg erinnert.

Am Hof
216 B2 U3 Herrengasse, Bus 1A Am Hof

Wohin zum …

Essen und Trinken?

Preise

für ein Essen ohne Getränke:

€	unter 15 Euro
€€	15–26 Euro
€€€	über 26 Euro

RESTAURANTS

Augustinerkeller €

Dieses Stadtheurigen-Restaurant, eines der letzten in Wien und seit über 60 Jahren im Familienbesitz, bietet in der urigen Atmosphäre historischer Gewölbe Hausmannskost plus einmal monatlich Livemusik. Zur Auswahl stehen in diesem ehemaligen Klosterkeller vielerlei Köstlichkeiten – als Mittagsbrunch oder auch als Heurigenbüfett.

216 B1 Wien 1., Augustinerstr. 3
533 10 26 www.bitzinger.at
tägl. 11–24 Uhr
U1, U2, U4 Karlsplatz, Tram 1, 2, D, Bus 2A Oper

Cantinetta Antinori €€

Das Restaurant in nächster Nähe des Stephansdoms gehört der berühmten Adelsfamilie Antinori aus Florenz, die sich schon in 26. Generation mit der Produktion von Weinen beschäftigt. Die Einrichtung des Restaurants ist gediegen und von schlichter Eleganz, kulinarisch orientiert es sich an den Köstlichkeiten der Toskana.

216 C1 Wien 1., Jasomirgottstr. 3/5
533 77 22 www.cantinetta-antinori.com tägl. 11.30 bis 24 Uhr U1, U3 Stephansplatz

Comida y Ron €€

Ein schicker Gastro-Tempel mit Latino-Küche, saisonal abgestimmt von Tapas über Kreolischem Huhn bis zum argentinischen Angusrind. An Werktagen mittags zweigängiges Menü (Wochenplan) unter 10 €. Im Untergeschoss lädt der Red Room, ein ultrahipper Club mit Cocktailbar, zum stilvollen Abhängen. Spektakuläres Design mit beleuchtetem Dancefloor; Soul-, Funk- und Disco-Gigs von internationalen DJs.

217 D1 Wien 1., Stubenring 20
512 40 24 www.comida.at
Mo–Fr 11–1, Sa/So ab 18, Red Room Mo–Sa ab 20 Uhr U3 Stubentor, Tram 2, Bus 3A, 74A Stubentor

Do & Co €€€

Das Nobelrestaurant des Hotels Do & Co im obersten Stockwerk des Haas-Hauses bietet zu exquisiten Fischgerichten und den Klassikern der Wiener Küche einen sensationellen Blick auf den Stephansdom (Abb. S. 5).

216 C1 Wien 1., Stephansplatz 12
535 39 69 docohotel.com
tägl. 12–15, 18–24 Uhr
U1, U3 Stephansplatz

Fabios €€€

Das *Fabios* besteht aus Restaurant, Bar und Lounge und gilt als schönstes Designrestaurant der Stadt, als architektonisches Schmuckstück. Die Glasfront zur Tuchlauben lässt sich im Sommer zur Gänze öffnen, dann wird das ganze Lokal zu einer Terrasse. Die Küche ist mediterran, leicht und raffiniert, zu den Spezialitäten zählen lauwarmer, geschmorter Oktopus und Steinbuttfilet.

216 B2 Wien 1., Tuchlauben 4–6
532 22 22 www.fabios.at
Mo–Sa 9–1 Uhr (warme Küche 12–23 Uhr)
U1, U3 Stephansplatz, Bus 1A Petersplatz

Figlmüller €€

In diesem urigen Lokal im Alt-Wiener Stil gibt es die größten Wiener Schnitzel der Stadt. Dazu wird traditionellerweise ein gemischter Salat gegessen und ein »G'spritzter« getrunken, ein Achtelliter Wein, der mit

Soda »aufgespritzt« wird. Filialen: Bäckerstr. 6 und Lugeck 4.
216 C1 Wien 1., Wollzeile 5 512 61 77 www.figlmueller.at tägl. 11–22.30 Uhr (warme Küche bis 21.30 Uhr) U1, U3 Stephansplatz

Gösser Bierklinik €
In der *Gösser Bierklinik* dreht sich alles um die Bierkultur. Zum gepflegten Gerstensaft gibt es im Erdgeschoss feine Wiener »Schmankerln«, im 1. Stock werden täglich wechselnde Kreationen des Küchenchefs serviert. Lassen Sie sich überraschen!
216 B2 Wien 1., Steindlgasse 4
533 75 98 12 www.goesser-bierklinik.at
Mo–Sa 10–23 Uhr U1, U3 Stephansplatz, Bus 1A Petersplatz

Haas & Haas €
An der Rückseite des Stephansdoms verbirgt sich eines der angenehmsten Lokale der Stadt. Rechts vom Teehaus *Haas & Haas* führt eine unauffällige Tür in das gleichnamige Restaurant, das im Sommer einen der schönsten, vom Trubel der City durch dicke Mauern abgeschirmten Garten betreibt. Dort lässt sich in aller Ruhe moderne, leichte Küche genießen.

216 C1 Wien 1., Stephansplatz 4
512 26 66 www.haas-haas.at
Mo–Fr 8–20, Sa bis 18.30, So 9–18 Uhr
U1, U3 Stephansplatz

Inigo €
Angenehm und gut isst man in diesem für eine solch erstklassige Lage erstaunlich preiswerten Lokal. Bei Schönwetter genießt man vom Schanigarten den Blick auf den Universitätsplatz. Mit jeder Bestellung hilft man Langzeitarbeitslosen, denen die Caritas der Erzdiözese Wien als Betreiberin dieses Lokals Beschäftigung verschafft. Nahe Schloss Schönbrunn gibt's im *Inigo Café Salon* kulinarische Schmankerl und Kleinkunst (Schönbrunner Str. 295, Tel. 812 39 38-43, Mo–Fr 12 bis 19, Sa/So 12.30–16.30 Uhr)
216 C1 Wien 1., Bäckerstr. 18
512 74 51 50 www.inigo.at
Mo–Sa 9.30–23 Uhr U3 Stubentor, Tram 2, Bus 3A Wollzeile

Martinelli €€€
Im ohnehin italienisch anmutenden Innenhof des Palais Harrach verbreitet die Trattoria *Martinelli* noch zusätzliches Italien-Feeling. Das Ambiente ist edel und hat südliches Flair. Die Küche ist inspiriert von den Hügeln der Toskana, auf der Speisekarte finden sich italienische Köstlichkeiten wie Kalb, Rind, Kaninchen, gebraten mit Oliven oder geschmort in dunklem Wein.
216 B2 Wien 1., Freyung 3
533 67 21 www.barbaro.at
tägl. 11.30–23.30 Uhr U3 Herrengasse, U2 Schottentor, Tram 1, D Schottentor, Bus 1A, 2A Herrengasse

Ofenloch €€
Der Besitzer dieses seit 300 Jahren bestehenden Lokales ist Sammler. Er trägt seit Jahren von allen möglichen Orten zusammen, was ihm gefällt. Entsprechend liebevoll sind die Räume dekoriert – der Stolz des Hauses ist die Sammlung von Flaschenkorken. Küche und Keller bieten Traditionelles und Aktuelles, die Speisekarte präsentiert sich in Form einer altertümlichen Zeitung, *Ofenloch's Localblatt*.
216 B2 Wien 1., Kurrentgasse 8
533 88 44 www.restaurant-ofenloch.at
Mo–Sa 11.30–23, warme Küche 12–22 Uhr
U1, U3 Stephansplatz, Bus 1A Petersplatz

Oswald & Kalb €
Die Mischung aus Szenebar und Speiselokal ist bereits seit über drei Jahrzehnten ein beliebter Treffpunkt. Die Räume sind urig und gemütlich, die Küche ist bodenständig und fein. Vor allem am Stammtisch im

hinteren Teil des Lokals haben schon viele Prominente und Künstler gesessen.
✢ 216 C1 ✉ Wien 1., Bäckerstr. 14
☎ 512 13 71 🌐 www.oswaldundkalb.at
◷ Mo–Sa 17–23.30 Uhr 🚌 U3 Stubentor, Bus 3A Riemergasse

Specht €€

Restaurant, Bar und Lounge in einem, und alles von Alt und Neu kombinierender Behaglichkeit. Großen Anteil haben die qualitätvolle Küche, in deren Fleisch- und Fischgerichten Wiener Tradition und orientalische Aromen Hochzeit feiern, sowie, in der Bar, die Drinks und die Jazz-Musik (bisweilen live!).
✢ 216 C1 ✉ Wien 1., Bäckerstr. 12
☎ 512 05 11 🌐 www.specht-restaurant.at
◷ Mo–Mi 16–1, Do 16–3, Fr/Sa 11.30–3, So 11.30–24 Uhr 🚌 U1, U3 Stephansplatz

Weinorgel €€

Ein »Achterl« an der Bar, ein gemütliches Zusammensitzen bei Antipasti, Prosciutto, Grana, Kapern. Vorzügliches Sortiment österreichischer und internationaler Kreszenzen. Netter Schanigarten. Und jeden 2. Montag im Monat von 18 bis 20 Uhr Gratis-Weinverkostung!
✢ 216 C1 ✉ Wien 1., Bäckerstr. 2
☎ 513 12 27 🌐 www.weinorgel.at
◷ Mo–Do 16–2, Fr/Sa bis 3, So bis 24 Uhr
🚌 U3 Stubentor, Bus 3A Riemergasse

Zu den 3 Hacken €

Das einstige Stammlokal von Franz Schubert und seinen Freunden ist auch heute noch ein urtypisches Gasthaus. Im Garten vor dem Haus sitzt man an Tischen mit grün-weiß gemusterten Tischtüchern. Die Küche ist bodenständig, sie reicht vom Tafelspitz bis zu Innereien wie Gespicktes Herz, dazu gibt es feine Weine aus Österreich und Italien.
✢ 216 C1 ✉ Wien 1., Singerstr. 28
☎ 512 58 95 🌐 www.vinum-wien.at
◷ Mo–Sa 11–24, Küche bis 23 Uhr
🚌 U1, U3 Stephansplatz, Bus 1A, 2A, 3A Stephansplatz

KAFFEEHÄUSER

Alt Wien

1922 eröffnet, ist das Alt Wien ein »Urgestein« der Wiener Kaffeehauskultur. Die Wände sind mit Plakaten tapeziert, der Gastraum nur spärlich beleutet - ein idealer Platz für Künstler und Lebenskünstler.
✢ 216 C1 ✉ Wien 1., Bäckerstr. 9 ☎ 512 52 22
🌐 www.kaffeealtwien.at ◷ tägl. 10–2 Uhr
🚌 U1, U3 Stephansplatz

Central

Das Café *Central* im Palais Ferstel ist eine Legende. Es wurde zur Wahlheimat von Generationen von Schriftstellern und Intellektuellen. An die geistigen Höhenflüge der Gäste von einst erinnert die lebensgroße

Das legendäre Literaten-Café *Central* ist stets gut besucht.

Figur des Schriftstellers Peter Altenberg (1859–1919). Im Café *Central* kann man gut essen, die Wiener Küche und die Patisserie sind erstklassig.
216 B2 Wien 1., Herrengasse 14
533 37 63 26 www.cafecentral.wien
Mo–Sa 7.30–22, So 10–22 Uhr, Juli/Aug. So geschl. U3 Herrengasse, U2 Schottentor, Tram 1, D Schottentor, Bus 1A Herrengasse

Das Kleine Café
Das *Kleine Café* besteht aus lediglich fünf Marmortischen, ein paar Thonet-Stühlen und Ledersitzbänken. Das Lokal des Wiener Schauspielers Hanno Pöschl hat eine ganz besondere Atmosphäre und ist ein beliebter Künstlertreff.
216 C1 Wien 1., Franziskanerplatz 3
Mo–Sa 10 bis 2, So 13–2 Uhr (Küche auch nach Mitternacht) U1, U3 Stephansplatz, Bus 1A, 2A, 3A Stephansplatz

Delia's
Schick, gestylt, mit einer hübschen Bar, ist das *Delia's* die moderne Alternative zum Café *Korb*. Das kulinarische Angebot ist bescheiden, aber zeitgemäß, zum »caffè forte e più« gibt es pikante oder süße Snacks.
216 B2 Wien 1., Tuchlauben 8
699 19 69 20 01 www.caffedelias.com
Mo–Sa 8–24, So 10–24 Uhr U1, U3 Stephansplatz, Bus 1A, 2A, 3A Stephansplatz

Diglas
Alt-Wiener Kaffeehaustradition repräsentiert das gediegene *Diglas* in der Wollzeile. Das geräumige Eckcafé ist prächtig ausgestattet; das Angebot an warmen Speisen ist groß, mittags gibt es ein Tagesmenü, und die Mehlspeisen stammen aus der eigenen Konditorei.
216 C1 Wien 1., Wollzeile 10 512 57 65
www.diglas.at tägl. 8–22.30 Uhr
U1, U3 Stephansplatz, U3 Stubentor, Bus 3A Riemergasse

Korb
Das Café wirkt recht abgewohnt, doch gerade wegen der angenehmen Patina ist »das Korb« eine echte Wiener Institution. Es bietet mehr warme Gerichte als so manches Beisl und rühmt sich, den besten Apfelstrudel von Wien zu haben. Die Wände der Kellerräume wurden von Künstlern dekoriert.

216 C2 Wien 1., Brandstätte 9
533 72 15 www.cafekorb.at Mo–Sa 8–24, So ab 10 Uhr U1, U3 Stephansplatz, Bus 1A, 2A, 3A Stephansplatz

Wohin zum ... Einkaufen?

Die engen Gassen des alten Wiener Stadtkerns sind nicht nur zum Flanieren und Schauen bestens geeignet, sondern natürlich auch zum Einkaufen. Es gibt zahlreiche Boutiquen, Antiquitäten- und Buchläden und eine Menge an interessanten Geschäften mit einem ganz speziellen, oft originellen Angebot. Viele der Geschäfte sind wienerisch geblieben, viele haben aber auch einen modernen Touch.

HINTER DEM STEPHANSDOM

Die **Vinothek St. Stephan** (Stephansplatz 6) hat ein riesiges Sortiment an internationalen Weinen, Raritäten und Altweinen, dazu Single Malt Whiskeys und Olivenöle und Balsamico.
Die rosarote Verpackung mit dem Stephansdom als Logo kennen Schleckermäuler rund um den Globus. Die Erzeugerfirma der berühmten Nougatwaffeln alias **Manner**-Schnitten hat direkt am Stephansplatz/Ecke Rotenturmstraße einen Flagship-Store eingerichtet – eine Pflichtstation für naschhafte Wien-Gäste auf der Suche nach einem

süßen Souvenir (tägl. 10.00 bis 21.00 Uhr). Die Galerie Ambiente (Lugeck 1) ist auf Bugholzklassiker spezialisiert, hochinteressant sind auch die neuen Möbel *Design Marlowe*, die im alten Stil gefertigt werden, und das Teddybärmuseum, dessen Ausstellungsstücke allerdings nicht verkäuflich sind.

In der kleinen, aber feinen Schatzecke (Wollzeile 5, Passage) gibt es antike Schmuckstücke in allen Preisklassen, auch für die kleinste Brieftasche. Das Juweliergeschäft mit hauseigener Manufaktur gehört zu den feinsten Adressen der Stadt; die Schmuckstücke lassen die Herzen der Damenwelt höher schlagen. Allerdings haben die funkelnden Kleinode auch ihren Preis.

Teefreunde pilgern zu Schönbichler (Wollzeile 4), dem ältesten und bestsortierten Teeladen der Stadt – der auch Marmeladen aus aller Welt im Angebot hat.

Die Schuhboutique Le Petit Chou (Kühfußgasse 2/Petersplatz 9) hat sich auf kleine Füße spezialisiert, dort gibt es süße Kinderschuhe und Accessoires.

FREYUNG

In der von der Freyung zum Arkadenhof des Palais Ferstel führenden Passage sind es vor allem zwei kleine Läden, die Aufmerksamkeit verdienen: Katze & Kater (Freyung 2) führt entzückende Heimtiger aus bemaltem Holz oder Porzellan, und das in allen Farben und Größen. Xocolat (Freyung 2) bezeichnet sich selbst als Lustrevier für Entdecker und Eroberer, und das zu Recht, denn hier gibt es alles aus der Welt der Schokolade.

Tomas Lisa Interiors (Herrengasse 14) auf der anderen Seite des Palais Ferstel führt ausgesucht hübsche Dinge für die Wohnung, darunter auch Lampen, Accessoires und kleine Gebrauchsgegenstände wie Notizblöcke.

Der Klosterladen im Schottenstift (Freyung 6) hat Geistiges und Geistliches im Angebot. Das Spezialitätengeschäft für klösterliche Produkte, das es in ähnlicher Form übrigens schon im 18. Jh. gab, führt Brände, Kräuterliköre und Wein sowie Lebensmittel aus der stiftseigenen Landwirtschaft (Obst, Wurst, Mohnöl), dazu Bücher und Devotionalien.

Wohin zum … Ausgehen?

In den engen Gässchen um den Stephansdom geht das Leben nach Einbruch der Dunkelheit erst richtig los. Hier machen die Wiener gern ihre »Beisl-Touren«, sie ziehen von einem Lokal zum anderen.

In der Umgebung der Ruprechtskirche, am Rabensteig, in der Seitenstettengasse und

Auf »Beisl-Tour« im »Bermuda-Dreieck« geht's von einer Bar zur nächsten …

Ein oder zwei »Seidl« im »Krah Krah« ...

am Ruprechtsplatz hat sich ein lebhaftes Vergnügungsviertel etabliert, das **Bermuda-Dreieck**: Dort reiht sich ein Lokal ans andere. Man kann essen, trinken, Musik hören und dann einfach weiterziehen.
Eine empfehlenswerte Raststätte und Tankstelle für erlesene Biere markiert **Sally's**, Wiens wohl elegantestes Irish Pub (Judengasse 9, Tel. 0676 706 81 24, tägl. 16–4 Uhr,

... und dann zum Live-Jazz ins »Porgy & Bess« ...

Mai-Sept. Gartenbetrieb bis Mitternacht).
Ein Pionier im Bermuda-Dreieck ist das **Krah Krah** (Rabensteig 8, Tel. 533 81 93, tägl. 11–2 Uhr), das ganz auf Bier setzt. Hier gibt es rund 50 Sorten aus aller Welt.
Der **Rote Engel** (Rabensteig 5, Tel. 535 41 05, tägl. 17–4 Uhr) ist der Ort für Livemusik und ist dementsprechend fast jeden Abend brechend voll; in den letzten 30 Jahren

... oder ins »Jazzland«, Wiens ältester Jazzclub.

sind dort schon Hunderte Musikgruppen aufgetreten, mit Rock, Pop, Funk und Jazz. Ermüdungserscheinungen sind trotzdem keine zu bemerken.

MUSIK

In den Kellerräumen des Hauses Riemergasse 11 wurde schon Mitte des 19. Jhs. Theater gespielt. Später gab es dort Kabarett, Revue und Kino. Die Räume des heutigen **Porgy & Bess** (Riemergasse 11, Tel. 512 88 11, Mo–Sa ab 19, So ab 20 Uhr) sind modern und aufwendig gestaltet, hier trifft sich alles, was an Jazz interessiert ist. Das Programm ist abwechslungsreich und interessant.
Im **Jazzland** (Franz-Josefs-Kai 29, Tel. 533 25 75, Mo–Sa ab 19 Uhr, Musik ab 21 Uhr) ist die Zeit stehen geblieben. Das Lokal ist so schummrig und verraucht, wie man es von einem echten Jazzclub erwartet, die Stimmung ist oft wirklich toll. Gespielt wird Traditionelles von Swing, Blues und Dixie zu Modern.

BARS

Wunderbar Italianità-Feeling tanken kann man im **L'Ombra**, einer feinen Imbiss-Bar (Lugeck 7, Tel. 276 58 14, Mo–Sa 11–24 Uhr). Dafür sorgen das farbenfrohe Ambiente, die mit ausgesuchten Pikanterien gefüllten Panini, die nicht minder schmackhaften Pasta- und Risottoteller, vor allem aber auch der *caffè* und die edlen, vom Betreiber persönlich importierten Tropfen aus dem Reich des Barolo und Chianti Classico.
Die legendäre **Eden Bar** (Liliengasse 2, Tel. 512 74 50, Do–Sa 22–4 Uhr) hat auch nach Jahrzehnten nichts von ihrem Charme verloren. Hier trifft sich alles, was in Wien Rang und Namen hat, zum »Reden in der Eden«. Es gibt jeden Abend Livemusik. In den Schaukästen vor dem Lokal sind die aktuellen Fotos der Barbesucher zu bewundern, darunter auch viele Prominente.
First Floor (Seitenstettengasse 5, Tel. 532 11 65, tägl. 20–4 Uhr) ist, etwas versteckt im 1. Stock, eine der besten Cocktail-Bars der Stadt, schick gestylt, mit tollen Drinks und smoothem Jazz (donnerstags auch live).

Der Michaelertrakt, die Innenstadtseite der Hofburg, wurde bereits im Barock geplant, aber erst im 19. Jahrhundert gebaut.

Das imperiale Wien

Rund um die Hofburg, wo einst die Habsburger regierten, fühlt man das Flair der K.u.k.-Zeit noch besonders intensiv.

Seite 68–99

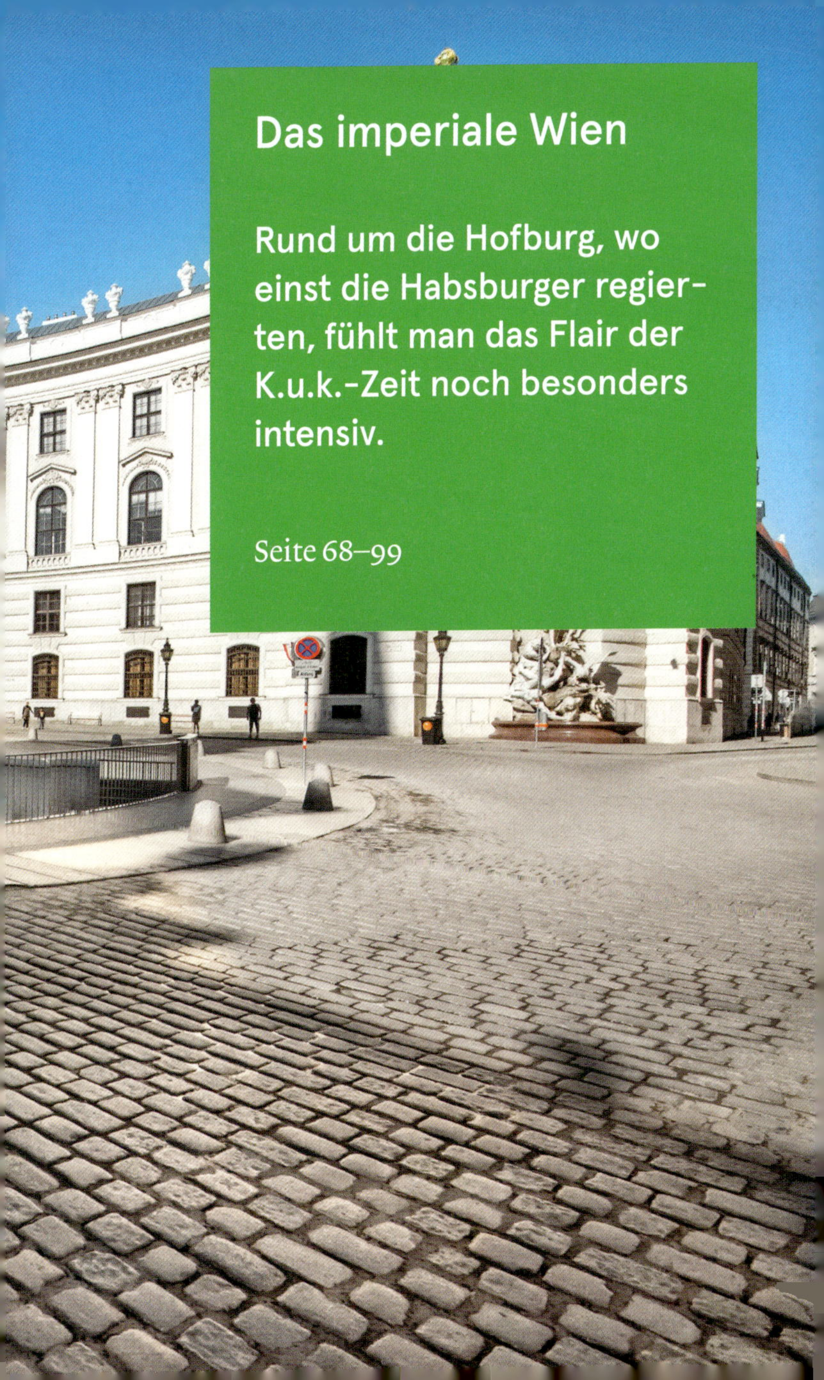

Erste Orientierung

In keinem anderen Teil von Wien ist der Glanz der Kaiserzeit stärker spürbar als in diesem. Die Hofburg, die Albertina und die belebten Straßen spiegeln auch heute noch Macht und Eleganz der ehemaligen Donaumetropole wider. Hier gibt es noch Geschäfte mit liebenswert verstaubtem K.u.k.-Flair, sowie internationale Luxusadressen

Das Zentrum der alten Kaiserstadt präsentiert sich mit nahezu jugendlichem Ungestüm. Das zeigt sich besonders im Bereich Kohlmarkt und Graben. Hier ist in den letzten Jahren vieles in Bewegung gekommen. Altes hat Neuem Platz gemacht, und über allem liegt eine gediegene, großstädtisch-noble Atmosphäre.

Das »Goldene Quartier

Nicht zuletzt wegen der zahlreichen eleganten Markenboutiquen, die sich besonders im »Goldenen Quartier« ballen, ist ein urbanes Lebensgefühl zu spüren. Auch die touristischen Highlights wurden in den letzten Jahren mit größtem Aufwand auf Hochglanz gebracht: Von der Hofburg mit ihren exquisiten Museen über die Hofreitschule bis zur Albertina erstrahlt alles in großer Pracht.

TOP 10

❶ ★★ Hofburg

Nicht verpassen!

㉓ Kohlmarkt und Graben

㉔ Kapuzinergruft

㉕ Albertina

Nach Lust und Laune!

26 Spanische Hofreitschule

27 Michaelerkirche

28 Loos-Haus

29 Peterskirche

30 Dorotheum

31 Josefsplatz

32 Burggarten

33 Palmenhaus

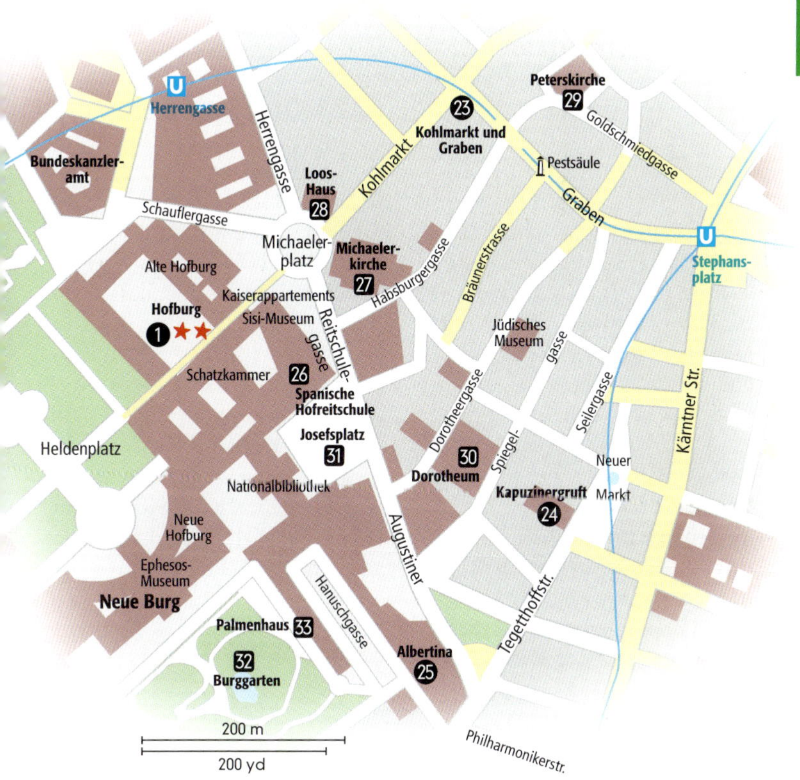

Mein Tag bei Sisi und und Franz Joseph

Sie sind festlich gestimmt, wollen auf den Spuren Franz Josephs und seiner Sisi wandeln? Bitt' schön, hereinspaziert: Beim Gang durch die altehrwürdige Residenz erspüren Sie den Habsburgermythos hautnah.

9 Uhr, Zunächst einmal einen Überblick verschaffen

Was gibt es Schöneres, als den Tag mit einem die Seele weitenden Panorama zu beginnen? Sie stehen, im Idealfall bei Kaiserwetter, auf dem Heldenplatz, im Rücken das Halbrund der Neuen Burg. Ihr Blick schweift vom Kunsthistorischen und Naturhistorischen Museum und dem MuseumsQuartier zur Linken über Parlament, Rathaus, Burgtheater und die doppeltürmige Votivkirche bis zu den Hängen des Wienerwalds. Wow – was für eine Traumsilhouette!

Solcherart auf Grandioses eingestimmt, tauchen Sie ein in das steinerne »Labyrinth der Habsburger«, die 1 ★★ Hofburg – wandern an dem Fiakerstandplatz vorbei über den Inneren Burghof und unter der Michaelerkuppel hindurch auf den gleichnamigen Platz. Eine Verbeugung vor dem schnörkellos eleganten 28 Loos-Haus. Vielleicht auch ein Blick in das Innere der 27 Michaelerkirche vis-à-vis. Aber nicht zu lange!

10 Uhr, Zur Hohen Schule der klassischen Reitkunst

Denn um 10 Uhr wartet, zwei Gehminuten entfernt, auf dem

15 Uhr, Kaffee & Kuchen klassisch

13 Uhr, In Sisis Wohnung

16 Uhr, Streifzug durchs Antiquitätenviertel

…r, Zunächst …nal einen …rblick ver- …affen

18.30, Schlemmen im Glashaus

Mit dem kleinen Gemälde vor seinem Schreibtisch hatte Kaiser Franz Joseph seine Sisi immer vor Augen …

wunderschön spätbarocken 31 Josefsplatz, ein Pflichttermin: die Vorführung der Lipizzaner in der 26 Spanischen Hofreitschule.

12 Uhr, Wienerisch Mittag essen

Nach der »Morgenarbeit« der stolzen Lipizzaner geht's zurück zum Inneren Burghof. Als stilvolle Kalorientankstelle empfiehlt sich dort das Café Hofburg (S. 98). Seine livrierten Kellner servieren Ihnen im plüschig-holzgetäfelten Ambiente traditionsreiche Schmankerl vom Feinsten – vom Sacher-Würstel und Wiener Suppentopf bis zum Sisi-Sandwich und Kaiserschmarrn.

13 Uhr, In Sisis Wohnung

Zur Mittagsstunde ist in Museen vergleichsweise wenig los. Daher ist jetzt der beste Moment, frisch gestärkt die Kaiserliche Schatzkammer (S. 79) zu besichtigen. Hinter den meterdicken Mauern des Schweizertrakts glitzern Kronen, Kleinodien und Reliquien aus der über 1000-jährigen Reichsgeschichte um die Wette. Die Sammlung gilt als weltweit bedeutendste ihrer Art. Gleich im Anschluss nehmen Sie den Kaiserappartements (S. 80), den Wohn- und Arbeitsräumen Franz Josephs und, im angrenzenden Sisi-Museum (S. 80), den Kemenaten seiner Gemahlin die Parade ab.

Gestriegelt und geputzt zeigen sich die Lipizzaner vor und bei der »Morgenarbeit«.

Ein süßes Nachmittags-Highlight beim *Demel*: ein Stück »echte Sachertorte« und dazu eine Melange

15 Uhr, Kaffee & Kuchen klassisch

Zeit für eine Rast mit energetischem Mehrwert? Am Kohlmarkt lädt die legendäre k.u.k. Hofzuckerbäckerei Demel (S. 97) zur Einkehr. Während Sie sich eine raffinierte Süßigkeit auf der Zunge zergehen lassen, vielleicht ein Stück der »Echten Sacher-Torte«, und dazu eine Kaisermelange trinken, können Sie die Konditormeister in der Schau-Backstube beim Tortenbacken und Strudelrollen bewundern.

16 Uhr, Streifzug durchs Antiquitätenviertel

Ausgeruht drängt es Sie jetzt sicherlich zum Beinevertreten ins Freie. Schlendern Sie am besten über ㉓ Kohlmarkt und Graben.

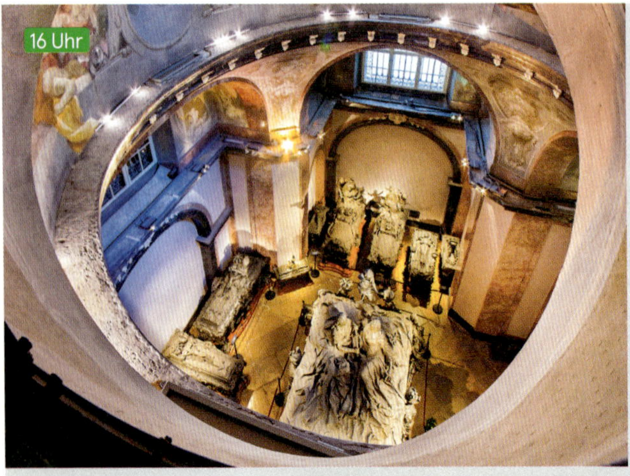

Nach dem Bummel durch das Antiquitätenviertel und einem Blick in die Kapuzinergruft, die letzte Ruhestätte der Habsburgerherrscher (oben), warten kulinarische Genüsse im *Palmengarten* (rechts).

Diese beiden Flaniermeilen bilden ein Spalier aus Edelboutiquen, Flagshipstores und Juwelieren, aber auch so manchem charmanten Traditionsgeschäft.

Bummeln Sie anschließend auch durch die Seitengassen südlich des Grabens. Hier, im sogenannten Antiquitätenviertel, bietet das Anfang des 18. Jahrhunderts eröffnete Auktionshaus 30 Dorotheum, von den Wienern liebevoll »Tante Dorothee« oder kurz »Pfandl« genannt, eine besondere Augenweide.

Und zwischendurch können Sie am Neuen Markt in die 24 Kapuzinergruft hinabsteigen, um den verstorbenen Habsburgerherrschern in ihren Prunksärgen die Reverenz zu erweisen.

Eine süße Erinnerung an Sisi hält – nach einem kleinen Abstecher in die Kärntner Straße – der K. u. K. Hofzuckerbäcker Gerstner für Sie bereit: Sisi-Veilchen, kandierte echte Veilchenblüten, serviert in einem Samtdöschen: das Lieblingskonfekt der einstigen Kaiserin.

Noch eine kurze Pause nach dem Spaziergang durch den Burggarten, dann geht's ins Palmenhaus-Restaurant.

18:30 Schlemmen im Glashaus

Und weil ein so glanzvoller Tag ein kulinarisches Finale der Extraklasse verdient, lassen Sie zuletzt ihren Gaumen im spektakulären Jugendstilambiente des Restaurant im 33 Palmenhaus verwöhnen. Nicht freilich, ohne zuvor noch einen erhebenden Blick von der Albertinarampe auf Staatsoper und Hotel Sacher genossen und eine Spazierrunde durch den angrenzenden 32 Burggarten gedreht zu haben.

i

Spanische Hofreitschule
Morgenarbeit Di–Fr ab 10 Uhr, Galavorführungen an Wochenenden ab 11 Uhr

Gerstner K. u. K. Hofzuckerbäcker
Wien 1., Kärntner Str. 51
tägl. 10–23 Uhr

❶ ★★ Hofburg

Warum?	Geist und Kultur der Habsburger erleben
Was tun?	Durch die Kaiserappartements wandeln
Wie lange?	3 bis 4 Std.
Was noch?	Eine Zufallsbegegnung mit Lipizzanern
Resümee	Sehen wie Sisi wohnte

Elisabeth Amalie Eugenie, Herzogin in Bayern, genannt Sisi, war erst 16 Jahre alt, als sie 1854 mit ihrem frisch angetrauten Ehemann, Kaiser Franz Joseph I., als Kaiserin von Österreich und Königin von Ungarn die herrschaftlichen Gemächer in der Hofburg bezog. Ganz nach ihren Bedürfnissen richtete sie ihre Privaträume ein. Mehr über das Leben der schönen, selbstbewussten Kaiserin vermittelt das Sisi-Museum.

»Labyrinth der Habsburger« wird die Hofburg oft scherzhaft bezeichnet – und das nicht zu Unrecht. Im Laufe der 600 Jahre, in denen die Hofburg den Habsburgern nahezu ohne Unterbrechung als Residenz diente, haben sie so lange einen Trakt nach dem anderen angefügt, bis ein riesiger Komplex entstanden ist. Heute präsentiert sich die Hofburg wie ein in sich abgegrenzter Stadtteil.

Der Schweizertrakt

Begonnen hat alles mit dem Schweizerhof, auch Schweizertrakt genannt. Hier befindet sich der Kern der mittelalterlichen Burg. Benannt ist er nach der Schweizer Garde, die hier zu Maria Theresias Zeiten wachte. Wann genau dieser älteste Trakt entstand, ist nicht bekannt, 1279 aber wurde er erstmals urkundlich erwähnt. Das *Castrum Vienensis*, eine Burg mit vier Ecktürmen, Wassergraben und Zugbrücke, diente dem Habsburger Rudolf I. als Residenz. Außer dem Kern dieser Burg ist auch die Burgkapelle erhalten, die allerdings später umgebaut wurde.

Auch das auffallend in Rot-Schwarz-Gold gehaltene Schweizertor ist jünger; es wurde erst 1552 von Pietro Ferabsco gestaltet. In diesem Trakt befindet sich die Kaiserliche Schatzkammer, in der Sie neben vielen anderen weltlichen und geistlichen Preziosen die Insignien des Heiligen Römischen Reiches besichtigen können, darunter die tausendjährige Reichskrone, der Reichsapfel, das Reichsschwert, das Reichskreuz und der kostbare Burgunderschatz.

Am Michaelerplatz vor den Toren der Hofburg präsentiert Wien seine imperiale Vergangenheit.

Stallburg, Amalienburg und präsidialer Amtssitz

Der zweitälteste Teil der Hofburg liegt etwas außerhalb des Komplexes in der Reitschulgasse. Es ist die Stallburg, ein Renaissanceschloss, das Kaiser Ferdinand I. 1558–65 als Residenz für seinen Sohn Maximilian errichten ließ. In diesem Gebäude mit einem dreigeschossigen Renaissancearkadenhof residieren schon seit dem 18. Jh. die »Herren Lipizzaner« der Spanischen Hofreitschule (S. 92).

Die Amalienburg (16. Jh.) war ursprünglich ein freistehendes Gebäude gegenüber vom Schweizertrakt. Diesen Trakt bewohnte zuletzt Kaiserin Elisabeth.

Kaiser Leopold I. ließ 1668–80 den Schweizertrakt mit der Amalienburg verbinden. Diesen Leopoldinischen Trakt bewohnten später Kaiserin Maria Theresia und Joseph II. Da die prachtvollen Repräsentationsräume seit 1946 als Amtssitz des österreichischen Bundespräsidenten dienen, kann dieser Teil der Hofburg nicht besichtigt werden.

Wundervoller Barock: die Nationalbibliothek

Die wohl spektakulärste Veränderung erlebte die Hofburg, als Kaiser Karl VI. den Architekt Joseph Emanuel Fischer von Erlach mit Anbauten beauftragte. 1723–35 wurde die Nationalbibliothek gebaut, deren Prunksaal zu den schönsten Bibliothekssälen der Welt zählt. Es folgten die 57 m lange und 19 m breite Winterreitschule (S. 92) und die Redoutensäle an der Seite zum Josefsplatz. Die Winterreitschule ist von einer freischwebenden Decke überdacht und von einer von 46 Säulen getragenen Galerie umgeben.

Kaiser Karl VI. war Bauherr der wohl schönsten Anbauten der Hofburg, darunter auch der Prunksaal der Nationalbibliothek. In der Mitte des Saals erinnert ein Standbild an den Kaiser.

Sisi-Museum und Kaiserappartements

Nach Plänen von Fischer von Erlach und Johann Lukas von Hildebrandt wurde 1726–30 auch der Reichskanzleitrakt errichtet, den ab Mitte des 19. Jhs. Kaiser Franz Joseph bewohnte. Heute ist dort, in den sog. Stephan-Appartements, das Sisi-Museum untergebracht. Es ist dies allerdings kein Museum im üblichen Sinn, sondern eine Inszenierung der faszinierenden Persönlichkeit der einstigen Kaiserin.

Durch das Kaisertor gelangen Sie in die Kaiserappartements, in denen die originale Einrichtung einen authentischen Eindruck von den Wohn- und Arbeitsräumen des Kaisers vermittelt. In der benachbarten Silberkammer können Sie wertvolles Tafelgerät bestaunen, darunter das Silber-,

Bronze-, Glas- und Porzellangeschirr, das im Kaiserhaus im Alltag und bei festlichen Anlässen verwendet wurde.

Zu Beginn des 19. Jahrhunderts wurde an den Leopoldinischen Trakt der Zeremoniensaal angefügt. In dem von Louis de Montoyer gestalteten Saal finden heute Bälle statt.

Vollendung der Hofburg

Der Michaelertrakt geht noch auf alte Pläne Joseph Emanuel Fischer von Erlachs zurück. Kaiser Franz Joseph ließ das Verbindungsstück zwischen Reichskanzleitrakt und Winterreitschule, dessen 50 m hohe Kuppel vom Kohlmarkt aus besonders elegant wirkt, von 1889 bis 1893 erbauen. Die letzte große Veränderung erlebte die Residenz 1913 mit dem Bau der Neuen Burg.

Insgesamt umfasst die Hofburg eine Fläche von 240 000 m^2 mit 18 Trakten, 19 Höfen und 2600 Räumen. Heute amtiert das österreichische Staatsoberhaupt in denselben Prunkräumen wie einst Maria Theresia und Josph II. Rund 5000 Menschen arbeiten in den verschiedenen Trakten, in denen Amtsräume, Büros, Konferenz- und Festsäle, auch Privatwohnungen und nicht zuletzt die Stallungen der Lipizzaner untergebracht sind: Die Hofburg lebt.

KLEINE PAUSE

Vom **Café in der Spanischen Hofreitschule** (Eingang Michaelerkuppel) aus können Sie die Lipizzaner auf ihrem Weg zur Morgenarbeit beobachten.

Café Spanische Hofreitschule: Michaelerplatz 1 tägl. 9–17 Uhr

---

216 B1
533 75 70,
www.hofburg-wien.at
U3 Herrengasse, Tram 1, 2, D, Burgring, Bus 2A Hofburg

Kaiserappartements, Silberkammer, Sisi-Museum
533 75 70 tägl. 9–17.30 Uhr; Juli/Aug. 9–18 Uhr 13,90 €, Familienführung im Sisi-Museum: Sa/So 10.30 u. 14.30 Uhr, ca. 90 Min., Anmeldung: 533 75 70 Erw. 11,30 €, Kinder 7,80 €

Kaiserliche Schatzkammer
525 24-0 Mi–Mo 9–17.30 Uhr 12 €

Burgkapelle
533 99 27
Mo, Di 10–14, Fr 11–13 Uhr frei
Wiener Sängerknaben: Mitte Sept.–Juni während der Sonntagsmesse
Tickets: Fr 11–13, 15–17 Uhr, Ticketreservierung: www.hofmusikkapelle.gv.at 11–37 €

Prunksaal Nationalbibliothek
Wien 1., Josefsplatz 1
534 10-0,
www.onb.ac.at
Di–So 10–18, Do bis 21 Uhr; Juni–Sept. auch Mo
7 €

❸ Kohlmarkt und Graben

Warum?	Hier atmet Wien noch den noblen Geist der K.u.k.-Zeit.
Was tun?	Bummeln vom Michaelerplatz zum Stephansdom
Wie lange?	Einkehr-Pause inbegriffen ca. 2 Stunden
Wann?	Am besten frühmorgens oder abends
Was noch?	Süße Rast im Café Demel
Was nehm ich mit?	Ein kulinarisches Souvenir vom Feinkostgeschäft »Meinl am Graben«

Zwischen Hof, Tuchlauben, Kohlmarkt und Graben erstrecken sich neben der Kärntner Straße die elegantesten Flaniermeilen der Stadt. Dass sich die Stadt im Umbruch befindet, wird dennoch deutlich. An die Stelle vieler nobler, alteingesessener Einzelhändler sind internationale Ketten getreten und die Geschäfte renommierter Marken.

Graben

Der Graben ist nicht nur ein teures Pflaster, sondern auch ein geschichtsträchtiger Boden. Die Römer errichteten hier einen breiten Festungsgraben, daher der Name, der sich auch hielt, nachdem ihn die Babenberger um 1200 im Zuge der Stadterweiterung einebnen ließen. Zu den Planierarbeiten sollen englische Soldaten aus dem Gefolge des gefange-

Mitten auf der Flaniermeile Graben erhebt sich die barocke Pestsäule.

nen Königs Richard Löwenherz herangezogen worden sein – wahr oder nur schön erfunden?

Edelboutiquen säumen die Gassen rund um Graben und Kohlmarkt.

Als Einkaufsmeile diente der Graben schon im Mittelalter. Damals gab es aber nicht wie heute kostbaren Schmuck oder teures Parfum, sondern Brot, Fleisch und Gemüse. Seit 1693 spielt sich das Geschehen um die Dreifaltigkeitssäule ab, die den Graben bis heute dominiert und auch Pestsäule genannt wird. Sie wurde errichtet, weil Kaiser Leopold I. während der Pestepidemie von 1679, der über 10 000 Wiener zum Opfer fielen, den Bau einer Gedenksäule gelobt hatte. Lodovico Burnacini gestaltete die prachtvolle Säule, auf der die heilige Dreifaltigkeit über einem Gebirge von Wolken thront.

In der Barockzeit stieg der Graben zu einem urbanen Zentrum auf, es entstanden Palais und Kaffeehäuser. Erhalten ist aus dieser Zeit lediglich das 1720 von Johann Lukas von Hildebrandt erbaute Palais Bartolotti-Partenfeld (Graben 11), ein frühes Miethaus.

Die Gebäude, die Sie heute zu beiden Seiten des Grabens sehen, stammen meist aus dem 19. und 20. Jh. Beachtung verdient vor allem das von Otto Wagner gebaute Ankerhaus (Graben 10). Das oberste Geschoss mit dem gläsernen Dachaufbau bewohnte Friedensreich Hundertwasser.

Wo der Graben in die Kärntner Straße übergeht, liegt der Stock-im-Eisen-Platz. Halten Sie Ausschau nach dem mit vielen Nägeln beschlagenen Baumstamm in den Nischen des Hauses 3/4 (Ecke Graben/Kärntner Straße). Dieser ist schon seit 1533 urkundlich belegt. Jeder wandernde Schlossergeselle, der »auf der Walz« durch Wien kam, musste angeblich einen Nagel in den Stamm schlagen.

Kohlmarkt

Auch die Geschichte des Kohlmarktes reicht bis in die Römerzeit zurück. Hier verlief die Fernhandelsstraße, die sich im Bereich des heutigen Michaelerplatzes mit der Limesstraße kreuzte. Im Mittelalter konnten die Wiener in diesem Bereich ihren Bedarf an Holz und Kohle decken, daher der Name. Aus der Barockzeit ist das große Michaelerhaus (Kohlmarkt 11) erhalten, in dem der junge Joseph Haydn eine Dachkammer bewohnte.

Heute ist der Kohlmarkt eine der Luxusmeilen der Stadt. Hier liegen u. a. die eleganten Geschäfte von Cartier, Armani, Chanel, Gucci und Louis Vuitton, das Feinkostgeschäft *Meinl am Graben* und die legendäre K.u.k.-Hofzuckerbäckerei *Demel* mit ihren umwerfenden Torten.

KLEINE PAUSE

Trzesniewski: Dorotheergasse 1

Die besten Brotaufstriche der Stadt bekommen Sie bei **Trzesniewski.** Im Sommer können Sie Ihren feinen Snack zusammen mit einem »Pfiff«, einen kleinen Glas Bier, an einem Tischchen stehend vor dem Lokal einnehmen.

---

i 216 B1 U1, U3 Stephansplatz, Bus 2A, 3A Habsburgergasse

Abendlicher Schaufensterbummel durch den Kohlmarkt zum Michaelertor

Magischer Moment

Süße Kunstwerke

Es ist eine bunte Kinderbuchwelt, reichlich angezuckert mit böhmisch-wienerischer Mehlspeisen-Fantasie: Ein bunt gekleideter Harlekin reitet auf einem knallroten Elefanten, eine Dame räkelt sich in einer Robe aus Vanillekipferln, eine zweite liegt, in eine Schaumrolle gewickelt, hingebreitet. Dazwischen Hochzeitstorten, Riesenostereier, ein zuckerweißer Lipizzaner, ein Karussellpferd ... In dem kleinen Demel-Museum fühlt man sich fast wie »Alice im Wunderland« und erlebt die süße Geschichte der berühmten »K-u.-k.-Hofzuckerbäckerei« (S. 97).

㉔ Kapuzinergruft

Warum?	Morbid und imperial – wienerischer geht's nicht
Was?	Die letzte Ruhestätte der Habsburgerherrscher
Wie lange?	1 Stunde
Wann?	Mittags, wenn Reisegruppen zu Tisch sind
Was noch?	Draußen auf dem Neuen Markt der barocke Donnerbrunnen

Die Wiener Kaisergruft unter der Kapuzinerkirche zeigt eindrucksvoll die Vergänglichkeit der Habsburger-Dynastie. Hier liegen 147 Angehörige des Adelsgeschlechts begraben, die mehr als drei Jahrhunderte österreichischer Geschichte repräsentieren.

Eine steile Stiege führt hinab in die Kaisergruft, darüber prangt das Wort »Silentium«. Die Mahnung zur Stille erinnert daran, dass die letzte Ruhestätte der Habsburger ein geweihter Ort ist. Kaiserin Anna verfügte 1617, dass innerhalb der Stadtmauern Wiens ein Kapuzinerkloster samt Begräbnisstätte für sie und ihren Gemahl Kaiser Matthias errichtet werden sollte. Die sterblichen Überreste des Gründerpaares wurden 1633 in der Kaisergruft bestattet. Seither fanden hier, von den Kapuzinerpatres sorgsam bewacht, weitere 145 Personen die letzte Ruhe. Unter den Toten befinden sich 12 Kaiser und 19 Kaiserinnen und Königinnen.

Wandel des Totenkults

Die einzelnen Räume sind Spiegelbilder ihrer Zeit, wie die karge »Gründergruft«, die barock-theatralische »Maria-Theresiengruft« oder die schlichte »Neue Gruft« aus den 1960er-Jahren. Besonders beeindruckend ist der mit Basreliefs verzierte Prunksarkophag von Maria Theresia und Franz I. Stephan in dem vom Kaiserpaar selbst entworfenen Mausoleum. Hier ist übrigens auch die einzige Nicht-Habsburgerin bestattet: Gräfin Karoline Fuchs-Mollardt, die Erzieherin der Kaiserin.

Der schmucklose Kupfersarg von Maria Theresias Sohn und Nachfolger Joseph II. dokumentiert anschaulich den Übergang vom Barock zur Aufklärung.

Prunkvoller Sarkophag des Kaiserpaars Maria Theresia und Franz I. Stephan

Die Kapuzinergruft wurde immer wieder vergrößert, so ließ auch Kaiser Franz Joseph 1908 in weiteren Kellerräumen des Klosters ein würdiges Mausoleum für sich, seine Gattin Elisabeth und Kronprinz Rudolf errichten. Zuletzt fand hier im Juli 2011 der Europa-Politiker und ehemalige Kronprinz Otto Habsburg seine letzte Ruhe.

Die Herzen der Habsburger

Drei Jahrhunderte lang hat man die Habsburger ganz nach ihrem Bestattungsritual zur letzten Ruhe gebettet: Die Leichname wurden seziert, ihre Herzen befinden sich in Silberbechern konserviert in der Augustinerkirche, ihre Eingeweide ruhen in der Herzogsgruft tief unter dem Stephansdom, und nur die einbalsamierten Körper befinden sich in der Kapuzinergruft.

KLEINE PAUSE

Nur wenige Schritte von der Kapuzinergruft entfernt, finden Sie in der **Kurkonditorei Oberlaa** die besten Mehlspeisen.

Kurkonditorei Oberlaa: Neuer Markt 16, tägl. 8–20 Uhr

---

216 C1 · Wien 1., Tegetthoffstr. 2
512 68 53/16
www.kaisergruft.at
tägl. 10–18, Do ab 9 Uhr · 7,50 €
U1, U3Stephansplatz, Bus 2A Albertina

25 Albertina

Warum?	Große Kunst in hocharistokratischem Ambiente
Was?	Weltklasseausstellungen und die glanzvollen Prunkräume
Wann?	Am besten um die Mittagszeit
Wie lange?	Plusminus 2 Stunden
Was noch?	Blick von der Albrechtsrampe auf Alfred Hrdlickas »Mahnmal gegen Krieg und Faschismus«

Mit einer der größten grafischen Sammlungen der Welt gehört die Albertina zu den strahlenden Glanzlichtern der Museumslandschaft Wiens und ist Österreichs meistbesuchtes Museum. Und man wagt hier das Ungewöhnliche, wie das »Flugdach« zeigt.

Herzog Albert von Sachsen-Teschen, Maria Theresias Schwiegersohn, begründete 1776 die nach ihm benannte Sammlung. In den Jahren 2000 bis 2003 rekonstruierte man die Fassade nach Originalplänen und versah die Albertina mit hochinteressanten Architekturelementen, v. a. Hans Holleins viel diskutiertes, kühnes Flugdach (Soravia-Wing) und ein Lift aus Glas und Stahl, der die 11 m vom Straßenniveau zum Eingang überwindet.

Prunkräume der Habsburger

Eine prachtvolle Treppe führt hinauf zu den 20 habsburgischen Prunkräumen. Die kleineren Räume der »Herrenseite« präsentieren sich vom Goldkabinett bis zum Billardzimmer im Stil von Louis XVI. Die »Damenseite« mit Musensaal und Audienzsaal hingegen ist in purem Klassizismus gehalten.

Seine heutige Form hat das Palais im Wesentlichen Ende des 18. und Anfang des 19. Jhs. erhalten, als Albert Herzog von Sachsen-Teschen und seine Frau, Erzherzogin Marie Christine, die Lieblingstochter von Maria Theresia, es nach Plänen von Louis de Montoyer umgestalten ließen. Die klassizistischen Teile stammen vom nächsten Besitzer, von Erzherzog Karl, der damit Joseph Kornhäusel beauftragte.

Seit 2007 ist die Albertina Eigentümerin der bedeutenden Sammlung Batliner. Unter deren hochkarätigen Stücken finden sich Werke der Klassischen Moderne, etwa von Monet, Renoir, Degas, Cezanne sowie den Vertretern der »Brücke« und der Vereinigung »Blauer Reiter«.

So interessant die Exponate sind, die der Öffentlichkeit präsentiert werden, so groß ist auch der Wert der wegen ihrer Lichtempfindlichkeit nicht ständig gezeigten Schätze: 65 000 Zeichnungen und rund 1 Mio. druckgrafische Blätter. Die Architektursammlung umfasst 25 000 Pläne, Skizzen und Modelle, und mit der Fotosammlung Albertina besitzt Österreich erstmals ein Zentrum für historische und zeitgenössische Fotografie.

Wechselausstellungen

Regelmäßig finden parallel drei bis vier Großausstellungen statt, gewidmet meist Weltgrößen der bildenden Kunst wie Rembrandt, Rubens oder Dürer. Ein Blick in den Veranstaltungskalender lohnt also!

Vor der Albrechtsrampe der Albertina warten die Fiaker nicht lange auf Gäste.

KLEINE PAUSE

Das elegante Restaurant in der Albertina ist der adäquate Rahmen für einen feinen Snack.

---

222 B5 · Wien 1., Albertinaplatz 1 · 534 83 · www.albertina.at · tägl. 10–18, Mi und Fr bis 21 Uhr; Führungen: Fr–So 11, Sa/So auch 15.30 sowie Mi 18.30 Uhr · 12,90 € · U1, U2, U4 Karlsplatz, Tram 1, 2, D Oper, Bus 3A Albertinaplatz

Tempel der Kunst

Die Albertina diente ursprünglich als Wohnpalais für den Herzog Albert von Sachsen-Teschen. Neben Ausstellungen mit berühmten Werken von Dürer und Rubens bis Kokoschka und Picasso können auch die Prunkräume des Adelspalastes wie das Goldkabinett und der Musensaal besichtigt werden.

1 Albrechtsrampe Vor der Albertina führt eine Freitreppe zur Albrechtsrampe hinauf, dem Überrest der einst wuchtigen Augustinerbastei, die als Stadtbefestigung diente. Die Bastei wurde 1859 abgebrochen, die verbliebene, 1945 schwer beschädigte Rampe 1952 zur Freitreppe umgestaltet.

2 Reiterdenkmal Die Höhe der Rampe beherrscht das 1899 von Kaspar von Zumbusch geschaffene Reiterdenkmal des Feldmarschalls Erzherzog Albrecht (1817–1895), des Siegers in der Schlacht von Custozza (1866).

3 Hollein-Dach Im Zuge der Generalsanierung der Albertina in den Jahren 1997 bis 2003 hat Stararchitekt Hans Hollein den neuen Aufgang mit Rolltreppe und Aufzug gestaltet. Als neues Wahrzeichen setzte er darüber ein riesiges Flugdach. Das Dach aus eloxiertem Aluminium und nach seinen Sponsoren »Soravia Wing« genannt, rief bei seiner Einweihung die Kritiker zeitgenössischer Architektur auf den Plan.

4 Danubiusbrunnen Als man 1869 den von Moritz von Loehr errichteten Brunnen enthüllte, gruppierten sich um die allegorischen Mittelfiguren Danubius und Vindobona zehn weitere Nischenfiguren aus weißem Carraramarmor: die Personifikationen der Nebenflüsse Theiß, Raab, Enns, Traun, Inn, Save, March, Salzach, Mur und Drau. Die meisten der von Johann Meixner gestalteten Skulpturen, die im Zweiten Weltkrieg schwer beschädigt worden waren, wurden in den Nischen wieder aufgestellt.

5 Prunkräume Erzherzog Carl ließ 1822 Teile des Palais nach Plänen von Joseph Kornhäusel im Stil des Klassizismus neu gestalten.

6 Musensaal Der Musensaal wird beiderseits von den herrschaftlichen Appartements flankiert. Bis 1918 diente der Saal der habsburgischen

Familie als Speise- und Ballsaal und bildete das räumliche und zeremonielle Zentrum der Prunkgemächer. Joseph Klieber schuf den Zyklus »Apollo und die neun Musen«, der den Saal schmückt und ihm den Namen gab.

7 Goldkabinett Das Goldkabinett auf der Herrenseite beeindruckt durch die Vergoldung der Wände, die raumauflösende Wirkung entsteht durch eine Vielzahl von Spiegeln. Das Sèvres-Tischchen war ein Geschenk von König Ludwig XVI. und Marie Antoinette an deren Schwester Marie Christine, die mit Herzog Albert von Sachsen-Teschen verheiratet war.

Nach Lust und Laune!

26 Spanische Hofreitschule

Wenn Sie zwischen der Stallburg und der Hofburg Hufe klappern hören, dann sind das die Lipizzaner. 1580 wurde in Lipica, einem Dorf im heutigen Slowenien, das k.u.k. Hofgestüt gegründet, das Pferde für die repräsentative Reitkunst züchtete. Heute gelten die Lipizzaner als die älteste Kulturpferderasse Europas. Sie zeichnen sich durch vollendeten Körperbau, Intelligenz und kraftvolle Grazie aus. In Wien verrichten über 70 Hengste ihre tägliche Morgenarbeit in der prachtvollen Winterreitschule, dabei dürfen Besucher zusehen.

Spanische Hofreitschule
216 B1 ✉ Wien 1., Michaelerplatz 3 U3 Herrengasse, Bus 2A Michaelerplatz ☎ 533 90 31 🌐 www.srs.at ● Besucherzentrum (Eingang: Michaelerkuppel) tägl. 9–16 Uhr: Karten und Programminfo für Morgenarbeit mit Musik und andere Vorführungen ab 15 €

Jede Vorführung beginnt mit dem traditionellen Griff an den Hut als Gruß an den Erbauer der Reithalle.

27 Michaelerkirche

Die Kirche, in der Mozarts *Requiem* kurz nach seinem Tod uraufgeführt wurde, vereint romanische, gotische und barocke Stilemente. Große Teile der dreischiffigen Pfeilerbasilika stammen aus dem 13. Jh. ebenso wie der untere Teil des schlanken Turmes, der wie ein ausgestreckter Finger in den Himmel ragt. Ihren letzten großen Umbau erlebte die Kirche Ende des 18. Jhs. Besonders beeindruckend ist das imposante Stuckrelief *Engelssturz*, das Karl Georg Merville 1782 schuf.

In den Katakomben wurden 1631–1784 rund 4000 Menschen bestattet. Dort sind heute Hunderte bemalter Särge und mumifizierter Leichen, zum Teil mit barocken Gehröcken und Perücken, zu sehen.

Michaelerkirche
216 B1 ✉ Wien 1., Michaelerplatz ☎ 0650 533 80 03 🌐 www.michaelerkirche.at ● Gruftführungen Do–Sa 11 und 13 Uhr 7 € U3 Herrengasse, Bus 2A Michaelerplatz

28 Loos-Haus

Kaum ein Gebäude Wiens hat so heftige Diskussionen ausgelöst wie das Loos-Haus am Michaelerplatz. Adolf Loos verzichtete 1910/11 bei der Errichtung des Geschäfts- und Wohnhauses für die Herrenschneiderei Goldmann & Salatsch auf jegliche Art von Schmuck und Ornament. Die Wiener nannten das Gebäude, dessen Fenster nicht einmal eine Umrahmung haben, das »Haus ohne Augenbrauen«. Kaiser Franz Joseph hasste das Loos-Haus, für ihn war es ein Symbol einer neuen, nüchternen Zeit, die er nicht mehr verstand. So oft er konnte, mied er den Ausgang aus der Hofburg zum Michaelerplatz. Heute wird das das Loos-Haus von der Raiffeisenbank genutzt.

Loos-Haus
216 B1 Wien 1., Michaelerplatz 3
U3 Herrengasse, Bus 2A Michaelerplatz

29 Peterskirche

Die wahrscheinlich schönste Barockkirche Wiens befindet sich an dem Ort, an dem schon im 4. Jh. die erste Kirche Wiens stand, die aus Teilen einer Kaserne des römischen Lagers gebaut worden war. Die heutige Peterskirche wurde auf Initiative von Kaiser Leopold I. nach Plänen von Gabriele Montani 1703 begonnen und 1733 von Johann Lukas von Hildebrandt fertig gestellt. Die Kirche wirkt mit ihrer großen grünen Kuppel und ihren beiden Ecktürmen vom Graben her besonders imposant. Im Inneren beeindrucken vor allem Michael Rottmayrs Kuppelfresko und die reich geschmückte Kanzel von Mathias Steindl.

Peterskirche
216 B1 Wien 1., Petersplatz
U1, U3 Stephansplatz, Bus 1A Petersplatz

Fiakerfahrt zur Peterskirche

30 Dorotheum

Das Dorotheum, von den Wienern liebevoll »Pfandl« genannt, ist eine Wiener Kuriosität. 1707 von Joseph I. als Pfandamt gegründet, um die Bevölkerung vor dem Zinswucher zu schützen, zog es 1788 in das aufgelassene Dorotheerkloster. Vor rund 100 Jahren erhielt es in der Dorotheergasse ein eigenes prunkvolles Palais. In einer Flucht von Schauräumen findet der Sammler dort alles, was sein Herz begehrt, Kunst ebenso wie Kitsch. Erwerben kann man die Schätze bei Auktionen oder im Freiverkauf. »Tante Dorothee« galt lange als gute Möglichkeit, bei Bedarf seine Silberlöffel oder den abgewetzten Persianer der Erbtante gegen Bargeld einzutauschen. In den letzten Jahren entwickelte es sich zu einem der führenden Auktionshäuser Europas auf höchstem Niveau.

Dorotheum
✈ 216 B1 ✉ Wien 1., Dorotheergasse 17 ☎ 515 60-0 ⊕ www.dorotheum.com ● Mo–Fr 10–18, Sa 9–17 Uhr 🚇 U1, U3 Stephansplatz, Bus 3A Plankengasse

31 Josefsplatz

Der rechteckig angelegte, weitgehend von Autos befreite Platz wird wegen seiner Geschlossenheit und seiner strengen Schönheit oft als einer der schönsten Plätze Europas bezeichnet. In der Mitte des Platzes steht das Reiterstandbild des Reformkaisers Joseph II., das der Tiroler Franz Anton Zauner 1795–1807 schuf. Auf dem Sockel sind Reliefszenen zu sehen, die den Kaiser mit Europa und Merkur zeigen, den Symbolen für Reisen und Handeln. Den Hintergrund des Platzes bildet die herrliche, strahlend weiß getünchte Barockfront der Nationalbibliothek, daran schließen sich rechts und links die Seitenflügel und die Redoutensäle an.

Josephsplatz
✈ 216 B1 🚇 U1, U3 Stephansplatz, Bus 2A Plankengasse

32 Burggarten

Diese Parkanlage hieß ursprünglich Kaisergarten und war nur dem Kaiserhaus vorbehalten. Erst 1919 wurde sie der Öffentlichkeit zugänglich gemacht. Der Neuen Burg und dem Palmenhaus vorgelagert, bildet sie eine herrliche grüne Oase. Spaziergänger können sich an einem großen Teich entspannen und ein paar Besuche abstatten: Hier sind die Kaiser Franz I. und Franz Joseph I. sowie Mozart in Bronze, Blei und Marmor verewigt.

Burggarten
✈ 222 B5 ✉ Wien 1., Burgring
🚇 U1, U2, U4 Karlsplatz, Tram 1, 2, D, Bus 57A Opernring

33 Palmenhaus

»Ein Abgesang habsburgischer Größe«, so wird das Palmenhaus im Burggarten oft bezeichnet. Tatsächlich ist es die letzte große Orangerie Europas. Hofarchitekt Friedrich Ohmann errichtete es 1901 in einer Zeit, in der es Mode war, die Natur durch »städtisches Grün« zu ersetzen. Die kühne Konstruktion aus Stahl und Glas beherbergt eines der attraktivsten Lokale der Stadt und das Schmetterlingshaus, in dem man den Zauber eines tropischen Regenwaldes erleben kann.

Palmenhaus
✈ 222 B5 ✉ Wien 1., Burggarten
☎ 533 85 70
⊕ www.schmetterlingshaus.at

Schmetterlingshaus
● April–Okt. Mo–Fr 10–16.45, Sa/So bis 18.15 Uhr; Nov.–März tägl. 10–15.45 Uhr ✦ 6,50 €
🚇 U1, U2, U4 Karlsplatz, Tram 1, 2, D, Bus 57A Opernring

Wohin zum ...
Essen und Trinken?

Preise für ein Essen ohne Getränke:
€ unter 15 Euro
€€ 15–26 Euro
€€€ über 26 Euro

RESTAURANTS

A Barraca €€
Tinten- oder Stockfisch, Garnelen oder Spanferkelkoteletts, dazu treffliche Rotweine und vinhos verdes. Bei diesem kleinen, sympathischen, um die Ecke der Börse gelegenen Portugiesen schwimmt man nicht mit, sondern gegen den Kulinarik-Mainstream. Deshalb fühlt man sich hier als Gast, als säße man irgendwo zwischen Dao und Alentejo zu Tisch, und schmeckt das Aroma des Atlantik.
216 B3
Wien 1., Hohenstaufengasse 7
066 03 46 57 37
www.abarraca.at
Mo–Fr 11.30–15.30, 17.30–23.30, Sa 18–23.30 Uhr, eine Reservierung ist empfehlenswert
U2 Schottentor, U3 Herrengasse

Do&Co Albertina €€
Für das Restaurant in der Albertina wurden vor allem zwei Materialien verwendet: dunkles Rio-Palisander-Holz aus einem einzigen Baum und ostanatolischer Rosso-Levanto-Marmor. Die warmen Farbtöne dieser Materialien verleihen dem Lokal eine angenehme Atmosphäre. Interessant gestaltet ist die marmorne Bar. Wie die Speisen – verfeinerte Wiener Küche, internationale Gerichte und Fisch – entstehen, kann man in der Schauküche beobachten. Besonders schön ist die Terrasse Richtung Burggarten.
222 B5
Wien 1., Albertinaplatz 1
532 96 69 www.doco.com
tägl. 9–24 Uhr (durchgehend warme Küche)
U1, U2, U4 Karlsplatz, Tram 1, 2, D Oper, Bus 2A Albertinaplatz

Do&Co Stephansplatz €€€
Das exklusive Restaurant hoch oben im Haas-Haus, in dem auch ein Do&Co-Hotel untergebracht ist, ist bereits ein Klassiker. Die Küche – auch hier verfeinerte Wiener und internationale Küche und Fisch – ist exquisit. Das Beste aber ist der Blick auf den Stephansdom, der hier von der Terrasse aus wirklich einmalig ist.
216 C1 Wien 1., Stephansplatz 12
535 39 69 www.doco.com
tägl. 12–15 und 18–24 Uhr U1, U3 Stephansplatz, Bus 1A, 2A, 3A Stephansplatz

Esterhàzykeller €
Über steile Stiegen geht es tief hinunter ins unterirdische Wien. In diesem Keller haben schon die Verteidiger Wiens während der Türkenbelagerung Trost beim Wein gesucht. Die Atmosphäre ist, einem typischen Stadtheurigen entsprechend, urig, zu essen gibt es Hausmannskost.
216 B2 Wien 1., Haarhof 1
533 34 82 www.esterhazykeller.at
Mo–Fr 11–23, Sa/So 16–23 Uhr
U3 Herrengasse, Bus 1A, 2A Herrengasse

Gigerl €€
In einer versteckten Ecke des Alten Wien, in jener Gasse, in der Mozarts Sterbehaus stand, findet man ein besonders uriges Heurigenrestaurant mit entzückendem Schanigarten auf altem Kopfsteinpflaster, extrem gemütlichem Interieur und herrlichen Köstlichkeiten. Die Speisekarte wechselt nach Saison, die Weinkarte ist beachtlich. Hier bleibt man als Gast sehr gern lange sitzen.

✈ 216 C1 ✉ Wien 1., Rauhensteingasse 3/ Blumenstockgasse 2 ☎ 513 44 31 ⊕ www.gigerl.at ● So–Do 15–1, Fr/Sa bis 2 Uhr ⊟ U1, U3 Stephansplatz, Bus 1A, 2A, 3A Stephansplatz

Hofmeister €€
In diesem sympathischen familiengeführten Restaurant lässt sich in gemütlich-elegantem Ambiente, von Gulasch und Wiener Schnitzel bis Palatschinken und Kaiserschmarrn, klassisch-österreichische Küche auf gehobenem Niveau genießen.
✈ 216 B1 ✉ Wien 1., Bräunerstr. 7 ☎ 512 37 63 ⊕ http://restaurant-hofmeister.at ● Mi–So 12–15 und 18–22.30 Uhr ⊟ U1, U3 Stephansplatz, Bus 2A, 3A Habsburgergasse

Kanzleramt €€
Gleich um die Ecke vom Bundeskanzleramt und gegenüber der Hofburg liegt das gemütliche Restaurant inmitten des Regierungsviertels. Klassische Wiener Gerichte und auch saisonale Schmankerln; dazu glasweise ausgeschenkte österreichische Spitzenweine und werktags preisgünstige Mittagsteller unter 9 €.
✈ 216 B1 ✉ Wien 1.,Schauflergasse 6 ☎ 533 13 09 ⊕ www.kanzleramt.wien ● Mo–Sa 11–23, So 10–18 Uhr (durchgehend warme Küche) ⊟ U3 Herrengasse, Tram 1, 2, D, Burgring, Bus 1A, 2A Hofburg

Levante €
Das große türkische Lokal ist meist gerammelt voll, und das hat mit seiner Qualität zu tun. Die delikaten Vorspeisen und die Lamm- und Gemüsegerichte sind immer frisch und duften verführerisch.
✈ 216 B2 ✉ Wien 1., Wallnerstr. 2 ☎ 533 23 26 ⊕ www.levante.at ● tägl. 11–23.30 Uhr ⊟ U3 Herrengasse, Bus 1A, 2A Herrengasse

Marktrestaurant Rosenberger €
Das Zentrum des riesigen, zwei Stockwerke in die Tiefe reichenden Selbstbedienungsrestaurant bildet ein künstlicher Marktplatz, auf dem man sich sein Menü samt Salat selbst zusammenstellen kann. Auch beim Essplatz kann man wählen, zwischen

»Wiener Kaffeeehaus«, »Gartenlaube« oder »Omas Küche«.
✈ 222 B5 ✉ Wien 1., Maysedergasse 2 ☎ 512 34 58 ⊕ www.rosenberger.cc ● tägl. 11–22 Uhr ⊟ U1, U2, U4 Karlsplatz, Tram 1, 2, D, Bus 2A Oper

Meinl am Graben €€€
Das Restaurant in Wiens bestem Feinkostgeschäft ist ein absolutes Muss für Gourmets. Was das Lokal so angenehm macht, ist die lockere Atmosphäre. Den Anspruch, zu den gefeiertesten Feinschmeckertempeln der Stadt zu zählen, erfüllt mit seiner hoch kreativen, aber regionalen Produkten verpflichteten mediterranen Küche. Daneben gibt es eine Weinbar, in der man werktags ein günstiges Business Lunch kredenzt, weiter ein Luxuscafé mit rund 35 Kaffeerezepturen auf der Karte sowie eine Sushi-Bar.
✈ 216 B1 ✉ Wien 1., Graben 19 ☎ 532 33 34 ⊕ www.meinlamgraben.at ● Restaurant: Mo–Fr 8–24, Sa 9–24, Café: Sa bis 18, Sushi-Bar: Mo–Fr 11–19.30, Sa 11–18, Meinls Weinbar: Mo–Sa 11–24 Uhr ⊟ U3 Herrengasse, Bus 3A Bognergasse

Orpheus €€
Dieser Grieche ist schon beinahe eine Wiener Institution. Die Spezialitäten aus Kreta sowie Lamm und Fisch kommen in unverändert guter Qualität auf den Tisch, und das in liebenswerter Atmosphäre. Im Schanigarten vor dem Haus sitzt es sich besonders nett und im Kellergewölbe ist abends Stimmung angesagt.
✈ 216 B1 ✉ Wien 1., Spiegelgasse 10 ☎ 512 38 88 ⊕ http://neu.orpheas.at ● tägl. 11.30–24 Uhr (warme Küche bis 23 Uhr) ⊟ U1, U3 Stephansplatz, Bus 1A, 2A, 3A Stephansplatz

Palmenhaus im Burggarten €€

Schon allein das lichtdurchflutete Jugendstilambiente macht das
Lokal zu einem der schönsten der Stadt, das kulinarische Angebot von Café, Brasserie und Bar steht der Eleganz der Umgebung in nichts nach. Zur Auswahl stehen Gerichte der verfeinerten Wiener und mediterranen Küche und ein monatlich wechselndes Sortiment von Weinen, hauptsächlich aus Frankreich und Österreich.
222 B5 Wien 1., Burggarten, Eingang hinter der Albertina 533 10 33 www.palmenhaus.at Mo–Fr 10–24, Sa ab 9, So 9–23 Uhr U1, U2, U4 Karlsplatz, Tram 1, 2, D Oper, Bus 2A Albertinaplatz

Sky €€

Das modern gestylte Restaurant im letzten Stockwerk des Kaufhauses Steffl bietet Wiener und internationale, auf merditerran und asiatisch ausgerichtete Küche. Von der großen Terrasse aus hat man einen herrlichen Blick über die Dachlandschaft der Innenstadt und zum Stephansdom.
216 C1 Wien 1., Kärntnerstr. 19
513 17 12 www.skybox.at Mo–Fr 10–2, Sa 9.30–2 Uhr (warme Küche bis 23 Uhr)
U1, U3 Stephansplatz, Bus 1A, 2A, 3A Stephansplatz

KAFFEEHÄUSER

Bräunerhof

In Thomas Bernhards legendärem Stammcafé haben Stil und Atmosphäre der Wiener Kaffeehauskultur überlebt. Hierher kommen die Antiquitätenhändler aus der Umgebung zum Mittagessen, und hier trifft man sich gerne zu Geschäftsbesprechungen oder zu einem Rendezvous. Tadellose Kaffeehausküche (Mittagsmenü), gutes Zeitungssortiment, viel Ruhe.
216 B1 Wien 1., Stallburggasse 2
512 38 93 www.braeunerhof.at
Mo–Fr 8–21, Sa bis 19, So 10–19 Uhr
U1, U3 Stephansplatz, Bus 1A Habsburgergasse

Café de l'Europe

Das Café, von dem aus man das Geschehen am Graben aus der ersten Reihe beobachten kann, präsentiert sich frisch gestylt und schick. Hier lässt es sich prima sitzen und schauen und dabei eine kleine Erfrischung und einen Snack genießen. Besonders nett ist der Tea-Room im 1. Stock.
216 C1 Wien 1., Graben 31
532 14 69 www.cafe-europe.at
Mo–Sa 7–24, So 8–24 Uhr U1, U3 Stephansplatz, Bus 1A, 2A, 3A Stephansplatz

Demel

Die K.u.k. Hofzuckerbäckerei bietet das Nonplusultra der Wiener Tortenkunst (darunter die »echte« Sachertorte) inklusive einer Schau-Backstube im Erdgeschoss, wo Neugierige den Konditormeistern bei der Arbeit über die Schulter gucken können. Das Demelmuseum (Fr 10–12 Uhr, 4 €) zeigt süße Kunstwerke des Hauses.
216 B1 Wien 1., Kohlmarkt 14
53 51 71 70 www.demel.com tägl. 8–19 Uhr U3 Herrengasse, Bus 1A Herrengasse

Frauenhuber

Wiens ältestes, im ausgehenden 18. Jh. gegründetes Kaffeehaus ist ein Schmuckkästchen mit Kristalllüstern, Perserteppichen, rotem Plüsch, Marmortischchen und Biedermeiervitrinen. Es bietet tadellose Frisch-, Fertig- und Mehlspeisen und, wie sich's gehört, ein gutes Zeitungssortiment.
216 C1 Wien 1., Himmelpfortgasse 6
512 83 83 www.cafefrauenhuber.at
Mo–Sa 8–24, So 10–22 Uhr U1, U3 Stephans-platz, Bus 1A, 2A, 3A Stephansplatz

Hawelka

Die Legende lebt. Dort, wo sich einst Künstler die Nächte um die Ohren geschlagen haben, sitzen jetzt zwar häufig Touristen auf den durchgesessenen Polsterbänken, die Atmosphäre ist aber immer noch urig. Und die frischen Buchteln gibt es auch noch spätabends.

216 B1 Wien 1., Dorotheergasse 6
512 82 30 www.hawelka.at
Mo–Do 8–24, Fr/Sa bis 1, So 10–24 Uhr
U1, U3 Stephansplatz, Bus 1A, 2A, 3A Stephansplatz

Hofburg
Im Inneren Burghof, vor den Eingängen zu Kaiserappartements, Silberkammer und Sisi-Museum liegt dieses hübsche Café mit seiner großen Terrasse. Kulinarisch orientiert es sich am Geschmack des Kaisers, es gibt vorzüglichen Kaiserschmarrn. Für zwischendurch empfiehlt sich der »Habs-Burger«, schon allein wegen des Namens.
216 B1 Wien 1., Innerer Burghof 1
241 00-400 www.cafe-hofburg.at
tägl. 10–18 Uhr
U3 Herrengasse, Tram 1, 2, D, Burgring, Bus 1A, 2A Hofburg

Mozart
Die Tradition des Cafés reicht bis 1794 zurück. Heute ist es wegen seiner Nähe zu Albertina und Hofburg ein idealer Ort für Wien-Besucher, eine kleine Pause einzulegen und dabei typische Wiener Atmosphäre zu erleben.
222 B5 Wien 1., Albertinaplatz 2
241 00-221 www.cafe-mozart.at
tägl. 8–24 Uhr
U1, U2, U4 Karlsplatz, Tram 1, 2, D Oper, Bus 2A Albertinaplatz

Wohin zum ... Einkaufen?

Graben, Kohlmarkt, Kärntner Straße, das ist das Herz der Wiener City. Es schlägt vor allem für Stadtbummler, die ein kleines Stück Wien mit nach Hause nehmen wollen. Möglichkeiten dazu gibt es massenhaft. Sie reichen von den kostbaren, glitzernden Kleinigkeiten über Kleidungsstücke von unvergänglicher Eleganz oder im hippsten Design bis hin zu kleinen, auf der Zunge schmelzenden Verführungen aus Schokolade.

Die Shoppingmeile, auf die der »Steffl« lächelnd niederblickt, ist ideal für kleine, höchst elegante Päckchen. Darin kann, auf Samt gebettet, ein Smaragdring von den Juwelieren **Haban** (Graben 12 und Kärntner Str. 2) oder **Heldwein** (Graben 13) ruhen oder ein futuristisch gestyltes Schmuckstück von **Schullin** (Kohlmarkt 7) oder **Skrein** (Spiegelgasse 5).
In einem etwas größeren Päckchen lassen sich Schätze transportieren, die jede Wohnung adeln: röschenverzierte Kaffeetässchen der Porzellanmanufaktur **Augarten** (Spiegelgasse 3), hauchdünne Gläser von **Lobmeyr** (Kärntner Str. 26), Glitzerndes von **Swarovski** im aufwendig designten Flagship-Store des Tiroler Strass-Erzeugers (Kärntner Str. 24, im ersten Stock: Moet & Chandon Bar), oder feinste Tisch- und Bettwäsche von der **Schwäbischen Jungfrau** (Graben 26).
Auch internationaler Luxus hat sich am Kohlmarkt etabliert. **Cartier** (Kohlmarkt 1), **Armani** (Kohlmarkt 3), **Chanel** und **Gucci** (Kohlmarkt 5), **Louis Vuitton**, **Ferragamo** (Kohlmarkt 7) und **Chopard** (Kohlmarkt 16) haben hier Geschäfte eröffnet.
Das Synonym für Herrenbekleidung ist **Knize** (Graben 13). Das elegante Geschäft überzeugt schon beim Eingang durch Understatement. Das schmale Portal, entworfen von Adolf Loos, lässt nicht ahnen, dass im 1. Stock Zimmerfluchten mit knarrenden Parkettböden, Wandschränken, Vitrinen und höflichem, verbindlichem Personal zur Verfügung stehen. Bei Knize lässt man sich ausstatten, mit allem, was ein Mann von Welt so

braucht: Maßanzug, individuell gefertigtes Hemd, Kaschmirpullover, Accessoires. Damen werden von Knize gleich nebenan bedient, in einem eigenen Geschäft.
Der aus Istanbul stammende Topdesigner **Atil Kutoglu** (Habsburgergasse 10) kreiert mit großem Erfolg seine »kosmopolitische« Mode, in der orientalische Opulenz aus Samt, Seide oder Musselin und klare westliche Linien Hochzeit feiern. In ihrem Geschäft kauften schon Stars wie Demi Moore, Catherine Zeta-Jones und Naomi Campell.
Die jugendlich-avantgardistische Mode ist in Wien ebenfalls stark vertreten. Zu den interessantesten Geschäften zählen **Neumann** (Seilergasse 3) mit Mode von Prada und vielen anderen internationalen Marken und **Firis** (Bauernmarkt 9) mit Stücken belgischer und italienischer Designer.
Liebhaber eleganter, italienischer Taschen finden ihr Paradies bei **Pitti** in der Goldschmiedgasse 5. Die passenden Schuhe gibt es in nächster Nähe bei **d'Ambrosio** (Jasomirgottstr. 6).
Mit Leder ist auch **Robert Horn** (Bräunerstr. 7) berühmt geworden. Der international gefeierte Lederwarendesigner entwirft ganz im Sinn der zeitlosen Ästhetik eines Adolf Loos Taschen und Geldbörsen.
Die Seitengassen des Grabens bedeuten überhaupt das Reich unvergänglicher Schönheit und Eleganz. In der Dorotheergasse, Stallburggasse, Bräunerstraße und Spiegelgasse reiht sich ein Antiquitätengeschäft an das andere, mit Barockschränken, Rennaissancetruhen, Teppichen, Uhren, Gemälden, Lampen, Porzellan und antikem Schmuck. Ein Geheimtipp ist die Galerie **Wiener Interieur** von Elisabeth Reichel und Johann Kilianowitsch (Dorotheergasse 14), in der es hübschen Jugendstil- und Art-déco-Schmuck aus Bakelit gibt – zu vernünftigen Preisen.
Im Antiquariat des Musikhauses **Doblinger** (Dorotheergasse 10) finden sich tatsächlich noch Erstdrucke der Familien Strauss, Lanner und Fahrbach, der Wiener Schule und der Wiener Klassik.
Ein ideales Mitbringsel sind kandierte Veilchen von **Demel** (Kohlmarkt 14) – eleganter geht es nicht, oder fast nicht, denn auch die kleinsten handgemachten Bonbons der Welt von **Altmann & Kühne** (Graben 30) in ihren Kistchen mit Motiven der Wiener Werkstätte haben es in sich.

Wohin zum … Ausgehen?

Im Bereich der tagsüber stark frequentierten Shoppingmeilen der Innenstadt ist auch nachts einiges los. Hier gibt es eine Reihe von hübschen Bars, in denen man bei angenehmer Musik Cocktails oder andere Getränke und raffinierte Snacks genießen kann.

BARS

Die winzige **Loos Bar** (Kärntner Durchgang 10, Tel. 512 32 83, tägl. 12–4 Uhr) ist ein regelrechtes Jugendstiljuwel. Adolf Loos hat sie 1907 gebaut. Er verwendete Spiegel, um den kleinen Raum optisch zu vergrößern. Die Loos Bar galt lange als Symbol für die Wiener Avantgarde in Kunst und Architektur.
Die luxuriöse, modern gestylte **Onyx Bar** (Stephansplatz 12, Tel. 535 39 69, tägl. 11–2 Uhr) im Haas-Haus punktet mit ihrem Blick auf den nachts wunderschön beleuchteten Stephansdom. Zu den Drinks werden kleine feine Imbisse und einige fernöstliche Gerichte gereicht.

Die Loos-Bar, ein 25 m² kleines Jugendstiljuwel

»In« ist seit Jahren die **Sky-Bar** im obersten Stock des Kaufhauses Steffl (Kärntner Str. 19, Tel. 513 17 12, Mo–Fr 10–2, Sa 9.30–2, So 11–2 Uhr) . In der modern gestylten, großen Bar ist dienstags und donnerstags ab 21 Uhr Livemusik zu hören. Besonders angenehm ist die Terrasse, von der aus der Stephansdom herrlich zu sehen ist.

Feststimmung auf dem Rathausplatz direkt gegenüber dem Burgtheater, einem der berühmtesten Kulturtempel der Stadt

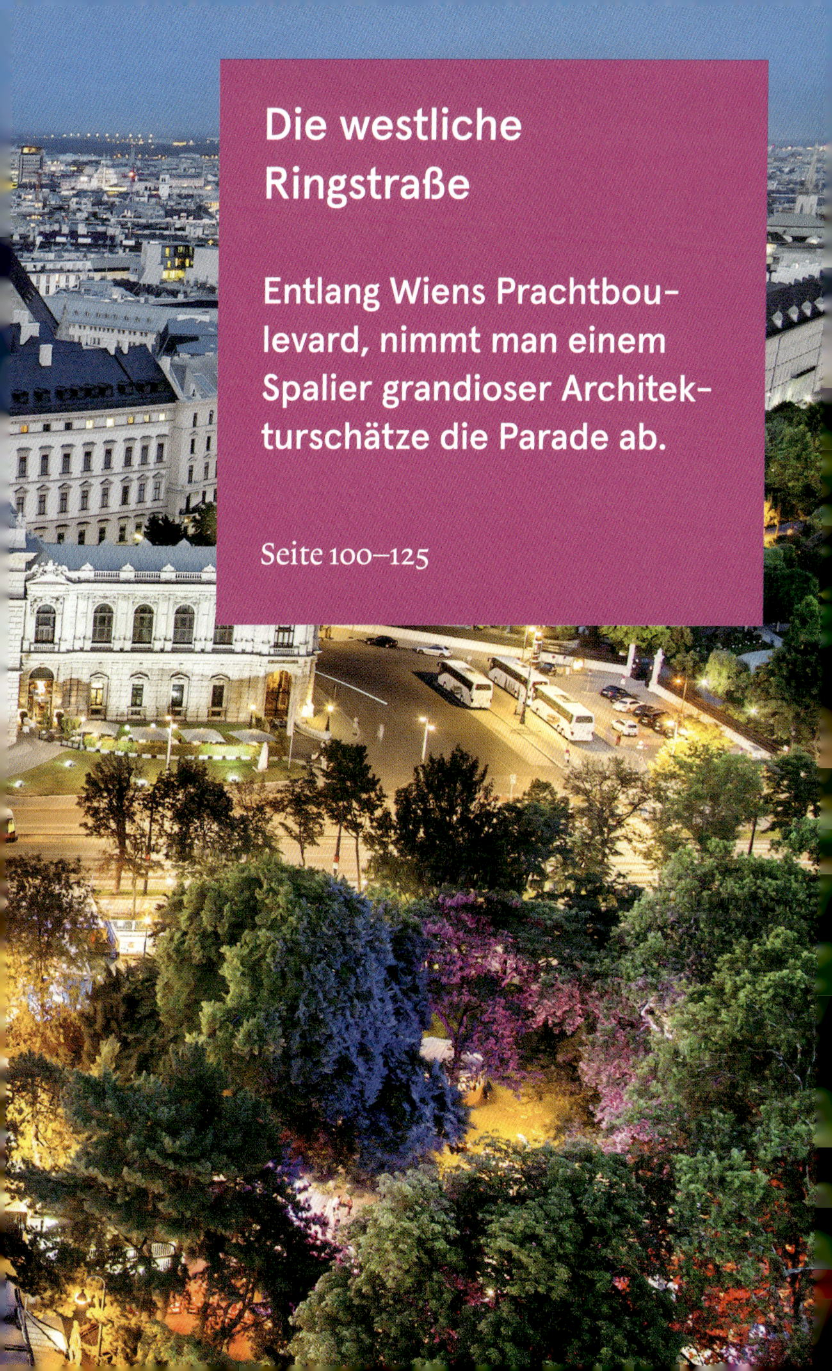

Die westliche Ringstraße

Entlang Wiens Prachtboulevard, nimmt man einem Spalier grandioser Architekturschätze die Parade ab.

Seite 100–125

Erste Orientierung

6 km lang, 60 m breit und flankiert von herrlichen Monumentalbauten, Wohnpalais und Parks – die Ringstraße umschließt als großzügiger Prachtboulevard das Herz der Innenstadt. Jung und urban zeigt sich das MuseumsQuartier, ein aufregendes, pulsierendes Kunstviertel.

Die Ringstraße wurde gebaut, als Mitte des 19. Jhs. der Aufstieg Wiens zur Metropole begann. Das europaweit einzigartige Gesamtkunstwerk umfasst 150 öffentliche Bauwerke, Parks und 650 noble Zinshäuser für die zu Geld gekommene Industrie- und Börsengesellschaft. Das Tolle an der Ringstraße ist, dass sie so gut wie vollständig erhalten ist, ein Spiegel imperialer Pracht.

Fußgänger haben auf der Ringstraße heute allerdings nicht viel zu lachen. Über die Hauptverkehrsader der Stadt rollen Tag und Nacht Tausende Autos, hinter den Fiakern staut es sich besonders. Wer es sich nicht in den Kopf setzt, die Ringstraße abseits der dafür vorgesehenen Möglichkeiten zu überqueren, kommt zu Fuß aber entlang der Nebenfahrbahnen gut voran.

TOP 10

5 ★★ Kunst- und Naturhistorisches Museum
6 ★★ Burgtheater
7 ★★ MuseumsQuartier

Nicht verpassen!

34 Staatsoper

Nach Lust und Laune!

35 Akademie der bildenden Künste
36 Heldenplatz
37 Volksgarten
38 Mölker Bastei
39 Universität
40 Rathaus
41 Parlament

Schottentor
Universität
39
Schottengasse
Mölker Bastei
Reichsratsstraße
Universitätsring
38
Möller Bastei
Teinfaltstraße
Rathaus
40
Rat-
haus-
platz
6
Burgtheater
Rathaus
Stadiongasse
Volksgarten
37
Bundes-
kanzleramt
Ballhaus-
platz
41
Parlament
Dr.-Karl-
Renner-Ring
36
Heldenplatz
Justizpalast
Museumstr.
Bellariastr.
Natur-
historisches
Museum
Burgtor
Burgring
Volkstheater
Volks-
theater
Museumsplatz
5
Kunst-
historisches
Museum
Burggarten
7
MuseumsQuartier
Babenbergerstr.
Eschenbachg.
Opernring
34
Staatsoper
Elisabethstraße
Museumsquartier
Nibelungengasse
Operngasse
Kärntner Str.
Getreidemarkt
35
Akademie
der bildenden
Künste
Karls-
platz
200 m
200 yd

Mein Tag im Reich der Kunst

Sie lieben Malerei, Grafik, Bildhauerei? Entlang der Ringstraße stolpern Sie förmlich von einer famosen Sammlung in die Nächste. Und im MuseumsQuartier fühlen Sie mit viel Spaß Moderner Kunst den Puls. Zwischendurch sorgen Cafés und Parks für sinnliche Kontrapunkte.

9 Uhr, Süßer Start und Alte Meister

Manchmal muss man einfach auf die Pauke hauen! Warum also nicht sich allen diätetischen Vernunftgeboten zum Trotz gleich zum Frühstück Wiens ultimative Mehlspeise gönnen? Eine Sachertorte samt Kaisermelange, unmittelbar hinter der 34 Staatsoper, im Café des gleichnamigen Nobelhotels! (S. 123) Frei nach dem Motto: »Heut' verwöhn' ich all meine Sinne.«

Die erste Sightseeing-Station bildet danach ein Museum, das oft etwas im Schatten berühmterer Häuser steht: die 35 Akademie der bildenden Künste mit ihrer edlen Kollektion europäischer Malerei aus fünf Jahrhunderten. Highlight ist, wenngleich keine Bildkost für zarte Gemüter, das epochale Weltgerichts-Tryptichon von Hieronymus Bosch.

11 Uhr, Ins Allerheiligste der bildenden Kunst

Gleich drei Meister, der Klassik allerdings, nämlich Schiller, Goethe und Mozart, säumen, in Bronze oder Marmor verewigt, Ihren Weg vom Schillerplatz, am Burggarten vorbei, über den Ring. Als Ziel lockt ein Museum der Superlative: Das

13.30 Uhr, Walk of Fame der Wissenschaft

11 Uhr, Ins Allerheiligste der bildenden Kunst

Kostbare Kleinodien und Kuriositäten – die meisten stammen aus dem Spätmittelalter, der Renaissance und dem Barockzeitalter – sind in der »Kunstkammer« (links) des Kunsthistorischen Museums ausgestellt. Und im Museumscafé unter der prächtigen Kuppel (rechts) lässt sich eine entspannende »Kunst-Pause« einlegen.

❺ ★★ Kunsthistorische Museum betört allein durch seine glanzvolle Innenausstattung und Atmosphäre. Nicht minder beeindruckend sind die Bestände – allen voran die weltweit bedeutendste Gemäldegalerie und mit der Kunstkammer ein Kuriositätenkabinett von allergrößter Kostbarkeit. Die Qual der Wahl ist aus Zeitgründen unvermeidlich. Pflicht sind jedenfalls die Säle der Venezianer, Niederländer und Flamen. Und im Café unter der zentralen Kuppel sollten Sie bei einem Mittagssnack die kolossale Pracht nochmals in Ruhe genießen.

13.30 Uhr, Walk of Fame der Wissenschaft

Frisch bei Kräften, flanieren Sie den Ring entlang, an Prunkbauten wie dem 41 Parlament und 40 Rathaus vorbei, zur 39 Universität. Wiens Alma Mater ist die älteste Hochschule des deutschen Sprachraums, und entsprechend imposant die Liste ehemaliger Professoren. Am besten ist's, Sie leihen sich beim Portier einen Audioguide. Mit ihm am Ohr kann man im Arkadenhof des stolzen Baus den Büsten von mehr als 150 Gelehrten, unter ihnen Science-Prominente von anno da-

Vorbei am neogotischen Rathaus mit seiner üppig geschmückten Fassade (li. o.) und nach dem Gang durch die Universitätsarkaden gibt das Burgtheater (li. u. und re.) einen Blick hinter die Kulissen seiner Bühne preis.

zumal wie Ernst Mach, Karl Popper und Sigmund Freud, die Parade abnehmen.

15 Uhr, Eine Prise Bühnenzauber

Danach steuern Sie das 6 ★★ Burgtheater an – rechtzeitig zur Führung, die Ihnen, täglich um 15 Uhr, reizvolle Blicke hinter die Kulissen dieser immer noch bedeutendsten deutschsprachigen Sprechbühne gewährt. Versäumen Sie auch nicht, die Deckengemälde Gustav Klimts über der Feststiege zu betrachten und, kaum bekannt, seine Entwurfskartons dafür, die unterm Dach im Prokopp-Foyer zu sehen sind.

Müde Füße? Trockene Kehle? Das benachbarte Café Landtmann (S. 124), traditionell Treffpunkt von Wiens Politprominenz, schafft stilvoll Abhilfe. Biedermeierliche Alternative im Sommerhalbjahr ist die Café-Meierei (S. 124) im – zur Rosenblüte in süßen Duft gehüllten – 37 Volksgarten.

Nach der Kunst-Schau im Leopold Museum (rechts: Egon Schieles »Liegende Frau« von 1917) laden die farbenfrohen Enzi-Möbel im Innenhof des Museums-Quartiers zum Relaxen ein, bevor Sie sich im Volkstheater (rechte Seite) bei einer Komödie, einer Revue oder einem Musical amüsieren.

17 Uhr, Schiele, Klimt und jede Menge Moderne

Kaloriengestärkt sind Sie bereit für eine geballte Ladung Gegenwartskunst: Das ❼ ★★ MuseumsQuartier ist eines der weltgrößten modernen Kulturareale. Hinter seinen barocken Mauern, ehemaligen Hofstallungen, wogt prall und bunt die zeitgenössische Kreativszene. Suchen Sie sich aus: noch rasch vor deren Sperrstunde in eine aktuelle Ausstellung der Kunsthalle oder des Mumok? Oder, so sie früh genug dran sind, ein Blick auf die Schiele-Zeichnungen im Leopold Museum? Spannend sind auch die vielfältigen Aktivitäten der im quartier21 versammelten Kulturlabors, Ateliers und autonomen Plattformen. Dazu gibt's im weitläufigen Innenhof zu jeder Jahreszeit jede Menge Spaß, von der Kegel- und Modellrenn- bis zur Eislaufbahn. Zum Dinieren oder einem Drink laden In-Lokale wie das Res-

taurant Halle (S. 122), das Café Leopold (S. 125), das Restaurant Corbaci (S. 122) oder die Kantine (S. 116).

19.30 Uhr, Zum Finale ins Theater

Zum »Absacken« haben Sie leider keine Muße. Denn ganz in der Nähe verheißen mehrere Sprechbühnen geistvollen Zeitvertreib: gleich nebenan das Volkstheater (S. 209), nur fünf Gehminuten entfernt das Theater in der Josefstadt (S. 209), seines Zeichens Wiens älteste ständig bespielte Bühne und ein Hort eleganter Gesellschaftsstücke. Und für Polyglotte ist, unmittelbar um die Ecke in der Josefsgasse, auch Vienna's English Theatre Academy stets für einen amüsanten Abend gut.

❺ ★★ Kunst- und Naturhistorisches Museum

Warum?	Architektur und Bestände der Museumzwillinge überwältigen gleichermaßen.
Was tun?	Kostbare Kunstschätze und Einzigartiges aus der Natur bestaunen
Wie lange?	Jeweils mindestens 2 Stunden
Wann?	So früh wie möglich
Was noch?	Dachführung mit Ringstraßenblick im NHM
Resümee	Kunst und Natur – Fantasie und Vielfalt

Errichtet wurden die beiden imposanten Museen 1872 von Karl von Hasenauer und Gottfried Semper im Stil der Renaissance. Sie sind identisch – bis auf eine Kleinigkeit: Während das »Kunsthistorische« auf der Spitze Pallas Athene trägt, die Schutzherrin von Kunst und Wissenschaft, ziert sein Gegenüber der Sonnengott Helios.

Kunsthistorisches Museum (KHM)

Schon der Eintritt ist ein Erlebnis: Das Treppenhaus und der marmorne Kuppelsaal mit der Cafeteria sind an Großzügigkeit und Eleganz nicht zu überbieten. Die Marmorgruppe des Theseus von Antonio Canova, Lünettenbilder von Hans Makart und Zwickelbilder von Ernst und Gustav Klimt geben einen Vorgeschmack auf die Kunstschätze.

Das KHM verdankt die meisten seiner kostbaren Stücke der Sammelleidenschaft der Habsburger. Die Ägyptisch-Orientalische Sammlung zeigt interessante Exponate der alten Kultur am Nil, die Antikensammlung zählt mit ihren Kleinplastiken und kostbaren Kameen zu den bedeutendsten der Welt, das Münzkabinett gibt mit 700 000 Objekten Überblick über die Geschichte des Geldes.

Einen sensationellen Höhepunkt bildet die Kunstkammer mit ihrer weltweit einzigartigen Sammlung von Gold-schmiede-, Edelstein-und Elfenbeinarbeiten, Prunkgefäßen, Uhren, künstlichen Automaten, astrologischen Geräten und vielem mehr.

Der 1. Stock beherbergt die Gemäldegalerie, die viertgrößte ihrer Art in der Welt. Im Ostflügel ist die größte Breughel-Sammlung überhaupt zu sehen, dazu auch Werke zahlreicher niederländischer und flämischer Maler, darunter beeindruckende Bilder von Rubens. Der Westflügel bietet einen Querschnitt durch die Geschichte der europäischen Malerei.

»Kunst-Pause« im Park zwischen dem Kunsthistorischen und Naturhistorischen Museum

Naturhistorisches Museum (NHM)

Auch das Naturhistorische Museum entwickelte sich dank attraktiver Sonderausstellungen zu einem Publikumsmagnet. Kein Wunder, besitzt es doch eine der größten naturwissenschaftlichen Sammlungen Europas. Die Schaustücke werden in seit über 100 Jahren unverändertem Ambiente präsentiert, und das hat seinen Reiz. Außerdem sind Schätze zu sehen wie die urgeschichtliche Venus von Willendorf, eine der ältesten Menschenplastiken der Welt.

Eine Zusatzattraktion des NHM bildet im Saal 16 das digitale »Fulldome«-Planetarium. Unter dessen Kuppel werden Liveshows sowie Filme zu astrologischen und anderen naturkundlichen Themen geboten.

KLEINE PAUSE

Die Kuppelsäle beider Museen beherbergen **Cafés** mit einer ganz besonderen Atmosphäre (S. 123).

---

i

222 A5 ✉ Wien 1., KHM: Burgring 5; NHM: Burgring 7
☎ KHM: 525 24-0
🌐 www.khm.at
☎ NHM: 521 77
🌐 www.nhm-wien.ac.at
🕑 KHM: Di–So 10–18, Do bis 21 Uhr, Juni–Aug. auch Mo;
NHM: Mi–Mo 9–18.30, Mi bis 21 Uhr, Führung »Über den Dächern von Wien« auf die Dachterrasse des NHM: Mi 18.30 und So 16 Uhr, 8 € exkl. Museumseintritt
🎟 KHM: 15 €, NHM: 10 € (mit »Fulldome-Planetarium« 15 €)
🚌 U2, U3 Volkstheater, Tram 1, 2, D, Bus 2A, 57A Burgring

❻ ★★ Burgtheater

Warum?	Auf der »Burg« sprühen die Kunstfunken
Was tun?	Tagsüber eine Führung, abends in die Vorstellung
Wie lange?	Je nach Inszenierung 2 bis 4 Stunden
Was noch?	Gustav Klimts Deckengemälde über der Feststiege
Resümee	Eine der besten – und schönsten – deutschsprachigen Bühnen

Das Burgtheater war einer der letzten großen Ringstraßenbauten und der erste, der elektrisch beleuchtet wurde. Errichtet wurde der Theaterbau 1874–88 nach Plänen von Karl Hasenauer und Gottfried Semper. Der Zuschauerraum trägt seine Vergangenheit als ehemaliges »Kaiserliches Hoftheater« stolz zur Schau, in den Logen und Rängen dominiert roter Samt.

Auch Kaiser Franz Joseph war von Gustav Klimts 1888 geschaffenen Deckengemälden über der Feststiege begeistert.

Zahllose namhafte Schauspieler begeisterten über die Jahrzehnte das Publikum des Burgtheaters, dessen Bühne auch heute noch als höchstes Ziel für Schauspielerkarrieren gilt. Glaubenskriege um die Kunst gab es immer wieder. Claus Peymann, der die »Burg« 1986–99 leitete, warf die Presse »Entweihung« des Ortes vor. Auch ans Geld knüpften sich Skandale: 2013/14 kam das Theater in den Ruch der Misswirtschaft; Direktor Matthias Hartmann wurde 2014 entlassen. Als neue Chefin der »Burg« wurde die in Recklinghausen geborene Karin Bergmann berufen. Seitdem stehen wieder die künstlerischen Leistungen dieses Theters im Blickfeld.

KLEINE PAUSE

Das **Vestibül** (S. 124) ist der richtige Ort für eine Pause.

ⓘ
216 A2
Wien 1. Universitätsring 2
514 44-41 40
www.burgtheater.at
Tageskasse: Mo–Fr 9–17 Uhr, Führungen: tägl. 15 Uhr

7 € U2 Rathaus, U3 Herrengasse, Tram 1, 2, D Burgtheater

Theater-Buchhandlung Leporello
Foyer tägl. 1 Std. vor Vorstellungsbeginn

❼ ★★ MuseumsQuartier

Warum?	Hier geht in Sachen Gegenwartskunst und auch sonst die Post ab
Was tun?	Entspannt Kunst genießen
Wie lange?	Je nach Lust und Laune: 2 Stunden bis ganzer Tag
Was noch?	Kalorien tanken in der quirligen Gastro-Szene
Resümee	Ein »Kunstbiotop« in all seinen Facetten und Spielarten

Eine lang gezogene Barockfassade, dahinter aufragend die zwei riesigen Kuben der großen Museen – der eine weiß, der andere schwarz. Spätestens im Innenhof wird dem Besucher klar, dass er sich hier in Österreichs größtem Kulturareal befindet.

Einfach nur herrlich – nach dem Kunstgenuss ein Sonnenbad im Innenhof des Museums-Quartiers

Das 90 000 m² große Areal des MQ trug 300 Jahre lang das Stigma der unvollendeten Größe. Es begann damit, dass Kaiser Karl VI. 1713 den Architekten Johann Fischer von Erlach damit beauftragte, auf dem Glacis draußen vor der Stadt kaiserliche Hofstallungen zu errichten. Der Idealplan wurde nie zur Gänze realisiert, doch die kaiserlichen Pferde fühlten sich hinter der längsten Barockfassade Wiens wohl.

Zu Beginn des 20. Jhs. änderten sich die Zeiten. Die Monarchie ging unter, durch die Erfindung des Automobils wurden die Pferde arbeitslos, und die riesige Stall- und Wagenburg wurde nicht mehr gebruacht. Ab 1921 fand das ehemalige Luxusquartier der k.u.k. Pferde daher eine neue Verwendung als Ausstellungsareal: Es wurde zum Messepalast.

Heiß umkämpfte neue Ideen

Gegen Ende des vorigen Jahrhunderts konnte von einem »Palast« kaum mehr die Rede sein. Die Barockfassade stand zwar noch, viele der Gebäude auf dem riesigen Areal aber verfielen – bis 1980 die Idee aufkam, den ganzen Komplex völlig anders zu nutzen. Von da an wurde gestritten.

Sechs Jahre, von 1980 bis 1986, dauerten zuerst einmal die Diskussionen über ein »MuseumsQuartier«. Mehrere Kommissionen entwickelten Konzepte. Den Architektenwettbewerb gewann 1990 das Wiener Büro Ortner & Ortner. Damit ging es erst richtig los. Es hagelte Proteste, und eine Bürgerinitiative brachte sogar den geplanten »Leseturm« zu Fall. Trotz aller Querelen war im April 1998 Baubeginn, und das größte Kulturprojekt der Zweiten Republik nahm seinen Lauf. Bei der Eröffnung 2001 war dann alles anders, jetzt war Jubel angesagt. Es zeigte sich, dass Ortner & Ortner ihr bestimmendes bauliches Motiv perfekt durchgezogen hatten: die gegenseitige Durchdringung von historischer und moderner Architektur, die spektakuläre Verbindung von Alt und Neu, von Kunst und Naherholung.

Ort der Vielfalt

Das MQ entwickelte sich zu einem aufregenden Kulturviertel. Bildende und darstellende Kunst, Architektur, Musik, Mode, Film, neue Medien, Kinderkultur und kleine Kulturinitiativen finden ebenso Platz wie Museen und Ausstellungshäuser. Den Innenhof des Gebäudekomplexes prägen drei große Bauten: das Leopold Museum mit seiner Verkleidung aus weißem Muschelkalk, das Museum Moderner Kunst Stiftung Ludwig Wien (Mumok) aus dunklem Basalt und mit sphärisch gekrümmtem Dach und der Ziegelbau der Kunsthalle Wien. Letzterer verbirgt sich hinter der Halle E+G, der ehemaligen Winterreithalle, in der das Tanzquartier Wien untergebracht ist.

Im Leopold Museum ist die umfangreiche, ursprünglich private Sammlung von Rudolf Leopold zu sehen. Auf fünf Ebenen sind Werke österreichischer Künstler ausgestellt, den Schwerpunkt bildet die Malerei des 19. und 20. Jhs. Wien um 1900 ist mit Arbeiten von Gustav Klimt, Richard Gerstl, Koloman Moser und Oskar Kokoschka prominent vertreten. Das Highlight ist die große Egon-Schiele-Kollektion, die mit ihren zahlreichen Zeichnungen international gesehen zu den herausragendsten der Welt zählt. Das Mumok ist das

Zeitreise ins Biedermeier

In den schmalen Gassen des Stadtteils Spittelberg, direkt hinter dem MuseumsQuartier, glaubt man sich in ein Waldmüller-Gemälde versetzt. Fehlte bloß noch, dass vor den schnuckeligen Barock-, Rokoko- und Biedermeier-Häusern fesche Wäschermadln sich im Walzertakt drehen. Und wenn im Sommer die Beislwirte ihre Holztische auf das Kopfsteinpflaster stellen und – wie »Witwe Bolte« sogar unter Lindenbäumen – Gulasch und Palatschinken servieren, ist die Bilderbuchidylle perfekt.
Witwe Bolte, Gutenberggasse 13, Tel. 523 14 50, Mo-Fr 17.30-23, Sa/So ab 12 Uhr, www.witwebolte.at

größte österreichische Museum für moderne und zeitgenössische Kunst. Die Sammlungsschwerpunkte sind Klassische Moderne und Pop Art, Fotorealismus, Fluxus, Nouveau Réalisme und Wiener Aktionismus.

Gustav Klimts Gemälde »Tod und Leben« aus dem Jahr 1910 zählt zu den Hauptwerken der im Leopold Museum präsentierten Werkschau der Wiener Moderne.

Als lustvoller Einstieg in die Welt der Museen ist das Zoom Kindermuseum gedacht. Im Multimedialabor Labclub können sich Kids (ab 8 J.) an der Schnittstelle zwischen realer und virtueller Welt bewegen, als Regisseure, Soundmaster, Autoren und Akteure. Der Zoom Ozean entführt Kinder (bis 6 J.) in eine Zauberwelt unter Wasser, und das Zoom Atelier gibt kleinen Künstlern Gelegenheit, kreativ zu werden.

Dass Wien durch das MQ um eine gewaltige Attraktion reicher geworden ist, zeigen die Zahlen: Es verzeichnet jährlich mehr als 4 Mio. Besucher. Etwa ein Drittel von ihnen besuchte Ausstellungen oder Veranstaltungen bis hin zu Festivals. Die anderen kamen, um den Stadtviertelcharakter zu erleben und die Vorzüge des Areals als Naherholungsgebiet zu nutzen, zum Sitzen, Plaudern, Essen, Trinken, Flanieren und Shoppen.

KLEINE PAUSE

Kantine: So–Do 9–24, Fr/Sa bis 1 Uhr

In der **Kantine** – zwischen der Buchhandlung Prachner und der Electric Avenue – gibt es eine kleine, feine Auswahl an warmen Speisen.

ℹ 221 F5 ✉ Wien 7., Museumsplatz 1
☎ 523 58 81, Infoline 0820 600 600 (nur in Österreich),
🌐 www.mqw.at
🚆 U2 MuseumsQuartier, Tram 49, Bus 48A Volkstheater, Bus 2A MuseumsQuartier

Leopold Museum
🕐 Mi–Mo 10–18, Do bis 21 Uhr (Juni–Aug. auch Mo)
🎟 13 €

Mumok (Museum Moderner Kunst Stiftung Ludwig)
🕐 Mo 14–19, Di–So 10–19, Do bis 21 Uhr 🎟 11 €, inkl. Überblicksführung Do um 19 und So um 14 Uhr

ZOOM Kindermuseum
🕐 Di–Fr ab 8.30, Sa/So 9.45–16 Uhr (variable Anfangszeiten für Programme, nur mit Anm. ☎ 524790
🎟 Kinder 5 € (1 Erw. frei), Erw. 4 €

34 Staatsoper

Warum?	Grande Opera im Musentempel der Musikstadt schlechthin
Was?	(Fast) jeden Tag steht ein anderes Werk auf dem Spielplan
Wie lange?	Abhängig von Komponist und Regisseur
Wann?	Abend für Abend von September bis Juni
Was noch?	Eine Führung hinter die Kulissen

Die romantisch-historisierenden Formen brachten der Wiener Staatsoper von Anfang an den Ruf ein, sie sehe einem Bahnhof zum Verwechseln ähnlich. Aber was zählt, sind ja die inneren Werte, das »Haus am Ring« begründet Wiens Ruf als Musikmetropole. Darüber hinaus ist es so etwas wie ein Teil der österreichischen Identität.

Das k.u.k. Hofoperntheater war als erster der Monumentalbauten der Ringstraße geplant. Mit dem Bau wurde 1863 begonnen. Noch vor der Eröffnung im Mai 1869 wurde es von der öffentlichen Meinung zerrissen. Das Gebäude mit seiner Loggia, den seitlichen Arkaden und dem metallenen Tonnendach erntete dermaßen vernichtende Kritiken, dass sich der Innenarchitekt Eduard van der Nüll das Leben nahm. Und der für die Bautechnik verantwortliche August von Siccardsburg kränkte sich so, dass er kurz darauf einem Herzinfarkt erlag.

Im Zweiten Weltkrieg fiel die Staatsoper nach einem Fliegerangriff in Schutt und Asche. Als sie 1955 mit Beethovens *Fidelio* wieder eröffnet wurde, bedeutete das so etwas wie den inoffiziellen Festakt nach der Wiedererlangung der österreichischen Souveränität. Die restaurierte ehemalige Kaiserloge dient heute dem österreichischen Bundespräsidenten, die gegenüberliegende Erzherzogsloge dem Bundeskanzler Österreichs zu Repräsentationszwecken. Die Staatsoper fasst 2211 Zuschauer und bietet 110 Musikern der Wiener Philharmoniker Platz.

Kunst auf höchster Ebene

Die Wiener Staatsoper setzte von Anfang an Maßstäbe für höchste Kunstansprüche, mit internationalen Spitzeninterpreten, Regisseuren und Bühnenbildnern. Auch in der Liste der Direktoren gaben stets bedeutende Musiker den Ton an, darunter Gustav Mahler (1897–1907), Richard Strauss (1919–24) und Herbert von Karajan (1956–64). Seit 2010 fungiert Dominique Meyer als Operndirektor. Dass man es den Wienern nur selten recht machen kann, bekamen allerdings auch die berühmtesten Direktoren zu spüren. Wen die Wiener allerdings verehren, den heben sie in den Himmel.

Opern-Pause über den Arkaden der Staatsoper

Beeindruckendes Repertoire

Die Wiener Staatsoper ist eine der ersten Opernadressen der Welt. Gespielt wird an 300 Tagen im Jahr. Das Repertoire umfasst rund 50 Opern und 20 Ballettwerke. Dazu zählen Verdis *Aida* ebenso wie Mozarts *Zauberflöte* oder Puccinis *La Bohème*. Von September bis Juni können Sie an der Ostseite der Staatsoper das Bühnengeschehen »open air« und kostenfrei live über eine Mega-Leinwand miterleben.

Einmal im Jahr, am letzten Donnerstag im Fasching, verwandeln sich Bühne und Parkett der Staatsoper in einen großen Tanzboden. Dann geht in dem blumengeschmückten Haus das glänzendste Ereignis der Ballsaison über die Bühne, der *Opernball*. Die »Nacht der Nächte« ist übrigens rundum ein Gewinn: An diesem Abend schreibt die Staatsoper schwarze Zahlen.

Aida: Singerstr. 1, Mo–Sa 7–22, So ab 8 Uhr

KLEINE PAUSE

Gehen Sie auf einen schnellen Espresso in die **Aida** gegenüber der Staatsoper. Hier fühlen Sie sich an den kleinen Tischchen sogleich in die 1970er-Jahre zurückversetzt!

---

222 B5 Wien 1., Opernring 2
514 44-0
www.wiener- staatsoper.at
Führungen: ca. 40 Min., Termine auf der Website und am Aushang unter den Arkaden
9 € U1, U2, U4 Karlsplatz, Tram 1, 2, D, 62, 65 Karlsplatz

Nach Lust und Laune!

35 Akademie der bildenden Künste

Die Fresken und die Terrakottafiguren in den Nischen zwischen den Bogenfenstern lassen schon die Fassade von Theophil Hansens Akademie der bildenden Künste auffallen. Die Aula mit den Deckenbildern von Anselm Feuerbach ist erst recht spektakulär. Die Gemäldegalerie zeigt Werke aus fünf Jahrhunderten. Vertreten sind u. a. Bosch, Cranach d. Ä., Rubens und Rembrandt. Sehenswert ist v. a. das Weltgerichts-Tryptichon von Hieronymus Bosch mit seinen bizarren Bildphantasien. Das Kupferstichkabinett besitzt eine Fülle an Biedermeierbildern und alten Bauplänen.

Akademie der bildenden Künste
222 B4 Wien 1., Schillerplatz 3
588 16-0 www.akbild.ac.at
Mi–Mo 10–18 Uhr 8 € U1, U2, U4 Karlsplatz, Tram 1, 2, D Oper/Babenbergerstraße, Bus 59A Oper, 57A Babenbergerstraße

36 Heldenplatz

Der Heldenplatz ist einer der schönsten Plätze der Stadt. Vom Haupteingang der Neuen Burg wirkt er wie ein Panoramabild: im Vordergrund die Reiterstandbilder von Erzherzog Karl und Prinz Eugen von Savoyen, rechts der Leopoldinische Trakt der Hofburg, der Amtssitz des Bundespräsidenten, dann die Silhouetten von Burgtheater, Rathaus und Parlament und das Äußere Burgtor mit dem Mahnmahl für die 1939–45 getöteten Widerstandskämpfer.

In der Neuen Burg sind unglaubliche Schätze zu finden: die Lesesäle der Nationalbibliothek, das Ephesos-Museum, das Papyrus-Museum, die Sammlung alter Musikinstrumente, die Hofjagd- und Rüstkammer sowie das Weltmuseum.

Zu einem schicksalsträchtigen Ort wurde der Heldenplatz 1938, als Hitler vom Balkon über dem Haupteingang der Neuen Burg aus den »Anschluss« Österreichs an das »Deutsche Reich« verkündete. Tausende jubelten – und später wollte niemand dabei gewesen sein. Der Makel ist geblieben.

Heldenplatz
216 A1 U2, U3 Volkstheater, Tram 1, 2, D, Bus 2A Burgring

37 Volksgarten

Der Volksgarten ist ein Paradies für Rosenliebhaber. In den Beeten blühen Tausende von Rosen in allen nur erdenklichen Farben.

Ein historisches Kleinod ist der 1820 bis 1823 errichtete Theseustempel. Das romantische Denkmal für Kaiserin Elisabeth aus weißem Marmor ist eine Pilgerstätte für »Sisi-Fans«. Und in der kleinen »Meierei« (S. 124) sind die frechsten Spatzen der Stadt unterwegs. Sie setzen sich ungeniert auf den Tellerrand und holen sich ihren Teil vom Apfelstrudel.

Rosenpracht und Theseustempel im Volksgarten

Volksgarten
✢ 216 A1 🚌 U3 Herrengasse, Tram 1, 2, D Dr.-Karl-Renner-Ring

38 Mölker Bastei

Die Mölker Bastei ist einer der wenigen erhaltenen Reste der Befestigungsanlagen. Im Pasqualatihaus erinnern zwei Gedenkräume an Ludwig van Beethoven, der in diesem Haus unter anderem die Oper *Fidelio* komponierte.

Um die Ecke, in der Schreyvogelgasse, steht das Dreimäderlhaus mit seiner hübschen Biedermeierfassade. Es ist durch die gleichnamige Operette bekannt geworden, die sich um eine Romanze Franz Schuberts mit hier wohnhaften »drei Mäderln« dreht – allerdings ist die Romanze frei erfunden.

Mölker Baste
✢ 216 A2 🚌 U2 Schottentor, Tram 1, D Schottentor

Pasqualatihaus
✉ Wien 1, Mölker Bastei 8 ☎ 535 89 05 🌐 www.wienmuseum.at ◔ Di–So 10–13, 14–18 Uhr 💰 5 €

39 Universität

Der Bau der Universität wurde 1870 in Angriff genommen. Heinrich Ferstel plante das Zentralgebäude im Stil der Neorenaissance. Die Uni Wien wurde übrigens schon 1365 gegründet und gilt als älteste deutschsprachige Universität. Leicht ist das Studentenleben heute nicht: Der Sparkurs der Regierung macht allen zu schaffen, dazu herrscht akute Raumnot und Mangel an modernen, technischen Hilfsmitteln.

Universität
✢ 216 A2 ✉ Wien 1., Universitätsring 1
🚌 U2 Schottentor, Tram 1, D

40 Rathaus

Es waren die Liberalen mit Kajetan Felder an der Spitze, die dem Kaiser 1870 die Zustimmung zum Bau eines Rathauses abrangen. Heute ist das 1872–83 von Friedrich Schmidt erbaute Rathaus das administrative Herz der Stadt. Das Rathaus hat alles, was ein neugotischer Prunkbau braucht: offene Arkaden, Loggien, Balkone, Spitzbogenfenster und reichen plastischen Schmuck. Der Festsaal ist der größte von ganz Österreich. Auf der Spitze des 98 m hohen Hauptturmes wacht der Rathausmann, ein Wahrzeichen Wiens.

In den letzten Jahren hat sich der Platz vor dem Rathaus zu einem kommunikativen Zentrum entwickelt. Wo es früher nur am 1. Mai rundging, wenn sich die Sozialisten zu dem 1889 von Viktor Adler begründeten Maiaufmarsch versammelten, ist jetzt praktisch immer etwas los.

Rathaus
⌖ 215 E/F2 ✉ Wien 1., Rathausplatz
● Gratisführungen Mo, Mi, Fr 13 Uhr
🚌 U2 Rathaus, Tram 1, D Rathausplatz/Burgtheater

41 Parlament

Mit seiner harmonisch gegliederten Fassade und der elegant geschwungenen Rampe gilt das Parlament als das künstlerisch wertvollste Bauwerk der Ringstraßenzeit. Das Gebäude wurde 1873–83 nach Plänen von Theophil Hansen errichtet. Es beherbergte in den letzten Jahrzehnten der Monarchie beide Kammern des damaligen Reichstages, das Abgeordneten- und das Herrenhaus. Die Schwierigkeit für den Architekten bestand darin, ein einziges Gebäude für beide zu bauen. Er löste das Problem, indem er ein Peristyl schuf, eine zentrale Halle mit 24 Marmorsäulen, und an die Längsseiten je einen Saalbau angliederte. In ihnen tagen heute National- und Bundesrat.

Der ultimative Schmuck des Gebäudes ist der Pallas-Athene-Brunnen, was die Wiener zu einigem Spott animierte: »Die Weisheit steht draußen, sie kehrt dem Parlament den Rücken zu …«.

Parlament
⌖ 215 F1 ✉ Wien 1., Dr.-Karl-Renner-Ring 3 ☎ 401 10-24 00 🌐 www.parlament.gv.at ● Besucherzentrum wg. Umbaus bis 2020 geschlossen
Führung: 5 €
🚌 U2, U3 Volkstheater, Tram 1, 2, D, 46, 49, 71 Dr.-Karl-Renner-Ring

Das Musikfilm-Festival auf dem Rathausplatz ist *das* Sommer-Highlight Wiens.

Wohin zum ... Essen und Trinken?

Preise
für ein Essen ohne Getränke:
€ unter 15 Euro
€€ 15–26 Euro
€€€ über 26 Euro

RESTAURANTS

Bristol Lounge €€€

Das Nachfolgelokal des über Jahrzehnte Gourmetmaßstäbe setzenden Hotelrestaurants Korso verbindet historische Grandeur mit moderner Lässigkeit. Offener Kamin, Kristalllüster, komfortable Sitzecken, dezente Hintergrundmusik sorgen für Lounge-Atmosphäre. Die Küche kredenzt feinst zubereitete heimische und internationale Spezialitäten. Der Einkehr, etwa vor oder nach einem Besuch der Staatsoper vis-à-vis, steht nichts – außer vielleicht einer zu schmalen Geldbörse – im Wege.

222 B5 Wien 1., Kärntner Ring 1 51 51 65 53 www.bristol-lounge.at tägl. 7–24 (warme Küche bis 23 Uhr) U1, U2, U4 Karlsplatz, Tram 1, 2, D, Bus 2A Kärtnerring/Oper

Corbaci €

Das Restaurant des Architekturzentrums Wien ist interessant gestaltet: Die französischen Architekten Anne Lacaton und Jean-Philippe Vassal statteten die Deckengewölbe mit türkischen Fliesen aus. In dem orientalisch angehauchten Ambiente gibt es außer dem stets günstigen Mittagsmenü österreichische, italienische und amerikanische Küche. Im Sommer wird auch im Garten serviert.

221 F5 Wien 7., Museumsplatz 1 0664 73 63 00 36 www.azw.at Mo–Do 11–24, Fr/Sa bis 1, So bis 23 Uhr U2 MuseumsQuartier, Tram 49, Bus 48A Volkstheater

Dinnerclub €€€

Eine ehemalige Fußgängerunterführung als zeitgemäß-schicker Dinnerclub – halb klassische American Bar, halb Club mit Live-Musik, dazu Verköstigung mit internationaler und Wiener Küche. Die edel gestalteten Sitznischen gruppieren sich um eine Bühne, auf der den bis zu 300 Gästen täglich Live-Jazz und spätabends grooviger DJ-Sound geboten werden. Einen besonderen Blickfang bildet in dem farblich subtil illuminierten Lokal die futuristisch geschwungene, bestens sortierte Cocktail-Bar.

222 B5 Wien 1, Passage Opernring/Operngasse 512 08 13 www.albertinapassage.at Di–Sa 18–4 Uhr U1, U2, U4 Karlsplatz, Tram 1, 2 Kärntnerring/Oper

Glacis Beisl €

Ein Lokalklassiker nach dem MQ-Besuch mit modernistisch-schlichtem Interieur und schönem Schanigarten. Die Küche offeriert nach dem Motto »Viennese with a twist« einen Mix aus klassischer Wiener und mediterraner Küche.

221 E5 Wien 7., Museumsplatz 1 (Zugang: Breite Gasse 4) 526 56 60 http://glacisbeisl.at tägl. 11–2 (warme Küche 12–23 Uhr) U2 MuseumsQuartier, Tram 49, Bus 48A Volkstheater

Halle €

Das Café-Restaurant der Kunsthalle Wien und der Wiener Festwochen liegt in der ehemaligen Winterreithalle. Der Stuck der Kaiserloge bildet einen interessanten Kontrast zum modernen Design. Die Küche ist jung, leicht und mediterran, die Frühstückskarte ist reichhaltig, mittags gibt es ein Menü und für zwischendurch Sandwiches. Im Sommer kann man im Haupthof im Freien sitzen.

221 F5 Wien 7., Museumsplatz 1 523 70 01 www.diehalle.at tägl. 10–2 Uhr U2 MuseumsQuartier, Tram 49, Bus 48A Volkstheater

Hansen €€

Eines der interessantesten Restaurants der Stadt liegt im Souterrain der Börse. Das Lokal geht nahtlos in das üppige Grün des Blumen-, Pflanzen- und Gartenbaugeschäfts der Firma Lederleitner über, entsprechend gut duftet es. In einer Schauküche entstehen mediterran-kreative Gerichte. Interessant ist auch die Frühstückskarte.
216 B2 Wien 1., Wipplingerstr. 34 532 05 42 www.hansen.co.at Mo–Fr 9–23 Uhr (warme Küche bis 22 Uhr), Sa 9–17 Uhr (warme Küche bis 15 Uhr) U2 Schottentor, Tram 1, D, Bus 3A Börse

Heuer am Karlsplatz €€

Man kann über dieses Lokal am Westende des Karlsplatzes auf zweierlei Weise sprechen: seine kulinarische Qualität loben – die hochwertigen Kreationen von Küchenchef Peter Fallnbügl, das gute Frühstück und die selbst gemachten Limonaden, Säfte, Kompotte und Sauergemüse. Man kann aber auch – nein: muss! – das Gesamtkonzept erwähnen. Denn das Heuer fungiert auch als offene Bühne für spontane künstlerische Interventionen. Und der zugehörige Karlsgarten macht, pionierhaft in Wien, auf 2000 m² das Konzept von Urban Gardening erlebbar.
222 B4 Wien 4., Treitlstr. 2 89 00 590 www.heuer-amkarlsplatz.com Mo–Fr 11.30–2, Sa/So 10–2 Uhr U1, U2, U4 Karlsplatz, Tram 1, 2, D, Bus 3A Kärtnerring/Oper

KHM/NHM €€€

Im Kunsthistorischen Museum und seinem naturhistorischen Zwilling (S. 110) kommen zum Kunstgenuss auch kulinarische Genüsse. Im Kuppelsaal des KHM gibt es jeden Donnerstag ein exquisites Abenddiner sowie Sa und So von 10 bis 12.30 Uhr Frühstück. Ein recht teurer Spaß, aber schon allein wegen des Ambientes unvergesslich. Im Kuppelsaal des NHM wird jeden Mittwoch ab 19

Uhr zum Fisch- und Meeresfrüchte-Büfett geladen. Tischreservierung ist unerlässlich!
222 A5 Wien 1., Burgring 5 bzw. 7 KHM: 526 13 61 www.khm.at; NHM: 260 69 24 98 www.nhm-wien.ac.at U2, U3 Volkstheater, Tram 1, 2, D, Bus 2A, 57A Burgring

Sacher €€€

Traditionelle Wiener Eleganz pur, dafür garantieren ein Essen oder ein Kaffee im Sacher. Das Restaurant Anna Sacher ist mit einer Gemäldesammlung von Anton Faistauer und den ersten elektrischen Kronleuchtern in Wien ausgestattet. Die Rote Bar hat einen Wintergarten mit Blick zur Staatsoper, der im Sommer durch versenkbare Fenster zu einer Terrasse wird. Ab 19 Uhr tafelt man bei Pianomusik. Für das Sacher gilt: einmal im Leben muss man den weltberühmten Tafelspitz (gekochtes Rindfleisch) gekostet haben, und danach die Original Sacher-Torte.
222 B5 Wien 1., Philharmonikerstr. 4 514 56-0 www.sacher.com Anna Sacher Di–So 18–24 Uhr (warme Küche bis 23.30 Uhr); Rote Bar tägl. 12–24 Uhr; Café Sacher tägl. 8–24 Uhr U1, U2, U4 Karlsplatz, Tram 1, 2, D, Bus 2A Kärtnerring/Oper

Sacher Eck' €€

Wer Sacher-Genüsse nicht zelebrieren, sondern in angemessenem Tempo kennenlernen will, hat dazu hier Gelegenheit. Die lichtdurchflutete Atmosphäre, die Hochtische mit Barhockern und die elegante Bar sind der stilvolle Rahmen für einen leichten Snack und ein Glas Wein zwischendurch.
222 B5 Wien 1., Philharmonikerstr. 2 514 56-699 tägl. 9–1 Uhr U1, U2, U4 Karlsplatz, Tram 1, 2, D, Bus 2A Kärtnerring/Oper

Vestibül €€€

Die elegante Großstadtbrasserie befindet sich an einem der weihevollsten Orte Wiens, im Burgtheater. Das Ambiente ist kaum zu überbieten, und auch der Garten zählt schon allein wegen seiner Lage zu den schönsten der Stadt. Die Küche ist ambitioniert, leicht, aber auch wienerisch. Eines der beliebtesten Gerichte ist das »Kalbsbeuschel« (Kalbslunge) mit Schnittlauchknödel.

216 A2 · Wien 1., Universitätsring 2
532 49 99 · www.vestibuel.at
Mo–Fr 11–24, Sa ab 18 Uhr
U2 Rathaus, U3 Herrengasse, Tram 1, D Burgtheater

KAFFEEHÄUSER

Kurkonditorei Oberlaa

Die Kurkonditorei Oberlaa am Neuen Markt ist eine der ersten Adressen für exquisites Konfekt, herrliche Torten und erstklassiges Essen. Entsprechend groß ist oft das Gedränge. Das Konfekt eignet sich übrigens hervorragend als süßes Mitbringsel aus Wien! Wer etwas Handfesteres essen will, wählt aus zwei Tagesgerichten aus. Bei schönem Wetter trifft man sich im Schanigarten.

216 C1 · Wien 1., Neuer Markt 16
513 29 39-0 · www.oberlaa-wien.at
tägl. 8–20 (Frühstück bis 11.30, warme Küche 11–19.30 Uhr)
U1, U3 Stephansplatz

Landtmann

Bereits 1873 wurde »Wiens eleganteste Kaffeelocalität« eröffnet. Seither ist dieses Ringstraßencafé mit seiner großen Terrasse eine Institution. Zu den Gästen zählten u. a. Sigmund Freud, »die« Dietrich, Romy Schneider, Burt Lancaster, Hillary Clinton und Paul McCartney. Die erstklassige Küche und die verführerischen Mehlspeisen genießen die Schauspieler vom gegenüberliegenden Burgtheater ebenso gerne wie die Politiker aus dem nahen Rathaus und dem Parlament sowie den Parteizentralen.

216 A2 · Wien 1., Universitätsring 4
24 100-100
www.landtmann.at
tägl 7.30–24 Uhr
U2 Rathaus, U3 Herrengasse, Tram 1, D Burgtheater

Meierei Volksgarten

Kein Gourmettempel und kein Nobelcafé, dafür aber ein Stück liebenswertes Wien, das ist die Meierei im Stadtpark. Seit dem jahr 1930 versorgt sie Spaziergänger in ihrem hübschen, kreisrund um das kleine Gebäude in der Mitte angelegten Gastgarten mit Kaffee und kleinen Imbissen. Natürlich gibt es in der Meierei auch die Klassiker der Wiener Küche.

216 A1 · Wien 1., Volksgarten
533 21 05
www.cafe-meierei-volksgarten.at
April–Sept. je nach Wetter tägl. 9–21 Uhr
U3 Herrengasse, Tram 1, 2, D, Bus 2A, 57A Burgring

Sluka

Die Arkaden beim Rathaus beherbergen eine Café-Konditorei, die höchste Ansprüche erfüllt: Beim Sluka treffen sich die Beamten und Angestellten des Rathauses zu einem süßen oder pikanten Imbiss oder zu Kaffee und Torte – und dass dabei das eine oder andere politische Thema durchdiskutiert wird, versteht sich ganz von selbst.

215 F2 · Wien 1., Rathausplatz 8
405 71 72 · www.sluka.at
Mo–Fr 8–19, Sa bis 17.30, So 10–17.30 Uhr
U2 Rathaus, Tram 1, D Rathausplatz/ Burgtheater

Wohin zum … Einkaufen?

Die westliche Ringstraße zählt nicht zu den Shoppingmeilen der Stadt. Wer einen Blick in die Shops der Museen und spezielle Läden wirft, wird dennoch hübsche Dinge finden.

MUSEUMSSHOPS

Im **MuseumsQuartier** gibt es einiges zu kaufen. Eigene Shops betreiben das Architekturzentrum, die Kunsthalle Wien, das Leopold Museum und das Mumok. Sie führen Bücher, Kunstdrucke, T-Shirts, Taschen und zahllose hübsche Kleinigkeiten, die das Herz erfreuen.

Neben dem **Shop der Kunsthalle** Wien hat die Lomographische Gesellschaft den weltweit ersten **Lomoshop** eingerichtet: dort gibt es alles rund um die kultigen Fotokameras.

Shop und Galerie **Komische Künste** im Quartier 21 bietet Leuten mit Humor Cartoons und Karikaturen (inter)nationaler Zeichner nicht nur zum Anschauen, sondern auch zum Kauf an.

Auch in den Shops des **Kunsthistorischen Museums** und des **Naturhistorischen Museums** kann man zwischen den Kunstdrucken, Nachbildungen ausgestellter Objekte, Schmuckstücken und Büchern ausgiebig stöbern.

GESCHÄFTE

Sädtler Classic (Opernring 13) ist der exklusive Laden für alles, was stilvoll blüht, grünt und duftet.

Tee für alle Lebenslagen, darunter echte Raritäten und alles, was das Teetrinken sonst noch zu einem Erlebnis macht, ist in **Demmers Teehaus** (Mölker Bastei 5) zu finden.

Die original Sacher-Torte im Holzkistchen, verpackt als »süßen Gruß aus Wien«, gibt es – in unterschiedlichen Größen – in der **Sacher Confiserie** (Philharmonikerstr. 4) zu kaufen.

Wohin zum … Ausgehen?

An der westlichen Ringstraße ist in der Staatsoper und im Burgtheater die hohe Kunst beheimatet. Lokale und Kneipen sind hier, vom MQ einmal abgesehen, dünn gesät. Zum Abtanzen aber gibt es Gelegenheit.

Gesellschaftstanz steht von Anfang Mai bis Mitte September im Mittelpunkt des Tanzcafés im **Volksgarten** (Heldenplatz, Tel. 533 05 18, ab 22 Uhr). Freitags und samstags gibt es ein gemischtes Programm mit Boogie Woogie, Rock 'n' Roll, Standard- und lateinamerikanischen Tänzen. In der Volksgarten-Diskothek geht ganzjährig bei Clubbings, Hip-Hop, House und Hits der 1970er-Jahre die Post ab!

Die **Passage** (Burgring/Ecke Babenbergerstr., Tel. 961 66 77) steht für Clubculture unter dem Ring: Ursprünglich wurde die Babenberger Passage zwischen Hofburg und KHM als Fußgängerunterführung geplant. Das erwies sich als Flop und die Passage stand jahrelang leer, dann wurde sie von der Veranstaltergruppe Sunshine Enterprises als cooler Club wiederbelebt. In futuristischem Ambiente mit flexiblen Designelementen und aufwendiger Lichtanlage steht gepflegter Clubsound auf dem Programm.

Immer beliebter wird das **Café Leopold** im MQ (Museumsplatz 1, Tel. 523 67 32, tägl. 9.30–1, Sa/So bis 24 Uhr), das Wien ein völlig

neues urbanes Feeling beschert hat. Hier gibt es abends Barbetrieb, Essen auch noch nach Mitternacht und interessante Videoprojektionen österreichischer Experimentalfilmer.

Zum wunderschönen, weitläufigen Park hin zeigt sich Schloss Schönbrunn, die einstige Sommerresidenz der Habsburger, von seiner Schokoladenseite.

Schönbrunn und Wiental

Schloss und Park der kaiserlichen Sommerresidenz verströmen barocken Glanz, Heiterkeit und Lebenslust.

Seite 126–157

Erste Orientierung

Nichts repräsentiert die Kaiserzeit so sehr wie das prachtvolle Schloss Schönbrunn und sein Park.

TOP 10

3 ★★ Schloss Schönbrunn
9 ★★ Naschmarkt und Wienzeile
10 ★★ Karlskirche

Nicht verpassen!

42 Secession

Nach Lust und Laune!

43 Wien Museum
44 Hochstrahlbrunnen
45 Palais Schwarzenberg
46 Künstlerhaus
47 Musikverein
48 Stadtpark

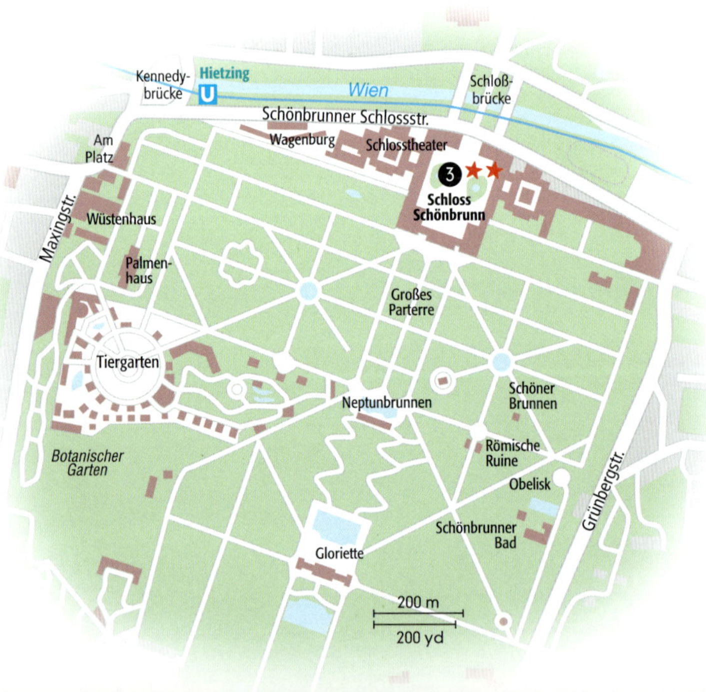

Das Schloss, der einzigartige Park und der älteste Tiergarten der Welt, das alles macht Schönbrunn zu einem prachtvollen Aushängeschild von Wien, ja von ganz Österreich. Die gesamte Anlage, aufgenommen in die Liste des Weltkulturerbes vermittelt wie kaum ein anderer Ort den Sinn des Kaiserhauses für elitäre Schönheit. Hier ist der einstige Glanz der Habsburger-Monarchie noch lange nicht verblasst.

Weiter stadteinwärts, im Wiental, liegen die höchst außergewöhnlichen Bauten der Secession und der Karlskirche und die großen, weltberühmten Musiktempel wie der Musikverein und das Konzerthaus. Auf dem Weg dorthin bieten entlang des bunten, quirligen Naschmarktes zahlreiche Restaurants kulinarische Genüsse vom Feinsten..

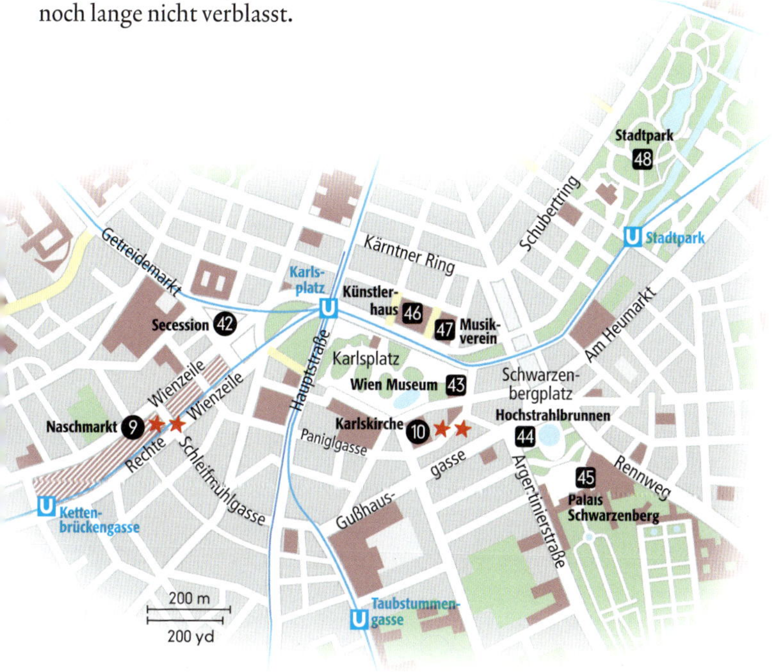

Mein Tag in Schönbrunn

Raus aus dem Zentrum heißt heute die Devise – zur ehemaligen Sommerresidenz der Kaiserfamilie. Schloss Schönbrunn lässt den Glanz der Donaumonarchie wiederauferstehen. Sein herrlicher Park lädt zum Durchatmen ein und bietet viel Kurzweil für einen heiteren Tag im Grünen.

9 Uhr, der Klassiker – ein Gang durch das Schloss

Fast alle Wien-Besucher machen den gleichen Fehler: reihen sich, mit der U4 draußen angekommen in ❸ ★★ Schönbrunn, schnurstracks ein in die Warteschlange für ein Ticket zur Besichtigung des Schlosses und kehren sofort danach wieder zurück in die Stadt. Wer zum ersten Mal hier ist, keine Frage, darf die kostbarst ausgestatteten Schauräume nicht versäumen. Der große Spiegelsaal – wow, was für blendender Prunk! Und in den Privatgemächern Maria Theresias, Kaiser Franz Josephs und seiner Gemahlin Elisabeth wird der Habsburger-Mythos greifbare Realität. Doch nach diesem imponierenden Pflichtprogramm, tun Sie, was die meisten aus Zeitnot oder Unkenntnis verabsäumen: Spazieren Sie los, durch den Kammergarten, um den frei zugänglichen Schlosspark dahinter in seiner ganzen Pracht und Vielfältigkeit zu erkunden.

10 Uhr, Spaziergang durch den Schlosspark

Auf 160 Hektar erstreckt sich diese barocke Grünoase. Kunstvoll arrangierte Blumenbeete, schnurgerade Alleen, gesäumt von penibel ge-

9 Uhr, der Klassiker – ein Gang durch das Schloss

17 Uhr, Kaiserliche Kutschen

12 Uhr, Mittagsmahl, imperial oder rustikal – im Café Gloriette speisen Sie kaiserlich …

15.30 Uhr, Sonnenbad, Wüste und Palmen – hoch hinauf im Palmenhaus

Die prachtvollen Schauräume des Schlosses sind noch immer genau so eingerichtet wie zu Zeiten von Kaiserin Maria Theresia und von Kaiser Franz Joseph und Sisi.

stutzten Bäumen und Hecken, dann wieder eine behagliche Liegewiese, ein schattiges Rondell, in dessen Mitte ein Brunnen plätschert … Schier endlose Sichtachsen direkt neben stillen, intimen Ecken: Beim Gang über das Große Parterre und, seitlich, durch das Labyrinth schattiger Kieswege wechseln die Perspektive auf das Reizvollste.

In der vom Schloss aus betrachtet linken Parkhälfte entdecken Sie eine romantisch überwucherte Römische Ruine, ein Taubenhaus, einen Obelisken sowie jener Schöne Brunnen, der, um 1600 von Kaiser Matthias entdeckt, der ganzen Anlage ihren Namen gab und aus einer künstlichen, stuckverzierten Grotte sprudelt.

Im westlichen Teil warten neben diversen Götter- und Heldenstatuen u. a. ein duftenden Rosen- und ein Japanischer Garten. Früher oder später steigen Sie die Serpentinen zur Gloriette hoch. Die Aussicht von dort über Schloss und Park auf die westlichen Stadtbezirke bis zum Kahlenberg ist wunderschön. Übrigens: Wer sich dafür zu müde fühlt, kann den Hügel bequem an Bord jenes Panoramabähnlein erklimmen, das im Halbstunden-Rhythmus durch das gesamte Gelände zuckelt.

Nach dem Parkspaziergang (ganz oben) und einem Mittags-Snack im ehemaligen kaiserlichen Speisesaal, dem Café Gloriette (oben), geht's zu den Pandas, die sich im ältesten Zoo der Welt recht wohlfühlen.

12 Uhr, Mittagsmahl, imperial oder rustikal

Für Kaloriennachschub sorgen entweder das Café Gloriette (S. 155) oder, zwei Gehminuten westlich, das rustikalere Gasthaus Tirolergarten. Letzteres ist in einem Prachtexemplar eines alpinen Bauernhofes zuhause, den man hier original wiederaufgebaut hat. Von hier wandern Sie hügelabwärts durch den Botanischen Garten zum Tiergarten.

13.30 Uhr, Tierische Begegnungen

Etwa zwei Stunden sollten Sie für diesen immerhin weltweit ältesten Zoo reservieren. Keine Sorge: seine engen Barockgehege wurden längst modernisiert und erweitert. So kann man etwa, nur durch Glasscheiben getrennt, Orang-Utans, Panda- und Eisbären ganz nah auf den Pelz rücken. Aquarien-, Vogel- und Regenwaldhaus laden ein zu Ausflügen in tropische Gefilde.

Eines der Highlights des Schlossparks ist das bis zu 25 m hohe Palmenhaus, das so manche botanische Rarität beherbergt. Danach geht's zur Kaiserlichen Wagenburg mit den so prunkvollen Kutschen und Gala-Mautier-Sänften – doch bequem dürfte das Reisen darin nicht gewesen sein.

In der Schönbrunner Orangerie konzertierte bereits Mozart höchstselbst. Heute können Sie sich dort auf seine schönsten Ouvertüren und Arien sowie die beliebtesten Operettenmelodien des Walzerkönigs Johann Strauss freuen.

15.30 Uhr, Sonnenbad, Wüste und Palmen

Apropos Wetter: Ist es schön sommerlich, sollten Sie die Schwimmsachen eingepackt haben. Denn im Schönbrunner Bad, in der Südostecke des Parks, kann man im 50-m-Freiluft-Becken herrlich ein paar Längen ziehen und auf großen Wiesen sonnenbaden. Entspannung und Spaß verspricht alternativ auch ein Gang durch den Irrgarten samt sehr vergnüglichem Spielplatz. Bei unwirtlichen Außenverhältnissen locken am Westrand des Parks das zum Zoo gehörige Wüsten- und das Palmenhaus mit wohligen Temperaturen.

17 Uhr, Kaiserliche Kutschen

In die Epoche, da in Schönbrunn noch Habsburger residierten, entführt Sie im Anschluss der Besuch der Wagenburg. Im Westtrakt des Schlosses, der ehemaligen Winterreitschule, stehen mehr als 60 prächtige, bis zu 250 Jahre alte Karossen.

20.30 Uhr, Musikalisches zum Tagesausklang

Nach einem gehoben-herzhaften wienerisch-böhmischen Abendessen im Schönbrunner Stöckl – am östlichen, dem Meidlinger Tor – gönnen Sie sich zum Tagesausklang einen zum Ort passenden Ohrenschmaus. Darf es klassisch-konventionell klingen? Dann sind Sie beim täglichen Salonorchesterkonzert mit Melodien von Mozart und Strauss, gleich um die Ecke in der Schlossorangerie, genau richtig.

Schönbrunner Stöckl
☎ 01 813 42 29
www.schoenbrunnerstoeckl.com
tägl. von 10–23 Uhr

Gasthaus Tirolergarten
Maxingstraße 13 b
☎ 879 35 56 20
Mo–Fr 9–19, Sa/So bis 19.30 Uhr

❸ ★★ Schloss Schönbrunn

Warum?	Hier verbrachten die Habsburger den Sommer.
Was?	Eine Audienz bei Kaiserin Maria Theresia
Wie lange?	Mindestens einen halben Tag
Wann?	Gleich in der Früh oder um die Mittagszeit, wenn der Andrang abschwillt
Was noch?	Durch den herrlichen Park spazieren, danach im Tierpark den Pandas beim Chillen zuschauen.
Resümee	Ein Park zum Entspannen, Entdecken und Spaß haben

Die Sommerresidenz der Habsburger mit ihrer barocken Parklandschaft und dem ältesten Tiergarten der Welt ist eines der bedeutendsten Kulturdenkmäler des Landes. Die imperiale Schlossanlage wurde 1997 in die Unesco-Liste des Weltkulturerbes aufgenommen.

Ein schöner Brunnen …

Alles begann damit, dass Kaiser Maximilian II. 1559 den Herrensitz in der ehemaligen »Katterburg« – deren Anfänge bis ins 14. Jh. zurückreichen – kaufte, zu einem Jagdschloss ausbaute und einen Tiergarten für Edelfische und Jagdwild anlegte. Als Kaiser Matthias im Jahr 1612 durch dieses Jagdrevier spazierte und dabei eine Quelle entdeckte, soll er ausgerufen haben: »Welch' schöner Brunn!« So kam das herrschaftliche Anwesen – der Legende nach – zu seinem Namen.

Nach der Verwüstung bei der Türkenbelagerung 1683 baute Johann Bernhard Fischer von Erlach 1696–1700 im Auftrag von Leopold I. für dessen Sohn Joseph I. die kaiserliche Residenz Schloss Schönbrunn. Das gigantische Bauvorhaben auf dem Gloriettehügel sollte Versailles in Prunk und Glanz übertreffen, was sich allerdings als nicht realisierbar erwies, und so wurde das Schloss in einer Sparvariante gebaut und blau-rosa gestrichen. Das typische »Schönbrunner Gelb« wurde erst 1752 aufgetragen.

1728 erwarb Karl VI. die Anlage und schenkte sie seiner Tochter Maria Theresia. In ihrer Regierungszeit baute der Hofarchitekt Nikolaus Pacassi Schönbrunn zu einem Residenzschloss im Rokokostil aus. Eine glanzvolle Epoche begann, das Schloss wurde zum Mittelpunkt des höfischen und politischen Lebens. Alljährlich im Sommer übersiedelte der gesamte Hof mit 2000 Dienern, Zofen, Gärtnern und Handwerkern von der Hofburg nach Schönbrunn. Maria Theresia kümmerte sich um die Ausstattung des Schlosses, ihr Gemahl Franz Stephan um den Garten.

Als Maria Theresia starb, waren Schloss, Park und Gloriette fertig. Später bewohnten Kaiser Franz Joseph I. und Kaiserin Elisabeth das Schloss regelmäßig, Franz Joseph wurde in Schönbrunn geboren und starb hier. 1918 unterschrieb

Kaiser Karl I. im blauen Salon seinen Regierungsverzicht. Nach der Beseitigung der schweren Bombenschäden aus dem Zweiten Weltkrieg wurden die Schauräume 1948 wieder eröffnet.

Grandioser Schlussakkord bei der Gestaltung des Schlossparks: die Gloriette

Rundgang durch das Schloss

Das Schloss hat 1441 Räume, 40 davon können besichtigt werden. Dazu zählen die Apartments von Franz Joseph und Elisabeth im Westflügel, der Mitteltrakt mit den Festsälen und Repräsentationsräumen sowie die kostbaren Audienzzimmer des Kaiserpaares Maria Theresia und Franz Stephan im Ostflügel. Besonders sehenswert sind das Arbeitszimmer des Kaisers mit den Porträts von Franz Joseph und Sisi, der prunkvolle Spiegelsaal, in dem das erste Konzert des sechsjährigen Mozarts vor Maria Theresia stattfand, und die Chinesischen Kabinette. Als Napoleon 1805 und 1809 Wien besetzte und Schönbrunn als Hauptquartier wählte, schlief er vermutlich in dem heute als Napoleon-Zimmer bekannten Raum. Sein Sohn, Herzog von Reichstadt, wuchs in Schönbrunn auf und starb hier mit nur 21 Jahren. Die Habsburger-Kaiser haben an der Ausstattung der Zimmer persönlich mitgearbeitet: Die Entwürfe zur Dekoration des Porzellanzimmers wurden vermutlich von Maria Theresias Schwiegertochter Isabella von Parma, der ersten Gemahlin Kaiser Josephs II., angefertigt. Die 213 Tuschezeichnungen stammen von Kaiser Franz I. Stephan und einigen seiner Kinder.

Theater für Groß und Klein

Apropos Kinder: Im Schloss gibt es ein Kindermuseum und eigene Führungen für Kinder, in denen alles über das Leben der Kaiserkinder, ihre Kleidung und Erziehung erzählt wird. Ein Erlebnis für die Kleinen ist auch das Marionettentheater im Hofratstrakt.

Im westlichen Seitenflügel befindet sich das Schlosstheater, in dem auch heute noch Aufführungen stattfinden. Und in der ehemaligen Winterreitschule wird in der Wagenburg eine ganz ausgezeichnete Sammlung historischer Prunk- und Gebrauchswagen gezeigt.

Der barocke Schlosspark

Südlich des Schlosses erstreckt sich der 185 ha große, frühbarocke Park, der bereits 1695 im französischen Stil angelegt wurde. Maria Theresia ließ den Garten nach 1770 neu gestalten: Am Fuße des Schönbrunner Berges entstand der Neptunbrunnen (von 10–14 Uhr in Betrieb) und auf der Bergkuppe die Gloriette. Vom Dach des Pavillons in Form eines dreiteiligen Triumphtores, das reich an Verzierungen und Symbolen ist, hat man eine großartige Aussicht auf Wien. Die mythologischen Figuren entlang des Großen Parterres

Schönbrunner Klänge

Wie die Habsburger Herrscher in Schönbrunn sommers die Auszeit vom Regieren genossen, lassen die allabendlich veranstalteten Kammerkonzerte in der Orangerie erahnen. Man lauscht in der lichtdurchfluteten Halle dieses Schlosstrakts Operettenarien und Mozart-Melodien und wandelt anschließend, vorbei am illuminierten Hauptschloss, über die heckengesäumten Kieswege - einfach bezaubernd.

tägl. 20.30 Uhr, Tickets ab 45 € bei www.imagevienna.com oder www.viennaclassic.com

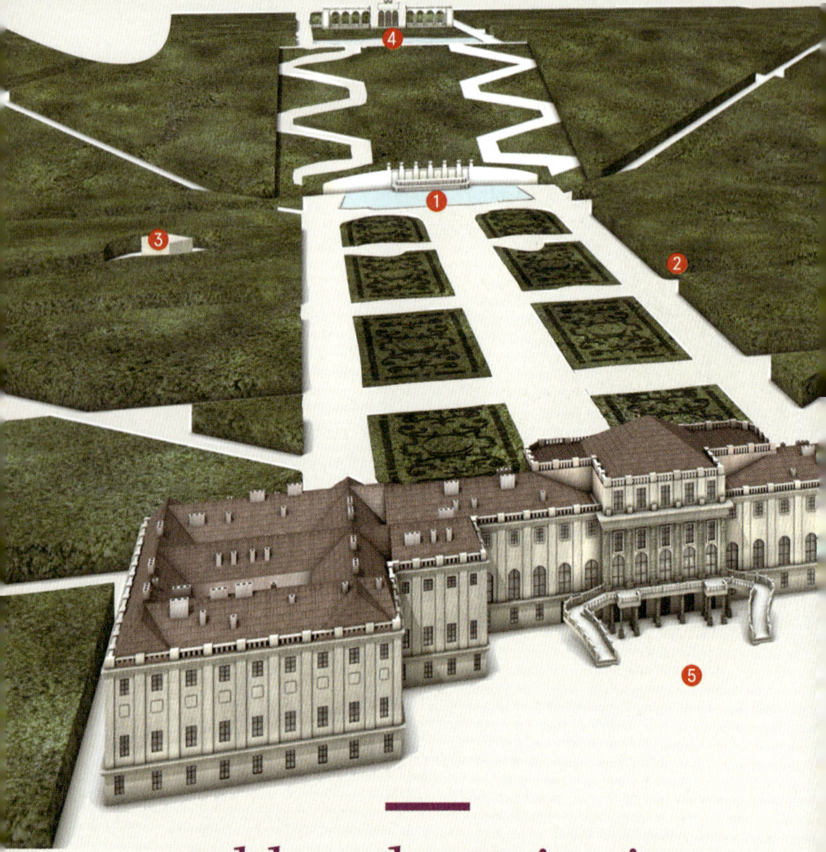

Schloss der Kaiserin

Unter Kaiserin Maria Theresia wurde Schönbrunn zum strahlenden Mittelpunkt des Hofes. Nikolaus Pacassi gestaltete die Sommerresidenz für sie im Barock- und Rokokostil um. Sehenswert ist auch der Schlossgarten, einer der bedeutendsten Barockgärten im französischen Stil, in dem sich auch die Palmenhäuser und Wiens Tiergarten, 1752 gegründet, befinden.

❶ Neptunbrunnen Der von Hetzendorf entworfene Neptunbrunnen bildet die südliche Begrenzung des Gartenparterres. Um das Jahr 1780 gestaltete Zauner die schöne Dekoration der Wasserspiele mit Steinskulpturen nach Motiven aus der griechischen Mythologie.

❷ Irrgarten 1998 wurde neben dem Neptunbrunnen mit der Anlage eines 49 x 35 m großen Irrgartens nach historischem Vorbild begonnen. Der ursprüngliche Irrgarten aus dem 18. Jh. wurde 1892 gerodet. Im Zentrum des Gartens befinden sich eine Aussichtsplattform und zwei kraftspendende Harmoniesteine nach Feng-Shui.

❸ Taubenhaus Die runde Voliere wurde in der zweiten Hälfte des 18. Jhs. aus Drahtgitter errichtet und mit einem Kuppeldach aus Kupfer bekrönt. Vier gemauerte Rundnischen bieten seltenen Taubenarten Schlaf und Nistplätze.

Etwas abseits vom Taubenhaus liegt der Schöne Brunnen. Die Quelle, das »Kaiserbrünnl«, gab dem Schloss seinen Namen. Kaiser Matthias (1557–1619) entdeckte sie während der Jagd. 1799 erhielt sie ein grottenartiges Brunnenhaus, in dem die Nymphe Egeria von Johann Christian Beyer das Wasser spendet.

❹ Gloriette Serpentinenwege führen hinter dem Neptunbrunnen hinauf zur klassizistischen Säulenhalle der Gloriette, die Hofarchitekt Hetzendorf von Hohenberg 1775 dort als krönenden Abschluss der Parkanlage aufstellen ließ. In den 1990er-Jahren wurde die Gloriette restauriert und der Mitteltrakt erhielt seine einstige Verglasung zurück. Das ehemalige Sommerspeisezimmer des Kaisers ist von einer prachtvollen Kuppeldecke gekrönt.

❺ Ehrenhof Zwei Brunnen zieren die dem Park abgewandte Hauptfront.

Im Herzen des Tiergartens lädt der Frühstücks-Pavillon von Kaiser Franz I. Stephan zu einer herzhaften Jause ein.

entstanden ebenso unter Maria Teresia wie der Obeliskbrunnen und die Römische Ruine unweit des namensgebenden Schönen Brunnen. Im westlichen Teil des Parks liegen der historische Irrgarten samt tollem Spielplatz, der Tiergarten Schönbrunn und der Botanische Garten. Das monumentale Palmenhaus (1882) ist auch für seine Orchideenzucht weltbekannt. Ganz in der Nähe entstand 1904 als letztes Bauunternehmen des Kaiserhofes das Sonnenuhrhaus, das heute als Wüstenhaus das tierische und pflanzliche Leben in der Wüste zeigt.

Vor der Ostfassade des Schlosses finden Sie den wunderschönen Kronprinzengarten. Die Blumenbeete im ältesten Gartenteil Schönbrunns wurden nach Stickereimustern angelegt, ein romantischer Laubengang, Pavillons und Zitrusbäume verfehlen ihre Wirkung nicht.

Tiergarten

Bereits 1570 existierte auf dem Schönbrunner Gelände ein Wildpark, der Bau der ersten Menagerie ist dem Gemahl Maria Theresias, Franz Stephan, zu verdanken. Zentrum und bis heute Kernstück der Anlage ist der Frühstückspavillon des Kaisers, um den 13 Gehege, die zum Teil noch erhalten sind, angeordnet wurden. Für enormes Aufsehen sorgte eine Giraffe, die das Tierpark-Publikum hier 1828 zum erstenmal zu Gesicht bekam: Hüte, Frisuren, Trinkgefäße, Gebäck – alles war plötzlich »à la Giraffe«. 1906 kam im Tiergarten zum erstenmal ein Elefant in einem Zoo zur Welt.

Großzügige Gehege und artgerechte Lebensräume prägen heute den modernen Tiergarten. In einem Waldgehege heulen die Wölfe, im Regenwaldhaus kreisen die Flughunde, im großen Orang-Utan-Gehege sieht man aus nächster Nähe die Menschenaffen auf Baumstämme klettern. Eine der jüngsten Attraktionen ist die 1700 m² große, »Franz Josef Land« genannte Eisbärenwelt, deren Bewohner durch dicke Scheiben auch beim Schwimmen unter Wasser beobachtet werden können. Und die so seltenen, dafür umso putzigeren Pandas beim Spielen oder auch beim Chillen zu beobachten, ist ganz einfach toll (Abb. S. 133).

KLEINE PAUSE

Das schönste Ambiente im Zoo bietet das **Café** im Zentrum der Gehege. Etwas rustikaler ist der **Tirolergarten** (S. 135), den Sie, vorbei am Gehege der Wölfe, auf der Anhöhe finden. Im Schlosspark können Sie sich im **Café in der Gloriette** (S. 155) stärken. Etwas abseits im Osten gelegen, verströmt **Landtmann's Jausen Station** im Kronprinzengarten den Charme der 1950er-Jahre – hierher verirren sich kaum Touristen und es gibt köstliche Kuchen!

Landtmann's Jausen Station: Mo–Fr 10 bis 20.30, Sa/So ab 9 Uhr

---

Schloss Schönbrunn
224 B/C4 ✉ Wien 13., Schönbrunner Schlossstraße
☎ 81 11 32 39 www.schoenbrunn.at
U4 Schönbrunn, Tram 10, 58, Bus 10A
Schloss: April–Juni, Sept./Okt. tägl. 8.30–17.30, Juli/Aug. 8.30–18.30, Nov.–März 8.30–17 Uhr
14,20/17,50 € je nach Führungsumfang

Kindermuseum
Jan.–Mitte März Sa/So 10–17, Mitte März–Anf. Nov. tägl. 10–17 Uhr
Kinder 7 €, Erw. 9,30 €

Irrgarten und Gloriette
Mitte März–Juni, Sept. tägl. 9–18, Juli und Aug. bis 19, Okt. bis 17 Uhr
Irrgarten: 5,50 €, Gloriette: 3,80 €

Kronprinzengarten
Mitte März–Juni, Sept./Okt. tägl. 9–17, Juli/Aug. bis 18 Uhr
3,80 €

Marionettentheater
Infos und Tickets unter ☎ 817 32 47 und www.marionettentheater.at

Schlosskonzerte in der Orangerie
nahezu tägl.
Infos und Tickets unter ☎ 812 50 04 und www.imagevienna.com

Tiergarten Schönbrunn
210 A2 ✉ Wien 13., Maxingstr. 13b
☎ 877 92 94
www.zoovienna.at
Jan., Nov., Dez. tägl. 9–16.30, Feb. bis 17, März und Okt. bis 17.30, April bis Sept. bis 18.30 Uhr
18,50 €

U4 Hietzing, Tram 10, 58, Bus 10A, 51A Hietzing, Kennedybrücke

9 ★★ Naschmarkt und Wienzeile

Warum?	Im »Bauch von Wien« unternimmt man eine »Wallfahrt der Sinne«
Was tun?	Delikatessen aus aller Herren Länder probieren
Wie lange?	1 Stunde
Was noch?	Nebenan in der Multikulti-Gastromeile essen gehen
Resümee	Eine kulinarische Weltreise

Der Fluss, der Wien seinen Namen gab, ist längst nicht mehr das idyllische Bächlein von einst, sondern ein dünnes Rinnsal. Und aus dem »Kaiserboulevard«, der über dem Wienfluss nach Schönbrunn führen sollte, ist nie etwas geworden. Dort, wo die Wien überdacht wurde, befindet sich heute jedoch ein hochinteressanter Stadtteil.

Die Wien hat ein schweres Schicksal hinter sich. Im Mittelalter gedieh an ihren Ufern noch Wein, aber dann ging es rapid bergab. Zuerst siedelten sich Färber an und verschmutzten das Wasser, später kamen Sägewerke und Mühlen und dann die Industrie. Um 1900 war der Wienfluss tot und stank. Aber weil ja das Sterben in Wien immer etwas mit Pomp zu tun hat, wurde auch der Fluss zu einer »prachtvollen Leich'«. Mit ihrer Inszenierung wurde der Jugendstil-Architekt Otto Wagner beauftragt. Er begradigte

Am Abend geht die kulinarische Weltreise in den Naschmarkt-Restaurants weiter …

den Wienfluss, tiefte seine Sohle ein und baute Ufermauern, von denen aus das Flussbett überwölbt werden sollte. Nie hat es ein Projekt gegeben, das dem Charakter einer Stadt besser entsprochen hätte als dieses: In den letzten Jahren der sterbenden Monarchie sollte über einem gestorbenen Fluss ein Prachtboulevard gebaut werden, der »Kaiserboulevard«.

Auch der Ausgang dieses Projektes ist typisch. Es begann noch üppig mit der Überwölbung des Flusses beim Stadtpark, dann kamen der völlig misslungene Karlsplatz und die Prachtbauten entlang der Wienzeile. Alles andere ging unter wie die Monarchie. Aus dem »Kaiserboulevard« wurde ein Torso, ein 500 m langer Tunnel vom Stadtpark bis zur heutigen U-Bahn-Station Kettenbrückengasse, die 1899 von Otto Wagner errichtet wurde.

Bemerkenswerte Gebäude

Rund 100 m weiter stadteinwärts sind in der Linken Wienzeile zwei weitere Schmuckstücke des Architekturpioniers zu bewundern, das Majolikahaus (Nr. 40) und daneben das mit Medaillons von Koloman Moser verzierte Eckhaus zur Köstlergasse (Nr. 38).

Auf dem Areal gegenüber geht es samstags auf dem riesigen Flohmarkt immer recht turbulent zu.

Der Naschmarkt

Ein Kosmos für sich ist der sich anschließende Naschmarkt. Er begann um 1775 als Milchmarkt und wurde später zum Obst- und Gemüsemarkt im Bereich des Karls-platzes. Nach der Überwölbung des Wienflusses übersiedelte er an seinen heutigen Platz. In seiner alten Form existiert er nur noch am stadtauswärts gelegenen Ende. Dort sind die »Standln« noch richtige Bretterbuden, Obst und Gemüse sind billig, und gefeilscht wird in allen Sprachen des ehemaligen Vielvölkerstaates.

Je weiter man Richtung Stadt kommt, desto nobler wird der Markt. In der Mitte haben Türken, Perser, Chinesen, Japaner und Griechen ein multikulturelles Kleinklima geschaffen. Sie verkaufen Obst, Gemüse, Fleisch und Käse, betreiben Imbisslokale und Restaurants, und alles ist in eine Kebab-Duftwolke eingehüllt.

An den üppigen Ständen des Naschmarkts nur vorbeizubummeln, ist schon appetitanregend.

Das obere, stadteinwärts gelegene Ende des Naschmarktes hat sich in jüngster Vergangenheit gemausert. Dort haben sich Luxusläden mit exquisiten, hochpreisigen Delikatessen etabliert . Daneben sind interessante, trendige Restaurants mit Schanigärten entstanden, in denen es von asiatischer Küche bis zu edlem Meeresgetier alles gibt.

Gegenüber dem Naschmarkt liegt das Theater an der Wien, eine der traditionsreichsten Bühnen der Stadt. Es wurde 1798 bis 1801 erbaut, aus dieser Zeit ist aber nur das Papageno-Tor in der Millöckergasse erhalten. In diesem Theater wurden berühmte Werke uraufgeführt, darunter 1805 Beethovens *Fidelio* und 1874 Johann Strauss' *Fledermaus*. 1945–55 war das Haus Ausweichquartier für die zerbombte Staatsoper. Nach jahrzehntelanger Karriere als Musicalbühne dient es heute als Opernhaus von Rang mit dem Schwerpunkt auf zeitgenössischen und barocken Werken.

Nach der Secession mündet die Wienzeile in den Karlsplatz. Spätestens seit der Überwölbung des Wienflusses ist dieser Platz ein verkehrstechnischer Problembereich. Die Fußgängerpassage Richtung Oper freilich präsentiert sich freundlich, hell und künstlerisch gestaltet.

Zum Gschupftn Ferdl: Windmühlgasse 20 Mo–Sa ab 18 Uhr

KLEINE PAUSE

Die verschiedensten Köstlichkeiten locken hier auf Schritt und Tritt. Bio-Snacks wie beim Heurigen, aber in postmodernem Ambiente, bekommen Sie beim **Gschupftn Ferdl** in der Windmühlgasse.

i

222 A/B 3/4
Naschmarkt: Verkaufsstände Mo–Fr 6–19.30, Sa 6–18 Uhr **Flohmarkt:** Sa 6.30–18 Uhr U4 Kettenbrückengasse, U1, U2, U4 Karlsplatz, Tram 62, 65; Bus 59A Karlsplatz

Theater an der Wien
Wien 6., Linke Wienzeile 6
Infos und Tickets unter ☎ 58885 und
www.theater-wien.at

⑩ ★★ Karlskirche

Warum?	Die Karlskirche ist zugleich Gotthaus, Kunstwerk und Museum
Was tun?	In Formen und Farben des Hochbarocks schwelgen
Wie lange?	1 Stunde
Was noch?	Per Lift das Kuppelfresko hautnah inspizieren
Resümee	Eine Kirche als barockes Gesamtkunstwerk

Das pompöse Gotteshaus war von Anfang an als starkes Symbol gedacht. Es ist ein unübersehbares Zeichen für den Universalanspruch von Kirche und Kaisertum: Das Kreuz auf der Laterne der Kuppel steht für die Allmacht Gottes, die Kronen und Adler auf den beiden Triumphsäulen für die Macht des Kaisers.

Genau genommen ist die Karlskirche eine Votivkirche. 1713, als die Pest in Wien fast 10 000 Menschenleben forderte, gelobte Kaiser Karl VI., dem Pestheiligen Karl Borromäus eine Kirche zu bauen. Den Auftrag für den Bau des Gotteshauses in dem damaligen Auwäldchen des noch nicht regulierten Wienflusses gewann gegen starke Konkurrenz 1714 Johann

Modernes im Teich vor der barocken Karlskirche: Henry Moores Bronzeskulptur »Hill Arches«

Einzigartige Möglichkeit für Kunstsinnige: In 32 m Höhe lässt sich das farbenprächtige Kuppelfresko genau studieren.

Bernhard Fischer von Erlach. Er und, nach seinem Tod 1723, sein Sohn Joseph Emanuel schufen mit dem Budget von 300 000 Gulden ein einzigartiges Kunstwerk, eine 80 m lange und 60 m breite Kirche, die von der Innenstadt her in der Verlängerung der Achse Herrengasse-Augustinerstraße weithin sichtbar war.

Prächtig von außen …

Dem zentralen, von der patinagrünen Kuppel dominierten Bau ist eine Halle in Form eines griechischen Tempels vorgelagert, dessen Giebelrelief Szenen der Pestepidemie zeigt. Auf dem Giebel steht der hl. Borromäus, umgeben von Allegorien der vier Tugenden Bußfertigkeit, Barmherzigkeit, Gebetseifer und Religion, alles Werke von Lorenzo Mattielli.

Flankiert wird der Bau von zwei reliefverzierten Triumphsäulen, die fast bis zur Kuppel reichen. Sie symbolisieren die Herkulessäulen des Weltreiches. Daran schließen sich seitlich zwei Glockentürme an, die entfernt an Pagoden erinnern. Die Freitreppe begrenzen zwei mächtige Engelsfiguren von Franz Caspar.

... und von innen

Im Inneren ist die »Hagia Sophia von Wien«, wie der größte Barockdom nördlich der Alpen bald genannt wurde, nicht minder beeindruckend. Der ovale Hauptraum wird von der 72 m hohen Kuppel überwölbt, und diese wirkt durch die perspektivisch gemalte Scheinarchitektur des Gaetano Fanti am unteren Kuppelrand noch mächtiger.

Das Kuppelfresko schuf der schon zu seiner Zeit berühmte Deckenmaler Johann Michael Rottmayr 1725–30. Es zeigt den hl. Borromäus, der die Heilige Dreifaltigkeit um Erlösung von der Pest anfleht. Schwindelfreiheit vorausgesetzt, sollte man mit dem Panoramalift hoch fahren, um es aus der Nähe zu begutachten. Rottmayrs zahlreiche kleinere Bilder im Chorbogen, in den Kapellen und über der Orgel vermitteln ebenso wie die überreichen Stukkaturen von Albert Camesina den Eindruck barocker Üppigkeit. Dazu trägt auch der von Johann Bernhard Fischer von Erlach konzipierte Hochaltar mit dem durch plastische Wolkenformationen zum Licht Gottes aufschwebenden Borromäus bei.

Im ersten Stock zeigt das Borromeo-Museum Interessantes zur Geschichte der Kirche und aus dem Leben des Heiligen.

Kunst im öffentlichen Raum

Den Teich vor der Kirche schmückt die Skulptur *Hill Arches* (1973), die der britische Bildhauer Henry Moore 1978 der Stadt schenkte. Noch mehr Kunst gibt es unter der Erde: In der Karlsplatzpassage zeigt eine Installation des kanadischen Künstlers Ken Lum in LED-Zahlen an, wie viele Schnitzel jeweils seit Jahresbeginn gegessen wurden. Das Werk ist Teil der permanenten Medieninstallation *Pi* in der Westpassage Karlsplatz.

KLEINE PAUSE

Im **Otto Wagner Pavillon**, einer zum Café umfunktionierten Stadtbahnstation am Karlsplatz, können Sie in schöner Jugendstilatmosphäre Snacks genießen.

Otto Wagner Pavillon: tägl. 9–4 Uhr

---

222 C4 Wien 4., Kreuzherrengasse 1
www.karlskirche.at
Mo–Sa 9–18, So 12–19 Uhr
8 € (inkl. Panoramalift)
U1, U2, U4 Karlsplatz, Tram 62, 65 Karlsplatz, Bus 4A, 59A Karlsplatz

❷ Secession

Warum?	Steingewordene Quintessenz des Wiener Jugendstils
Was?	Spannende Ausstellungen zur Gegenwartskunst
Wie lange?	30 bis 60 Minuten
Was noch?	Ganz in der Nähe der Otto-Wagner-Pavillon mit einer Ausstellung zum Werk des Jugendstil-Architekten
Resümee	Junge Kunst im jung gebliebenen Kunsttempel

»Goldener Krauthappel« (Kohlkopf) nennen die Wiener liebevoll den bedeutendsten Jugendstilbau der Stadt: die von einer goldenen, aus Lorbeerblättern geformten Kuppel dominierte Secession.

Die Gruppe junger rebellischer Künstler, die sich 1897 selbstständig machte und die später federführend für den Jugendstil in Wien werden sollte, benötigte ein eigenes Haus. Also beauftragten die Secessionisten, die »Abgespaltenen«, den Otto-Wagner-Schüler Joseph Maria Olbrich mit dem Bau eines Ausstellungsgebäudes.

Der neue Repräsentationsbau war von Anfang an umstritten und heiß diskutiert. Seine puristisch klaren Linien, der kubische Block des eigentlichen Gebäudes und die große Lorbeerkuppel stießen auf heftigen Unmut. »Das gehört sofort abgerissen!«, forderten viele Wiener lautstark, ungeachtet des Leitmotivs über dem Portal: »Der Zeit ihre Kunst, der Kunst ihre Freiheit«.

Ein Blätterdach für die Kunst

Olbrich gelang es mit diesem Kunsttempel aber, Wien um ein eigenwilliges, höchst interessantes Bauwerk zu bereichern, das auch heute noch progressiv und spannend wirkt. Das »Krauthappl« symbolisiert übrigens die Zusammengehörigkeit von Kunst und Natur – unter dem Blätterdach sollte die Kunst wachsen und sich entfalten können.

Das Löwengespann mit dem römischen Kaiser Marc Aurel seitlich der Secession verdankt seine Existenz weitaus weniger tiefgründigen Überlegungen. Die von Arthur Strasser für die Weltausstellung in Paris im Jahr 1900 geschaffene

Bronzegruppe wurde hier ursprünglich nur provisorisch aufgestellt. Sie steht immer noch da – Provisorien halten in Wien eben länger als anderswo.

Die Secession ist ihrer ursprünglichen Bestimmung als Ausstellungsraum für zeitgenössische Kunst treu geblieben. Sie bildet nach wie vor den Rahmen für zahlreiche viel beachtete Wechselausstellungen.

Nehmen Sie sich Zeit für den Beethoven-Fries von Gustav Klimt. Er entstand 1902 für eine Ausstellung, wurde später aber abgelöst und verkauft. 1985 kehrte er in die Secession zurück und ist jetzt in einem eigens für ihn ge-

schaffenen Raum im Souterrain zu sehen. Klimt stellt in diesem monumentalen, 34 m langen und 2,20 m hohen Kunstwerk Beethovens Neunte Symphonie als Weg durch Krankheit und Leid zur reinen Liebe dar.

Die 1898 gebaute Secession als Kulisse für den City-Marathon

KLEINE PAUSE

Gegenüber der Secession kann man sich im Weinfachgeschäft **Wein & Co.** (S. 157) mit einem Snack und einem exquisiten Glas Roten oder Weißen stärken.

---

222 B4 Wien 1., Friedrichstr. 12
587 53 07 www.secession.at
Di–So 10–18 Uhr, Führungen: Sa. 14 Uhr

9,50 €, mit Beethoven-Fries: 12,50 €
U1, U2, U4 Karlsplatz, Tram 1, 2, D, Bus 3A, 59A Oper, Karlsplatz

Nach Lust und Laune!

43 Wien Museum

Das Wien Museum (ehemals Historisches Museum der Stadt Wien) am Karlsplatz, leicht erkennbar an seinem Stahlskelettbau aus den späten 1950er-Jahren, hat viel zu bieten. Umfangreiche Sammlungen dokumentieren die Geschichte der Stadt von den Kelten an. Am interessantesten sind die originalen Glasfenster und Sandsteinfiguren vom Stephansdom, die Objekte von den beiden Türkenbelagerungen sowie Exponate aus Barock, Biedermeier und Jugendstil.

Wienmuseum
222 C4 ✉ Wien 4., Karlsplatz
☎ 505 87 47 🌐 www.wienmuseum.at
Di–So 10–18 Uhr 10 €
U1, U2, U4 Karlsplatz, Tram 62, 65, Bus 4A, 59A Karlsplatz

44 Hochstrahlbrunnen

Als der neue Hochstrahlbrunnen am 24. Oktober 1873 in Anwesenheit des Kaisers und sämtlicher Honoratioren der Stadt aus Anlass der Vollendung der Ersten Hochquellenleitung in Betrieb gehen sollte, bescherte er seinen Erbauern eine Blamage ersten Ranges, er versagte seinen Dienst. Nach bangen Minuten des Wartens endlich schoss die hohe Wassersäule doch noch in den Himmel – und seither funktioniert der Hochstrahlbrunnen. Im Sommer wird er sogar farbig beleuchtet. Hinter dem Brunnen befindet sich das halbkreisförmige »Heldendenkmal«, das an die Befreiung Wiens durch die Rote Armee erinnern soll (S. 193).

Hochstrahlbrunnen
222 C4 ✉ Wien 3., Schwarzenbergplatz U1, U2, U4 Karlsplatz, Tram D Gußhausstraße

45 Palais Schwarzenberg

Das Palais Schwarzenberg, das jetzt mitten in der Stadt liegt, wurde ursprünglich als Gartenpalais errichtet, mit schönem Blick auf die basteiumgürtete Innenstadt. Mit seinem Bau beauftragte Fürst Mansfeld-Fondi 1697 Johann Lukas von Hildebrandt. 1716 übernahm Fürst Adam Franz von Schwarzenberg die Baustelle und übergab sie Johann Bernhard Fischer von Erlach. Nach dessen Tod 1723 vollendete sein Sohn Joseph Emanuel den Bau. Das auch heute noch im Besitz der Familie Schwarzenberg befindliche Palais wirkt durch seine hübsch gegliederte Fassade zur Stadt hin besonders interessant.

Palais Schwarzenberg
222 C3 ✉ Wien 3., Schwarzenbergplatz 9 U1, U2, U4 Karlsplatz, Tram D Gußhausstraße

46 Künstlerhaus

Das Künstlerhaus wurde 1865–68 im Stil der italienischen Renaissance als Ausstellungs- und Versammlungsgebäude der »Genossenschaft der bildenden Künstler Wiens« errichtet. Die acht Marmorstatuen an seiner Frontfassade zeigen Dürer, Michelangelo, Raffael, Rubens, Leonardo da Vinci, Velázquez, Bramante und Tizian.

Künstlerhaus
✈ 222 C4 ✉ Wien 1., Karlsplatz 5
☎ 587 96 63 🌐 www.k-haus.at
🚇 U1, U2, U4 Karlsplatz, Tram 62, 65, Bus 4A, 59A Karlsplatz
wg. Generalsanierung bis Frühjahr 2019 geschl.

Ausweichquartier
✈ 221 F1 ✉ Wien 5., Stolberggasse 26 ● Di/Mi 14–18, Do/Fr 14–21, Sa 11–18 Uhr
🎟 5 €, Fr ab 18 Uhr frei
🚇 U4 Pilgramgasse, Tram 1, 62 Laurenzgasse, Bus 12A Zentaplatz, 59A Bacherplatz

47 Musikverein

Nach Plänen von Theophil Hansen entstand 1867–69 das Gebäude des 1814 gegründeten Musikvereins. Hausherren sind die Wiener Philharmoniker. Außer ihnen waren in dem Haus mit der nahezu unglaublichen Akustik schon so gut wie alle internationalen Musikgrößen zu hören. Der Musikverein wurde 2004 um vier neue Säle erweitert. Neben dem weltberühmten Goldenen Saal, von dem aus jedes Jahr das Neujahrskonzert in alle Welt übertragen wird, stehen nun auch der Gläserne, der Metallene (für junges Publikum), der Hölzerne und der Steinerne Saal zur Verfügung.

Der Walzerkönig ganz in Gold

Musikverein
✈ 222 C4 ✉ Wien 1., Musikvereinsplatz 1 ☎ 505 13 63 🌐 www.musikverein.at ● Tageskasse Mo–Fr 9–20, Sa bis 13 Uhr 🚇 U1, U2, U4 Karlsplatz, Tram 62, 65, Bus, 4A, 59A Karlsplatz

48 Stadtpark

An Stelle des alten Wasserglacis liegt jetzt der liebevoll gepflegte Stadtpark. Er wurde 1862 nach Plänen von Josef Selleny und Rudolf Siebeck im englischen Landschaftsstil angelegt. Von hier aus präsentiert sich das Bett des Wienflusses besonders interessant. Der 2 km unterirdisch fließende Fluss tritt durch ein Jugendstilportal wieder zu Tage, flankiert von Pavillons, Mauern und Stiegen. Zahlreiche Denkmäler erinnern an Berühmtheiten wie Schubert und Lehar. Ziel Tausender Besucher und wahrscheinlich die meistfotografierte Sehenswürdigkeit Wiens ist das in Marmor und Gold gehaltene Monument für Johann Strauss Sohn.

Stadtpark
✈ 223 D5 🚇 U4 Stadtpark

Wohin zum ...
Essen und Trinken?

Preise
für ein Essen ohne Getränke:

€	unter 15 Euro
€€	15–26 Euro
€€€	über 26 Euro

RESTAURANTS

Café Amacord €€

Diese Mischung aus Café, Gasthaus und mediterraner Bar dient Händlern und deren Kunden vom nahen Naschmarkt, aber auch Künstlern, Studenten, kurz: einem anregend bunten Publikum, als Treffpunkt. Sie genießen unter den Gewölben des Souterrainlokals bis tief in die Nacht die behagliche Atmosphäre sowie die ausgezeichneten Drinks und Speisen.

222 B4 Wien 4., Rechte Wienzeile 15
587 47 09 www.amacord-cafe.at
Mo–Fr 17–1, Sa/So ab 10 Uhr
U4 Kettenbrückengasse,
Bus 59A Kettenbrückengasse

Gmoakeller €€

Er hat den Hunger von Generationen von Kunstfreunden nach Vorstellungsende im nahen Konzerthaus und Akademietheater gestillt und gehört zu den ältesten Wirtshäusern der Stadt. Chef Sebastian Laskowsky hält im Gmoakeller alte Küchentraditionen hoch: Kredenzt wird Althergebrachtes mit stark steirischem Einschlag. Das Ambiente in den Gewölberäumen ist von gehobenem ruralen Charme.

223 D4 Wien 3., Am Heumarkt 25
712 53 10 www.gmoakeller.at
Mo–Sa 11–24 Uhr
U4 Stadtpark, Tram D, 71

Haas Beisl €

Ein Wiener Gasthaus wie aus dem Bilderbuch: urgemütliches Ambiente, gepflegte Wein- und Bierkultur sowie gehobene Alt-Wiener Küche mit klassischen Schmankerln, vom Rindsgulasch und Zwiebelrostbraten bis zum Blunz'nradl (Blutwurst) mit Krautsalat. Wer Kalorien zählt, ist hier freilich falsch am Ort – insbesondere bei den köstlichen Innereien und hausgemachten Mehlspeisen.

221 F2 Wien 5., Margaretenstr. 74
587 25 52 www.haasbeisl.at
Mo–Fr 11–23, Sa bis 22, So bis 21 Uhr
U4 Pilgramgasse

Plachutta Hietzing €€

Das mit großem Abstand beste Restaurant im Nobelbezirk Hietzing gehört der Familie Plachutta und wurde ebenso wie das Lokal in der Wollzeile 38 im 1. Bezirk zum Synonym für erstklassige Rindfleischspezialitäten. Vom Schulterscherzel über den Tafelspitz wird alles in Rindsuppe serviert, dazu gibt es die köstlichsten Beilagen.

22 westl. A4 Wien 13., Auhofstr. 1
877 70 87 www.plachutta-hietzing.at
Mo–Fr 11.30–15/18–23.30, Sa/So 11.30–23.30 Uhr U4 Hietzing, Tram 58, 60 Dommayergasse

Silberwirt €

Dieses Restaurant ist ein Prototyp des gehobenen Wiener Beisls, die Speisekarte bietet Traditionelles wie Schulterscherzel, Wiener Schnitzel und Backhuhn, aber auch italienische Teigwaren. Mittags gibt es ein preisgünstiges zweigängiges Menü. Zusammen mit den umliegenden Lokalen bildet der Silberwirt das »Schlossquadrat«, das sich um erstklassige Küche, gepflegte Weine (Glaskultur) und ansprechendes Ambiente bemüht.

221 F2 Wien 5., Schlossgasse 21
544 49 072 www.silberwirt.at
tägl. 12–24 Uhr
U4 Pilgramgasse, Bus 12A, 13A, 59A Margaretenplatz

Waldviertlerhof €
Ein typisches Landgasthaus – mitten in der Stadt! Mit vielen herzhaften Spezialitäten aus dem nördlichen Niederösterreich, sehr freundlichem und flottem Personal, gemütlich-rustikalem Ambiente und einem großen Innenhof-Garten unter Kastanienbäumen; Mo–Fr preisgünstige Mittagsmenüs (8,20 €).
221 F2 · Wien 5., Schönbrunner Str. 20
586 35 12 · www.waldviertlerhof.at
Mo–Sa 10–24 Uhr, Aug. geschl.
U4 Kettenbrückengasse, Bus 59A Kettenbrückengasse

NASCHMARKT

Der Naschmarkt wird zunehmend als Ort beliebt, an dem man auch hervorragend essen kann – und das ganz unkompliziert und schnell. Im ältesten Gasthaus am Naschmarkt, der Eisernen Zeit, wird klassische altwiener Hausmannskost serviert (Stand 313–316). Am oberen Ende des Naschmarkts und an der Seite zur Linken Wienzeile hin sind einige interessante Restaurants entstanden, in denen sich kulinarische Weltreisen unternehmen lassen.
Calamari und Strandhaus (Stand 1–5, Mo–Fr 9.30–18.30, Sa bis 16.30 Uhr) sind zwei Restaurants der Nordsee-Kette, die hier ganz exzellenten frischen Fisch und Krustentiere anbieten.
Im Umar Fisch (Stand 76–79, Mo–Sa 11 bis 23 Uhr) kann man sich fast wie in einem Strandrestaurant am Mittelmeer fühlen. Und im Indian Pavillon duftet es nach Curry und Koriander (Stand 74–75, Mo–Fr 11–18.30, Sa bis 17 Uhr).
Asiatische Köstlichkeiten auf hohem Niveau findet man bei Asia Time (Stand 261–267, Mo-Sa 11–23 Uhr). Orientalisch-mediterrane Bio-Küche erlebt der Gast bei Tewa (Stand 672, Mo-Sa 7–24 Uhr).
Die beiden cool gestylten TokoRi-Restaurants sind ein kleines Stück Japan in Wien, mit herrlichen Sushis, Teriyaki und Sashimis (Stand 263–264 gleich gegenüber dem Theater an der Wien, Mo–Sa 11 bis 23 Uhr, Stand 177–178, Mo–Sa 9–19 Uhr).
Das Naschmarkt Deli (Stand 421–436, Mo–Sa 7–24 Uhr) bietet kleine Gemüsegerichte und knackige Salate. Sehr beliebt sind die Frühstücksspezialitäten und der Kaffee aus einer kleinen italienischen Rösterei. Donnerstags ist Jazz zu hören, gelegentlich sorgen auch DJs für coolen Sound.

KAFFEEHÄUSER

Drechsler
Dieses Café am Naschmark war für Generationen von Nachteulen ob seiner unorthodoxen Öffnungszeiten legendär. Nach seiner Neuübernahme und der Umgestaltung durch Designpapst Sir Terence Conran hat es erneut das Zeug zum Klassiker. Kredenzt werden typische Kaffeehausküche, Wiener Schmankerl und Saisonales.

222 A4 · Wien 6., Linke Wienzeile 22
581 20 44 · www.cafedrechsler.at
So–Do 8–24, Fr/Sa 8–2 Uhr
U1, U2, U4 Karlsplatz

Gloriette
Die Aussicht von diesem Café in der Gloriette oberhalb von Schloss Schönbrunn ist wirklich ein Traum: Der Park und das Schloss liegen zum Greifen nah, und dahinter erstreckt sich das Häusermeer der Stadt. Samstags und sonntags kann man hier ab 9 Uhr früh bei klassischer Musik kaiserlich frühstücken. Und das nicht nur der Aussicht und Musik wegen: Kaiser Franz Joseph I. ließ sich in der Gloriette das Frühstück und andere Mahlzeiten servieren.
224 B2 · Wien 13., Schlosspark Schönbrunn, Gloriette · 879 13 11
www.gloriette-cafe.at
tägl. 9 bis Einbruch der Dunkelheit
U4 Schönbrunn, Tram 10, 58, Bus 10A Schloss Schönbrunn

Museum
Das Café Museum entstand 1899 nach Plänen von Adolf Loos. Ganz im Stil des strengen Puristen wurde die Einrichtung schlicht und frei von dekorativen Elementen gehalten. Das trug ihm schon bald nach der Eröffnung den Namen »Café Nihilismus« ein. 1931 wurde die Inneneinrichtung geändert und dieser Stil auch bei der Renovierung 2010 beibehalten. Das Café zählt heute wie einst zu den zentralen und beliebten Treffpunkten in Wien.
222 B4 Wien 1., Operngasse 7
586 52 02 www.cafemuseum.at
tägl. 8–24 Uhr U1, U2, U4 Karlsplatz, Tram 62, 65 Bus 4A, 59A Karlsplatz

Oberlaa Dommayer
Das elegante Kaffeehaus hat eine lange und klingende Geschichte hinter sich. Gegründet 1787, wurde es ab 1833 als Kasino Dommayer zum Zentrum des biedermeierlichen Gesellschaftslebens. Johann Strauss Vater und Lanner haben hier aufgespielt, und die »Millefleurs-Bälle« und »Rosenfeste« waren legendär. Heute ist das Dommayer ebenso nobel wie der Bezirk Hietzing, in dessen Zentrum es sich befindet. Von erster Qualität sind auch die Torten und sonstigen Speisen, die hier serviert werden.
224 westl. A4 Wien 13., Dommayergasse 1 877 54 65 www.oberlaa-wien.at
tägl. 7.30–20.30 Uhr U4 Hietzing, Tram 58, 60 Dommayergasse

Sperl
Dieses berühmte Kaffeehaus hat dank behutsamer Renovierungen seinen schönen, alten Charakter erhalten. In dem großzügigen Café gingen um 1900 Künstler ebenso wie hohe Militärs ein und aus. Jetzt ist es ein beliebter Treffpunkt für Künstler, Intellektuelle und – Romantiker. Hier wird eine der besten Melangen von Wien serviert, die man im Sommer auch im Garten genießen kann. Dazu gibt es hausgemachte Mehlspeisen.
222 A4 Wien 6., Gumpendorfer Str. 11
586 41 58 www.cafesperl.at
Mo–Sa 7–22, So 11–20 Uhr (Juli/Aug. So geschl.) U2 MuseumsQuartier, Bus 57A Köstlergasse

Wohin zum ... Einkaufen?

Das Wiental zwischen Secession und Kettenbrückengasse eignet sich bestens zum Einkaufen. Der Flohmarkt und der Naschmarkt bieten jede Menge Gelegenheit, etwas Interessantes zu ergattern.

Auf dem **Flohmarkt** (S. 145) ist jeden Samstag Hochbetrieb (6.30–18 Uhr). Die Verkäufer, darunter zahlreiche professionelle Händler, kommen schon in den frühen Morgenstunden und packen ihre Schätze aus. Bis zum frühen Abend kann man dann nach Herzenslust stöbern. Die Palette reicht von alten Gläsern über Porzellan, Bücher, Schallplatten, Möbel bis hin zu echten (oder fast echten) Jugendstillampen. Mit etwas Glück gelingt es hier immer, ein besonders liebenswertes Stück zu ergattern.
Der **Naschmarkt** (S. 144) ist schlicht und einfach das Paradies für Genussmenschen. Hier kann man seinen Bedarf an Obst und Gemüse der Saison decken. Außergewöhnlich groß ist auch das Angebot an exotischen Früchten aus aller Welt.
Ein Highlight ist seit vielen Jahren **Strmiska** mit dem besten Sauerkraut und den köstlichsten Salzgurken der Stadt (Stand 248), und **Der Urbanek** ist schon lange ein Fixpunkt. In und vor dem winzigen Feinkostgeschäft, in dem es herrlichen Schinken, Käse und Wein gibt, drängt sich zeitweise alles, was in Wien »in« ist (Stand 46). Saures in höchster Qualität bietet **Gegenbauer** an. Bei diesem Essigspezialisten kann man Raritäten wie Johannisbeeressig, im Eichenfass gereiften Quittenbalsam oder »Edelsauren« bekommen, einen Trinkessig (Stand 111–114).

Wer ein Faible für afrikanisches Design hegt, sollte unbedingt zu Habari (Theobaldgasse 16) pilgern. Ob Schals aus Äthiopien, Masken aus Angola oder Sitzhocker aus Ghana, ob Vasen aus Kapstadt oder Körbe aus Swaziland: Mit seiner hochwertigen Manufakturware von mehr als 100 Künstlern und Handwerkerns aus rund drei Dutzend Ländern ist dieser Laden (mit angeschlossener Galerie) der europaweit bestsortierte seiner Art.

Wohin zum ... Ausgehen?

Rund um Naschmarkt und Wienzeile lässt sich in Lokalen mit gediegener Atmosphäre herrlich Wein trinken.

BARS

Aux Gazelles (Rahlgasse 5, Tel. 585 66 45) ist eines der schönsten und interessantesten Lokale der Stadt. Auf rund 2000 m² bietet es in exklusivem Rahmen mit nordafrikanischem Touch die unterschiedlichsten Annehmlichkeiten: Es gibt ein Café-Restaurant (Mo–Fr 11–24 Uhr) mit Frühstücksvariationen, Mittagsmenüs, mediterranen und orientalischen Spezialitäten (auch zum Mitnehmen). Abends serviert man à la carte französische und maghrebinische Spezialitäten. Aufregend schön ist die orientalisch angehauchte Club Bar (Di–Sa 18–4 Uhr), in der das wechselnde Musikprogramm von Soul bis orientalischem Beat reicht. Der absolute Hit des Aux Gazelles ist das große Hammam (Di–Fr 14–22, Sa 11–22 Uhr, im Aug. geschl.) mit drei Temperaturzonen und dem wunderschönen Salon de Thé daneben, in dem man sich nach der Badeprozedur entspannen kann. Stadteinwärts in Luigi's Café Bar im Novomatic Forum kann man sich einen Kaffee oder Drink genehmigen oder toskanische Spezialitäten verkosten (Friedrichstraße 7, Mo-Sa 8-16, Sa 10-17 Uhr; günstiges Mittagsmenü für 7,40 €).
Die Bar Wein & Co (Linke Wienzeile 4, Tel. 507 06 31 02, Mo–Mi 10–24, Do–Sa bis 1, So 11–24 Uhr) ist ein wichtiges Ziel für Weinliebhaber. Die Auswahl an österreichischen und internationalen Weinen ist riesengroß, dazu gibt es frisch zubereitete Snacks. Highlight ist die Champagnerlounge mit Wiens größter Auswahl an Sorten des prickelnden Edelgetränks.
Die Silverbar (Wiedner Hauptstr. 12, Tel. 58 91 81 36, Mo 18–2, Di bis Sa 19–3, So 16–24 Uhr) im Hotel Das Triest ist schon allein wegen ihres noblen und ausgefallenen Designs sehenswert, für das kein geringerer als Sir Terence Conran verantwortlich zeichnet. Die Bar bietet eine interessante Auswahl an Cocktails, dazu gibt es Jazz und Soul.
Etwas ganz Besonderes ist das Schikaneder im Schikaneder-Kino (Margaretenstr. 24, Tel. 585 58 88, tägl. 18–4, bzw. ab eine halbe Stunde vor Beginn des Films). In dem modernen Lokal sorgt eine besonders lange Bar und eine ebenso lange Sitzreihe gegenüber für Atmosphäre mit Pfiff. Es gibt Drinks und interessante Cocktails.

MUSIK

In diesem Teil der Stadt liegen die beiden Institutionen, die neben der Staatsoper Wiens Ruf als Welthauptstadt der Musik begründen und in denen der auf der ganzen Welt berühmte »Wiener Klangstil« entstanden ist.

Im Konzerthaus (Lothringerstr. 20, Info-Tel. 24 20 01 00, Tageskasse Mo–Fr 9–19.45, Sa bis 13 Uhr, sowie ab 45 Min. vor Veranstaltungsbeginn), in dessen Westtrakt übrigens die Hochschule für Musik und darstellende Künste untergebracht ist, sind die opulenten Klänge der Wiener Symphoniker zu hören und im Musikverein (S. 153) jene der Philharmoniker.
Der Kursalon Wien bildet den imperialen Rahmen für Musik aus Wien, der besonders von ausländischen Besuchern geschätzt wird. Am Abend erklingen im Restaurant Johann (Johannesgasse 33, Tel. 512 57 90, tägl. 17–21 Uhr) Operetten- und Walzerklänge, und abends spielt das Salon-Orchester Alt-Wien täglich Strauss-Melodien (20.15 Uhr). Manchmal wird vorher ein Galadiner serviert. Im Juni, Juli und August kredenzt man an Wochenenden den Gästen zudem ein ausgiebiges Frühstück (10–14 Uhr).

Strandurlaub mitten in Wien: Im Herrmannpark am Ufer des Donaukanals scheint der Großstadttrubel weit entfernt zu sein.

Belvedere, Prater und Donau

Schon Johann Strauss hat es erkannt: An der schönen blauen Donau werden alle Lebensgeister geweckt.

Seite 158–185

Erste Orientierung

Dieser Bereich der Stadt ist mit dem Schloss Belvedere und den Bauten Friedensreich Hundertwassers auf höchst unterschiedliche Art von aufregender Architektur geprägt. Der Prater und der Donaustrand sind die großen Erholungsgebiete der Stadt.

Das Belvedere, das Schloss des Prinzen Eugen, gilt mit seinem prachtvollen Park als grandioses barockes Gesamtkunstwerk. Und Friedensreich Hundertwasser hat mit seiner bunten, abenteuerlichen Architektur Bauwerke geschaffen, die weit jenseits der üblichen Norm liegen. Der Prater lädt mit seinen riesigen Wald- und Wiesenflächen geradezu dazu ein, spazieren zu gehen, einfach in der Sonne zu sitzen oder auch Sport zu treiben. Ein Teil der »Grünen Lunge Wiens«, der Wurstelprater, ist aber dem reinen Spaß vorbehalten: Autodrom, Geisterbahn und Spiegelkabinett garantieren dort eine echte »Hetz«.

Dass Wien am Strand liegt, zeigt sich an der Donau. Das Gänsehäufel, die Alte Donau und die Donauinsel sind die Stadtgebiete, in denen die Wiener Sport treiben und Badefreuden genießen können wie sonst nur an der Adria. Und an der Copa Cagrana herrscht den ganzen Sommer Urlaubsstimmung bei wunderbar duftendem Multikulti-Essen und Musik aus fernen Ländern.

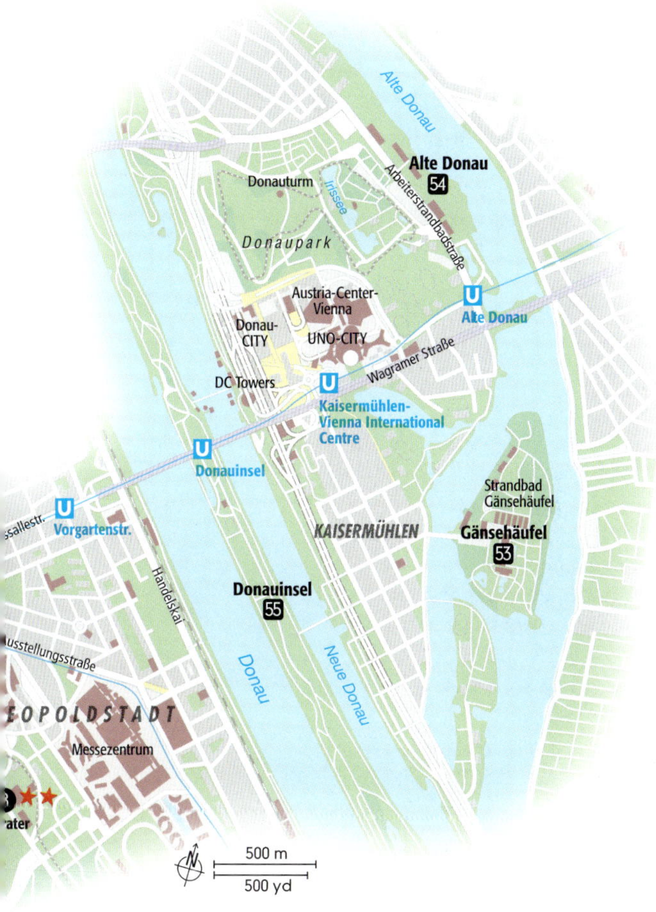

TOP 10

4 ★★ Belvedere

8 ★★ Prater

Nicht verpassen!

49 Riesenrad

50 Kunst Haus Wien

Nach Lust und Laune!

51 Hundertwasser-Haus

52 Heeresgeschichtliches Museum

53 Gänsehäufel

54 Alte Donau

55 Donauinsel

Mein Tag an der Donau

Der Himmel ist herrlich blau, die Luft wohlig warm und Ihnen steht der Sinn nach einem Ausgleich zum Sightseeing in der Stadt. Einfach Chillen ist angesagt, am besten mit Strandfeeling. Willkommen an Alter und Neuer Donau, Wiens »Binnenadria«.

10 Uhr, Erstmal die Flusslandschaft von oben betrachten

Zum Start sich einen Überblick verschaffen, ist nie schlecht. Heute bietet sich dafür der Donauturm an. Ein paar Minuten mit der U1 aus der City, von der Station Kaisermühlen ein kurzer Fußmarsch durch den Donaupark, und per Lift hinaufgesaust zur Aussichtsplattform. Sie werden sehen: Der Blick aus 150 Metern Höhe über die Flusslandschaft und das ganze Wiener Becken bis zu den Ostalpen und Karpaten ist eine Wucht. Ein Kaffee vielleicht noch im

16.30 Uhr, »Herrrreinspaziert!« – auf in den Prater

Drehcafé eine Etage höher. Dann aber heißt es, zurück auf die ebene Erde und: »Action!«

11 Uhr, Kleine Runde mit dem Rad

Eine Aufwärmrunde tut immer gut. Wie wär's, solange noch ein Rest von Morgenkühle herrscht, mit einem Fahrrad eine kleine Spritztour zu unternehmen, um die 54 Alte Donau zu erkunden? 8 km ist dieser Altarm des Hauptstromes lang, und rundum gesäumt von idyllischen Gärten mit Wochenendvillen und weitgehend autofreien Wegen. Für Wasseraffine bietet sich eine kleine Bootspartie auf dem stillen Gewässer an. Die Marina Hofbauer, gleich neben der U-Bahn-Station

150 m geht's hinauf zur Aussichtsplattform des Donauturms, und es eröffnet sich ein herrlich weiter Blick über Donau- und UNO-City hinaus.

Alte Donau, hält Ruder-, Elektro- und Tretboote bereit.

12.30 Uhr, Mittagssnack

So viel Aktivität verlangt nach Energiezufuhr. In diesem wohltuend unzeitgemäßen Freizeitparadies laden, vom gemütlichen Strandbeisl bis zum gehobenen Fisch-Restaurant, an die zwei Dutzend gastronomische Betrieb zur Einkehr. Sehr schön ist der Gastgarten des Donau City Treffs .

13.30 Uhr, Sonnenbaden am Donaustrand

Jetzt aber steht die Sonne am Zenit – Zeit, sich träge, vielleicht mit einem Buch in der Hand, ihren Strahlen hinzugeben. Bei der Revierwahl steht freilich eine Grundsatzentscheidung an: Bleiben Sie an der idyllischen Alten Donau? Dann schlagen Sie ihren Mietliegestuhl doch im 53 Gänsehäufel auf, einem so geschichtsträchtigen wie stimmungsvollen Badeareal in Insellage mit historischen »Kabanen« und schattigen Liegewiesen. Oder Sie nehmen den kurzen Weg zur ungleich jüngeren 55 Donauinsel auf sich. Der in den 1970ern im Zuge der Flussregulierung entstandene Landstreifen wartet mit 20 km langen Stränden auf. und bietet viele Gelegenheiten, allen nur erdenklichen Sportarten zu frönen – neben Standards wie Schwimmen, Radeln

Wie wär's mit einer kleinen Paddelrunde? Oder lieber ein wenig relaxen, bevor es weitergeht?

und Joggen etwa Inlineskating, Skateboarding, Trampolinspringen, Wasserski, Basket-, Fuß- und Beachvolleyball.

15.30 Uhr, Führung in der UNO-City

Genug vom Seele baumeln lassen? Falls nein, hängen sie getrost noch ein Stündchen Faulenzen an. Falls aber doch, oder wenn sich der Himmel bedeckt zeigt, sollten Sie eine Führung durch das nahe Vienna International Centre alias UNO-City mitmachen. Hier zeigt sich Wien von seiner besonders kosmopolitischen Seite und man erfährt Hochinteressantes über Wesen und Wirken der Vereinten Nationen.

16.30 Uhr, »Herrrreinspaziert!« – auf in den Prater

Geht die Sonne schließlich in Schräglage über, ist's die beste Zeit für einen Klassiker: die Fahrt mit dem 49 Riesenrad. Von einem seiner knallroten, gemächlich vor sich hin rotierenden Holzwaggons aus genießen Sie die Aussicht auf den 8 ★★ Prater und die angrenzenden Bezirke. Wieder festen Boden unter den Füßen, stürzen Sie sich

Wurstelparter-Vergnügungen: eine gemächliche Fahrt mit dem Riesenrad, dem berühmten Wahrzeichen Wiens. Oder sich kopfüber mit der »Tornado«-Schaukel in 25 m Höhe herumwirbeln lassen – das ist allerdings nichts für schwache Nerven ...

Sandstrand und Liegestühle, Mittelmeerflair und Cocktails: Lassen Sie Ihren Tag an der Donau ganz genüsslich in der »Strandbar Herrmann« am Ufer des Donaukanals ausklingen.

in das vergnügliche Gewühl des Wurstelpraters – und Sie fühlen sich für ein Stündchen in Ihre Kindheit zurückversetzt.

Zu einem waschechten Prater-Besuch gehört aber auch eine Fahrt mit der Liliputbahn (S. 173) oder ein Spaziergang über die Hauptallee und ein Besuch im Schweizerhaus (S. 182). In seinem schattigen Gastgarten ein kühles Bier und – Ernährungsapostel bitte mal weghören – ein Wiener Schnitzel oder eine knusprige Stelze (Schweinshaxe) genießen ... einfach wunderbar!

20 Uhr, Chillen am City-Strand

Sie denken, Ihr Tagesprogramm sei hiermit zu Ende? So kann man irren: Sobald es warm wird, also ab etwa Mitte Mai, mutiert das Ufer des Donaukanals, rund um Schwedenplatz und Urania, Abend für Abend zur szenigen Chill-Zone.

Also, schnappen Sie sich an einem der hier eigens aufgeschütteten Sandstrände einen Liegestuhl und schmecken Sie bei einem feinen Drink und smoother Musik das Ferienfeeling pur, das Wien hier verströmt.

Fahrradverleih
Copa Cagrana
✉ Wien 22., Am Damm 1
☎ 01 2635242 und 0664 3458585
🌐 www.fahrradverleih.at
◑ Sommer tägl. 9–21 Uhr
Ausleihgebühr:
Std. ab 5€/Tag ab 25 €

Marina Hofbauer
✉ Wien 22., Wagramer Str. 49
☎ 01 204 20 20 85
🌐 www.marina-hofbauer.at
◑ April–Sept. tägl. 9–20, Juni–Aug. bis 24 Uhr
Ausleihgebühr: Ruderboot Std. 14 €, Elektroboot Std. 18,50 € Std.

UNO-City
🌐 www.unvienna.org
◑ Führung: Mo–Fr 11, 14, 15.30 Uhr

Donau City Treff
✉ Wien 22., Arbeiterstrandbadstraße 128 ☎ 01 2632738
🌐 www.dctreff.at
◑ tägl. 7.30–23.30 Uhr

❹ ★★ Belvedere

Warum?	Gibt es ein prächtigeres Barockschloss? Kaum vorstellbar.
Was?	Weltberühmte Kunst in zwei prunkvollen Palästen
Wie lange?	3–4 Stunden
Was noch?	Parkspaziergang mit Canaletto-Blick auf die Innenstadt
Resümee	Barocke Baukunst in Vollendung

Opulente Pracht, herrliche Gärten und einen unvergleichlich schönen Blick über Wien bietet die auf einer Anhöhe gelegene Schlossanlage des Belvedere.

Formvollendeter Barock: das Obere Belvedere

Prinz Eugen von Savoyen (1663–1736), kleinwüchsig und wenig umgänglich, entsprach kaum dem Bild eines strahlenden Helden. Und doch wurde er zum bedeutendsten Feldherrn seiner Zeit. Seinem strategischen Geschick verdankt Österreich, dass die Türken besiegt und wichtige Siege im Spanischen Erbfolgekrieg errungen wurden, die dem Haus Habsburg diese Siege den Aufstieg zur Großmacht ebneten. Wie hoch Prinz Eugen belohnt wurde, lässt sich angesichts des Belvedere erahnen: Der Prinz sparte an nichts, als er 1714–23 sein aus zwei Schlössern bestehendes Sommerpalais errichten ließ – doch gewohnt hat er hier nie.

Oberes Belvedere

Das Obere Belvedere war nur für Repräsentationszwecke geplant. Entsprechend ist es auch ausgestattet. Schon allein die Fassade vermittelt ein Gefühl barocker Üppigkeit. Dieser

Eindruck verstärkt sich im Inneren angesichts von Santino Bussis weißem Stuck in der Sala terrena und Carlo Carlones Fresken im Gartensaal und dem Marmorsaal.

Ab 1894 war das Belvedere das Domizil des Thronfolgers Franz Ferdinand. Nach seiner Ermordung 1914 in Sarajevo stand das Schloss leer. 1955 erlangte es historische Bedeutung: Im Marmorsaal unterzeichneten die Außenminister der alliierten Staaten den Österreichischen Staatsvertrag. Kanzler Leopold Figl sprach vom Balkon aus die legendären Worte: »Österreich ist frei!« Im Oberen Belvedere ist heute eine Galerie des 19. und 20. Jhs. untergebracht, die bedeutende österreichische Kunstwerke zeigt. Zu den Highlights zählen Gemälde von Klimt, Schiele und Kokoschka sowie Spitzenwerke internationaler Kunst. Im Ostflügel ist die Sammlung Barock untergebracht. Vom Oberen Belvedere aus erreicht man über den Alpengarten den weitläufigen Botanischen Garten. Weiter bergauf liegt das 21er Haus, das zeitgenössische Kunst aus den Sammlungen des Belvedere ausstellt.

Unteres Belvedere

Durch den weitläufigen Park mit Blick über Wien gelangt man zum Unteren Belvedere. Auch hier bildet ein freskenverzierter Marmorsaal das Zentrum, nicht minder prunkvoll sind das Goldkabinett und die Marmorgalerie. Hier und in der Orangerie werden Sonderausstellungen gezeigt.

KLEINE PAUSE

Genießen Sie ein Stück Belvedere-Torte im **Bistro Menagerie** im Oberen Belvedere.

---

223 D2/3 ✉ Oberes Belvedere: Wien 3., Prinz-Eugen-Str. 27; Unteres Belvedere: Wien 3., Rennweg 6 ☎ 795 57-0 🌐 www.belvedere.at ◑ Oberes und Unteres Belvedere: tägl. 10–18, Fr bis 21, Prunkstall: tägl. 10–12 Uhr 🎟 15 €, Unteres Belvedere: 13 €, Kombiticket: 20 €; Bot. Garten und Alpengarten: frei 🚌 Oberes Belvedere: U1 Südtiroler Platz/Hauptbahnhof, Tram O, 18 Quartier Belvedere, Bus 69A Quartier Belvedere; Unteres Belvedere: Tram 71 Unteres Belvedere, Tram 2, D Schwarzenbergplatz

21er Haus
Arsenalstr. 1, 🌐 www.21erhaus.at ◑ Do–So 11–18, Mi bis 21 Uhr 🎟 7 €

8 ★★ Prater

Warum?	Seit über 250 Jahren vergnügen sich hier die Wiener – und der Rest der Welt.
Was tun?	Durchatmen im Grünen, Austoben im Wurstelprater
Wie lange?	Einen halben bis ganzen Tag
Was noch?	Eine biedermeierliche Spritztour mit der Liliputbahn
Resümee	Das Freizeit-Eldorado der Wiener schlechthin

Die Geschichte des Praters ist so abwechslungsreich wie sein Angebot: einst sumpfige Auenlandschaft, dann kaiserlicher Forst und schließlich einer der ersten Vergnügungsparks der Welt. Heute findet man auf dem 6 km² großen Areal alte Pferderennbahnen und das moderne Messegelände, idyllische Alleen und abenteuerliche Hochschaubahnen.

Mit der Liliput-Bahn drehen Sie ganz entspannt eine Runde durch den Wurstelprater und den Prater-Park.

Von der Au zum Ausflugsort

Der Prater war lange im Besitz verschiedener Klöster und adeliger Geschlechter, ehe ihn Maximilian II. 1564 zum

Jagdrevier der Habsburger erklärte. Die Bevölkerung blieb von der lieblichen Landschaft ausgesperrt, bis Kaiser Joseph II. den Prater 1766 für alle Wiener öffnete. Im Westteil des Praters schlugen dann schon bald Wirte, Kaffeesieder und Lebkuchenbäcker ihre Buden auf, es folgten Schaukeln, Ringelspiele und Kegelbahnen, der Wurstelprater ward geboren. Im Jahre 1814 wurde hier der Wiener Kongress in rund 40 Gasthäusern, 50 Kegelbahnen und mehreren Kaffeehäusern gefeiert. Der Volksprater wurde zu einer europäischen Sehenswürdigkeit, deren Ruhm 1873 zur Weltausstellung seinen Höhepunkt erreichte. Damals wurde auf der heutigen Kaiserwiese die Illusionenlandschaft »Venedig in Wien« gebaut, die jedoch im Gegensatz zum Riesenrad die Zeit nicht überdauerte.

Gleich ist das Etappenziel erreicht – das Café im »Lusthaus« am Ende der von Kastanien gesäumten Hauptallee.

Dafür schnauft seit 1928 die Liliputbahn, eine beliebte Miniatur-Dampflok, von Mitte März bis Oktober vom Volksprater entlang der Hauptallee bis zum Stadion und zurück.

Der grüne Prater

Den größten Teil des Praters bildet der auf weite Strecken naturbelassene »grüne Prater« mit Wiesen, Wäldern und Teichen. Hier befinden sich das moderne Messegelände, die traditionsreiche Trabrennbahn Krieau, ein Golfplatz, das Ernst-Happel-Stadion und das Stadionbad. Die prächtige, fast 5 km lange Kastanienallee wurde bereits 1537 von Kaiser Ferdinand I. angelegt, sie führt vom Lusthaus bis zum Praterstern. Einst wandelte hier die gehobene Wiener Gesellschaft, es marschierten hier Napoleons Truppen auf, und der

Wer's luftig mag und schwindelfrei ist, dreht in rund 100 m Höhe ein paar Runden mit dem Kettenkarussell »Praterturm«.

Wiener Kongress tanzte in den Kaffeehäusern an der Allee. Und heute? Heute laufen, radeln und skaten alle um die Wette, denn die Prater Hauptallee ist seit 1963 für den Autoverkehr gesperrt. Die Jesuitenwiese lockt mit dem größten Spielplatz Wiens, hier und auf den zahlreichen anderen Spiel- und Lagerwiesen ist genügend Platz, um Fußball zu spielen und zu faulenzen. Gleich neben dem Restaurant Lusthaus finden Sie die Freudenau, deren Pferderennbahnen mit der denkmalgeschützten Kaiserloge aus dem 19. Jh. äußerst sehenswert sind.

Wiener Wurstelprater

Seinen Namen hat das beliebte Vergnügungsviertel von der Figur des Hanswurst, die einst in den Puppentheatern die Kinder erheiterte. In den Anfangsjahren lockten Sensationen wie das Wachsfigurenkabinett, das Prater-Varieté, das Vivarium oder bizarre Abnormitätenshows Besucher in den Prater. Hier fand man immer die modernsten Attraktionen: 1844 das erste Eisenbahnkarussell, 1896 das erste Kino, 1897 das Riesenrad. Nachdem im Krieg alles zerstört worden war, wurde der Wurstelprater nach 1945 auf kleinerem Raum neu errichtet.

Höher, schneller, wilder

Jedes Jahr überrascht der Prater seither mit noch schnelleren, wilderen und atemberaubenderen Attraktionen.

Schwindelfreiheit und ein starker Magen sind Voraussetzung, um den Insider zu ertragen, eine Indoor-Achterbahn im Dunkeln, auf der man bei Lasershow und Discomusik leicht komplett die Orientierung verliert. Zu den besonderen Herausforderungen für erlebnishungrige Draufgänger zählen auch die 25 m hohe Überkopf-Schaukel und der Wind-O-Bona Skydiver, Europas größter Windkanal, in dem man bei Windgeschwindigkeiten bis 280 km/h den freien Fall, vergleichbar mit einem Fallschirmsprung aus 4000 m Höhe, erleben kann, oder das 117 m hohe Kettenkarussell Praterturm. Aber auch einige Traditionsbetriebe halten dem Lauf der Zeit stand: das Ponykarussell aus dem Jahr 1887 (gegenüber dem Schweizerhaus), die hölzerne Zwergerl-Hochschaubahn (beim Radverleih) oder der nostalgische Rutschturm Tobogan aus den 1950er-Jahren. Antiquierte Attraktionen neben hochtechnischen Vergnügungsautomaten, das schnelle Glück in Spielhallen und noch schnellere Autodromanlagen, viel Musik und noch mehr Spaß – so präsentiert sich der Wurstelprater heute.

Der spektakulären Geschichte des Wiener Praters und den Veränderungen in der Unterhaltungskultur spürt in der Nähe des Riesenrads (S. 174) das Pratermuseum im Planetarium nach.

KLEINE PAUSE

In dem ehemaligen Weltausstellungspavillon von 1873, der **Meierei** in der Hauptallee, wurden damals »American Drinks« serviert, heute gibt es das übliche Café-Restaurant-Angebot. Als berühmtestes Prater-Restaurant gilt das **Schweizerhaus** (S. 182), das schon 1766 Gäste bewirtete. Hierher geht man v. a., um »Stelzen« (Schweinshaxe) zu essen.

Meierei: tägl. 10–18, Mai–Aug. bis 22 Uhr

---

218 B3–219 E1
Wien 2., Prater 7
www.prater.at, www.praterwien.com
Attraktionen: Mitte März– Okt. 10–1 Uhr

Liliput-Bahn
Station hinter dem Riesenrad
www.liliputbahn.com
Rundfahrt: 4,50 €

U1, U2 Praterstern, Tram O, 5 Praterstern

Pratermuseum
726 76 83
www.wienmuseum.at
Fr–So 10–13, 14–18 Uhr
5 €, jeden 1. So i.M. frei

49 Riesenrad

Warum?	Wiens weithin sichtbares zweites Wahrzeichen
Was tun?	Eine oder mehrere Runden im knallroten Waggon
Wie lange?	1 × rundherum in cirka 15 Minuten
Wann?	Ganzjährig täglich, am romantischsten bei Sonnenuntergang
Was noch?	Als schwindelerregender Kontrast eine Fahrt mit der Hightech-Hochschaubahn nebenan
Resümee	Hier bekommen Sie bestimmt keinen Drehwurm wie im Kettenkarussell.

Dass es nach dem Zweiten Weltkrieg fast zeitgleich mit der Staatsoper und dem »Steffl« wieder aufgebaut wurde, zeigt, wie wichtig das Riesenrad den Wienern ist, nicht zuletzt als starkes Symbol für den Überlebenswillen der Stadt.

Das 50-jährige Thronjubiläum Kaiser Franz Josephs war der Anlass dafür, dass auch Wien, entsprechend dem damaligen Trend, ein riesiges Panoramarad erhalten sollte. Mit dem Bau wurde der englische Ingenieur Walter Basset beauftragt, der es 1896–97 errichtete. Der Scheitelpunkt der kühnen Konstruktion liegt 64,75 m über dem Boden, der Raddurchmesser beträgt 60,96 m, das Gesamtgewicht 430 t. Exklusiv allerdings war Bassets Leistung nicht, er stattete auch Chicago, London, Blackpool und Paris mit ähnlichen Panoramarädern aus.

Faszination von Anfang an

Das Riesenrad wurde auf Anhieb ein Publikumshit. Die Wiener genossen es, von einem der damals 30 roten Waggons aus auf ihre Stadt und das »Venedig in Wien« zu ihren Füßen hinunterzuschauen. Und auch die technischen Daten beeindruckten. Ab den 1920er-Jahren wurde das Riesenrad immer wieder zur Filmlocation. Auch Szenen des Films Der dritte Mann wurden hier gedreht. 1944 kam das mächtige Räderwerk dann zum Stilstand. Ein Brand hatte es während des Zweiten Weltkriegs schwer beschädigt. Bald aber war das Riesenrad repariert und konnte 1947 seinen Betrieb wieder aufnehmen. Von nun an drehte es sich aus Sicherheitsgründen mit nur noch 15 Waggons. Wie beliebt die gemächliche Fahrt in luftige Höhen ist, zeigen die Besucherzahlen: Seit den 1950er-Jahren sind 30 Mio. Menschen damit gefahren.

Im Laufe der Zeit

Das Riesenrad dreht sich allerdings nicht nur im Kreis, sondern hat in den letzten Jahren auch einschneidende Neuerungen erfahren. An seinem Fuß laden acht Waggons mit aufwendigen technischen Installationen und einem überdimensionalen Schaubild zu einem Rundgang durch 2000 Jahre Wiener Geschichte ein. Und nachts wird es dank der Lichtinstallationen des Lichtarchitekten Patrick Woodroffe in ein neues Licht gehüllt. Das Rad erstrahlt in weichem Gold, die Pylonen in kühlem Silber.

Abends lockt eine romantische Fahrt im illuminierten Riesenrad in den Prater.

KLEINE PAUSE

Das cool gestylte Café mit seiner großen Terrasse vor dem Eingang zur Kassenhalle ist bestens geeignet für Erfrischungen vor oder nach Ihrem zehnminütigen »Höhenflug«.

- 218 B3
- Wien 2., Prater 20
- 729 54 30
- www.wienerriesenrad.com
- Jan–Anf. März 10–19.45, März/April 10–21.45, Mai–Aug. 9–23.45, Sept. 9–22.45, Okt.–Dez. 10–21.45 Uhr
- 10 €, Familien (2 Erw. mit 2, 3 oder 4 Kindern) 26, 27 oder 28 €
- U1, U2 Praterstern, Tram O, 5 Praterstern

㊿ Kunst Haus Wien

Warum?	Friedensreich Hundertwasser die Reverenz erweisen
Was tun?	Leben und Werk des Meisters kennenlernen
Wie lange?	1-2 Stunden
Was noch?	Das Hundertwasser-Haus in der Kegelgasse bestaunen
Resümee	Architektur kann eine runde und bunte Sache sein ...

Das Kunst Haus Wien zeigt die verspielte Seite der Architektur.

Dieses von Friedensreich Hundertwasser geplante Haus ist ein Museum völlig jenseits der üblichen Normen. Bunt, rund und lustig, stellt es ein Architekturabenteuer der modernen Zeit dar, ein außergewöhnliches Erlebnis für die Augen und die Füße.

Als es Ende der 1980er-Jahre darum ging, geeignete Räumlichkeiten für das umfangreiche Werk des österreichischen Malers Friedensreich Hundertwasser (1928–2000) zu finden, boten sich im 3. Wiener Gemeindebezirk in der Nähe des Donaukanals die Gebäude der ehemaligen Möbelfabrik der Gebrüder Thonet aus dem Jahr 1892 an. Zwei Jahre lang (1989–91) wurde umgebaut, dabei wurden zwei Häuser zusammengelegt. Was dann im April 1991 der Öffentlichkeit präsentiert wurde, war eine Sensation für die Stadt.

Bollwerk gegen eine falsche Ordnung der geraden Linie

Gestaltet hat der Meister das Museum persönlich. »Die Architektur des KunstHausWien ist das erste Bollwerk gegen eine falsche Ordnung der geraden Linie«, verkündete er und ließ keinen Stein auf dem anderen. Zur Straße hin fügte er einen Vorbau an und hofseitig ein Treppenhaus. Auch im Haus selbst gestaltete er alle Räumlichkeiten der vier Stockwerke höchst außergewöhnlich. Bunte Säulen, geschwungene Linien, farbig umrahmte Fenster und bunte Kacheln machen es zu einer phantasievollen Villa Kunterbunt. Das wichtigste Stilmittel ist, dass der Boden in vielen Bereichen des Hauses in großen, unregelmäßigen Wellen verläuft. Man kann nicht einfach gedankenlos dahingehen, sondern muss darauf achten, wohin man seinen Fuß setzt. Das ist eine völlig neue Erfahrung. Hundertwasser entwickelte dafür seine ganz eigene Theorie: »Ein belebter, unebener Fußboden bedeutet eine Wiedergewinnung der Menschenwürde, die dem Menschen im nivellierenden Städtebau entzogen wurde.«

Enfant terrible der Architektur und Kunst

Das Kunst Haus Wien wird privatwirtschaftlich, ohne öffentliche Subventionen oder Steuergelder geführt. Die gesamte Ausstellungsfläche beträgt rund 4000 m². Im Erdgeschoss sind neben Kasse und Garderobe auch ein Museumsshop und ein Bistro untergebracht.

In den beiden ersten Stockwerken wird ein Querschnitt durch Hundertwassers Œuvre gezeigt, das Malerei, Grafik, Tapisserien und Architekturmodelle umfasst. Hundertwasser wurde 1928 als Friedrich Stowasser in Wien geboren. Er entwickelte als Enfant terrible der Kunstszene eine ganz eigene, farbige Bildsprache und realisierte zahlreiche Architekturprojekte in Österreich, Deutschland, der Schweiz, in Kalifornien und Japan. Neuseeland wurde zu seiner zweiten Heimat. Im Februar 2000 starb er auf der »Queen Elizabeth II«, unterwegs im Pazifik.

Der 3. und der 4. Stock sind internationalen Wechselausstellungen vorbehalten, die wegen ihres hohen Niveaus meist ein großes Publikum anziehen.

KLEINE PAUSE

Wenn Sie sich nach dem Rundgang durchs Museum von den bunten Farben und den geschwungenen Linien noch nicht trennen wollen, dann bleiben Sie noch ein Weilchen im **Tian Bistro** und genießen Sie die außergewöhnliche Atmosphäre.

---

218 A1 ✉ Wien 3., Untere Weißgerberstr. 13 ☎ 712 04 91 🌐 www.kunsthauswien.com ◐ tägl. 10–18 Uhr 11 €, Museum und aktuelle Ausstellung 12 € U1, U4 Schwedenplatz, Tram O Radetzkyplatz

Nach Lust und Laune!

Bunte Fassade des Hundertwasser-Hauses

51 Hundertwasser-Haus

Eine bunte Oase in der farblosen Großstadtwüste, das ist das Hundertwasser-Haus an der Ecke Löwengasse/Kegelgasse. In einer Gegend, die hauptsächlich von gediegenen, sog. Altbau-Wohnhäusern und Gemeindebauten geprägt wird, taucht plötzlich eine wild gegliederte, knallbunte Fassade auf mit verschieden großen und unterschiedlich umrahmten Fenstern, kleinen Balkonen, Erkern, Mosaikbändern, Zwiebeltürmen, Säulen und Bäumchen, die aus Terrassen wuchern. Hundertwasser hat dieses Haus in den Jahren 1983–85 gestaltet; ein Gemeindebau mit 50 Wohnungen. Die spleenige Öko-Architektur setzt sich auch im Inneren des Hauses fort. Besichtigt werden kann das Haus aus Rücksicht auf die Privatsphäre der Mieter allerdings nur von außen, aber auch das lohnt sich.

Hundertwasser-Haus
218 B1 Wien 3., Ecke Löwengasse/Kegelgasse Tram 1 Hetzgasse

52 Heeresgeschichtliches Museum

In der Folge der Revolution von 1848 entstand südwestlich des Belvedere-Parks ein riesiger Militärkomplex mit rund 30 Backsteinbauten: das Arsenal. Einst wurden hier Waffen hergestellt und Soldaten untergebracht, heute gibt es dort Wohnungen, universitäre Einrichtungen und Museen. Kernstück des Gebäudeensembles ist das in den 1850-Jahren gebaute »Waffenmuseum«, ein festungsartiger maurisch-byzantinischer und neugotischer Repräsentativbau, zugleich Wiens ältester Museumsbau. Unter dem Motto »Kriege gehören ins Museum« zeigt das »Heeresgeschichtliche Museum« Uniformen, Dokumente, Schiffsmodelle und v.a. Krieggerät aus der Zeit des Dreißigjährigen Kriegs bis zum Zweiten Weltkrieg; eine historisch-kritische Auseinandersetzung mit der österreichischen Militärgeschichte sollte man aber nicht erwarten.

Heeresgeschichtliches Museum
223 F1 Wien 3., Arsenal, Objekt 1
79 56 10 www.hgm.at
tägl. 9–17 Uhr 6 € (jeden 1. So im Monat frei) U1 Südtirolerplatz/Hauptbahnhof, Tram 18, O Fasangasse, Bus 69A Arsenal

53 Gänsehäufel

Das Gänsehäufel ist eine Wiener Institution. Seine Geschichte steht in engem Zusammenhang mit dem Aufschwung der Arbeiterbewegung und mit dem Entstehen einer eigen-

Friedhofsspaziergang

Beim Gang über den biedermeierlichen Friedhof St. Marx zeigt Wien seine morbide und zugleich äußerst malerische Seite – ein efeuüberwachsenes Paradies für Melancholiker mit 6000 Grabsteinen aus den Jahren 1784 bis 1874. Inschriften zeugen von vergangenen Eitelkeiten, von »Fabricanten«, »Privatiers« und »geheimen Räthen«, von »Todtengräbern« und »k.k. Kassierern«. Besonders berührt das Denkmal für Wolfgang Amadeus Mozart, den man 1791 hier in einem sog. »einfachen Grab« beerdigte.
Wien 3., Leberstr. 6, April–Sept. 6.30–20, Okt. bis März bis 18.30 Uhr, Tram 18, 71 (St. Marx)

Sommernachmittag im Strandbad Gänsehäufel

ständigen Körper- und Sportkultur. 1907 übernahm die Stadt Wien die Insel an der Alten Donau und errichtete darauf ein erstes städtisches Strandbad mit Umkleidemöglichkeit für 4000 Personen. 1926/27 wurde die Insel durch eine Brücke mit dem »Festland Wien« verbunden. Heute gilt das Gänsehäufel mit seiner Fläche von rund 33 ha und seinem 1000 m langen Naturstrand als größtes Strandbad Binneneuropas.

Gänsehäufel
226 C3 ✉ Wien 22., Moissigasse 21
☎ 269 90 16 ● im Sommer Mo–Fr 9 bis 20, Sa/So 8–20 Uhr 5,50 €
U1 Kaisermühlen, Bäderbus von der U-Bahn-Station Kaisermühlen

54 Alte Donau

Die Regulierung der Donau 1870 bis 1875 bewirkte, dass im Nordosten der Stadt ein mit dem Fluss nicht mehr verbundener Arm zurückblieb: die Alten Donau, die sich zu einem Badeparadies entwickelte. Hierher strömen die Wiener zum Schwimmen, Segeln oder Ruderbootfahren. Zwischen Alter und Neuer Donau liegt der Donaupark, das ehemalige Gelände der Wiener Internationalen Gartenschau 1964. Der darin aufragende 252 m hohe Donauturm bietet von seiner Aussichtsplattform (150 m) bzw. dem Café in 160 m Höhe einen herrlichen Fernblick.

Alte Donau
226 C4/5 U1 Alte Donau, Bus 20B Alte Donau

55 Donauinsel

Als in den 1970er-Jahren in der Donau ein zweites Flussbett gegraben wurde, um die Hochwassergefahr einzudämmen, entstand eine 20 km lange und 200 m breite Insel – heute *das* Freizeitparadies der Wiener. Ungestört vom Autoverkehr sind hier Radfahrer, Jogger, Inlineskater und Spaziergänger unterwegs. Die rund 40 km langen Schotterstrände sind ideal zum Sonnenbaden und Schwimmen – mit Blick auf eine aufregende Skyline.

Um die UNO-City ist mit dem Austria-Center, dem DC- und Andromeda-Tower, dem Wohnpark Donau-City und einer Reihe von Bürotürmen aus Glas und Stahl ein ultramoderner Stadtteil entstanden. Als Gegenstück dazu ragt der Millenniums-Tower auf der gegenüberliegenden Seite der Donau in den Himmel.

Donauinsel
219 D5–F3; 226 A1/2–B1
U1 Donauinsel

Wohin zum ... Essen und Trinken?

Preise
für ein Essen ohne Getränke:

€	unter 15 Euro
€€	15–26 Euro
€€€	über 26 Euro

RESTAURANTS

Altes Jägerhaus €€
Das Gasthaus mit seinem schönen, großen Garten liegt direkt gegenüber vom Lusthaus (S. 182). Die Speisekarte bietet ein umfangreiches Angebot an interessanten Gerichten aus der Wiener Küche, sehr beliebt ist hier das Wiener Schnitzel. Die köstlichen Mehlspeisen sind hausgemacht und die Auswahl an heimischen und internationalen Weinen ist groß.
219 südl. F1 Wien 2., Freudenau 255
728 95 77 www.altes-jaegerhaus.com
tägl. 10–23 Uhr; Ruhetag: Mo; Okt.–April Mo und Di Bus 77A Lusthaus

Amon's Gastwirtschaft €
Diese alteingesessene Gastwirtschaft ist auf typische Wiener Gerichte wie Wurzelfleisch und Zwiebelrostbraten spezialisiert. Auch gibt es die beliebten Spezialitätenwochen und Mo–Fr günstige »Mittagsteller«. Im vorderen Bereich warten eine schicke Wein- und Bierbar. Auch der Winter- und der Gastgarten mit Laube sind edel gestaltet. In der Vinothek können sich Stammgäste mit Weinboxen einmieten, und wer sich Spezialitäten lieber mit nach Hause nehmen will, kann sich diese an der Mitnahmetheke auswählen.
218 südl. B1 Wien 3., Schlachthausgasse 13 798 81 66 www.amon.at
Mo–Sa 10–24, So 10–16 Uhr
U3 Schlachthausgasse, Tram 18 Erdbergstraße, Bus 80A, 84A Schlachthausgasse

Bistro Menagerie €
Das Lokal im Oberen Schloss Belvedere ist mit seinem schönen, kleinen Garten ideal für eine kurze Pause nach der Besichtigung. Es gibt hausgemachte Torten (Belvedere-Torte!) und Mehlspeisen, Snacks. Man kann hier auch frühstücken.
223 D2 Wien 3., Prinz-Eugen-Str. 27
320 11 11; www.hill-restaurant.at
tägl. 10–18 Uhr Tram 2, D Schwarzenbergplatz, Tram O, 18 Quartier Belvedere, Bus 69A Quartier Belvedere

Hansy €
Das Hansy an einem der verkehrsreichsten Punkte der Stadt, an der Ecke Praterstern/ Praterstraße, ist genau so, wie ein gutes traditionelles Wiener Gasthaus sein soll: Der Schankraum ist gekachelt, die Einrichtung einfach und der Gastgarten geräumig. Die Küche bietet den ganzen Tag über durchgehend Hausmannskost und saisonale Spezialitäten. Dazu gibt es das hauseigene Bier »Hansy-Bräu«.
217 F4 Wien 2., Heinestr. 42
214 53 63 www.hansy-braeu.at
tägl. 11–23 Uhr U1, U2 Praterstern, Tram 5, O, Bus 80A Praterstern

Kiang €
Cool und modern gestylt, wirkt das Kiang beim Rochusmarkt zwar eher wie ein keimfreies Labor, das Angebot an Speisen macht es aber zu einem der interessantesten asiatischen Restaurants der Stadt. Neben Sushi gibt es ständig wechselnde Tagesempfehlungen.
223 F5 Wien 3., Landstraßer Hauptstr. 50 715 34 70 www.kiang.at
tägl. 11.30–15/18–23.30 Uhr U3 Rochusgasse, Bus 4A, 74A Rochusgasse

Lubin €€
Die Betreiber stammen aus Kroatien, und entsprechend kredenzen sie als Spezialität direkt aus adriatischen Gewässern angelieferten famosen Fisch. Die Atmosphäre ist modern-mediterran, der Service herzlich und werktags das Mittagsmenü im Preis-Leistungs-Verhältnis kaum zu schlagen (ab 10,90 €).
218 südl. B1 Wien 3., Hainburgerstr. 48
713 36 83 www.lubin.at tägl. 11.30–15, 17.30–24 Uhr U3 Kardinal-Nagl-Platz, Bus 77A

Lusthaus €€

Der entzückende Pavillon am Ende der Prater Hauptallee hat eine lange Geschichte. An seiner Stelle stand schon im Jahr 1560 ein kleines Jagdhaus, das Grüne Lusthaus. Kaiser Josef II. beauftragte den Architekten Isidore Canavale damit, es umzugestalten, und dieser brachte den einstöckigen Bau von 1781–83 in seine heutige Form mit acht Ecken, acht Säulen und einem umlaufenden Balkon. Bei einem Kaffee auf der kleinen Terrasse des Podestes oder bei einem Essen der gehobenen Wiener Küche im Lokal ist das Flair der Kaiserzeit auch heute noch immer spürbar. Das Lusthaus ist ein beliebter Ort für Veranstaltungen wie Familienfeiern oder alle möglichen Arten von Präsentationen. Wer das Lusthaus abends besuchen möchte, sollte daher vorher anrufen.

219 südl. F1 Wien 2., Freudenau 254
728 95 65 www.lusthaus-wien.at
Jan.–März Sa–Di 10–17, April–Sept. Mo–Fr 12–22, Sa/So bis 18 (Mi Ruhetag), Okt.–Dez. tägl. 12–17 Uhr (Mi Ruhetag)
Bus 77A Lusthaus

Salm Bräu €

Die urige Gasthofbrauerei befindet sich in den Kellern des Salesianerklosters. Die Biere sind erstklassig, sie werden nach historischen Rezepten gebraut. Dazu gibt es deftige Hausmannskost und von montags bis freitags ein preisgünstiges Mittagsmenü.
223 D3 Wien 3., Rennweg 8
799 59 92 www.salmbraeu.com
tägl. 11–24 Uhr (warme Küche bis 23 Uhr)
Tram 71 Unteres Belvedere

Schweizerhaus €

Die knusprigsten »Stelzen« (Schweinshaxen) der Stadt und dazu das gepflegteste Budweiser-Bier vom Fass, dafür ist Karl Kolariks Schweizerhaus im Prater berühmt. Stelzen und Bier sind aber noch lange nicht alles, die Küche ist auch wegen ihrer echten böhmischen Spezialitäten bekannt, und natürlich gibt es auch Vegetarisches und Gerichte speziell für Kinder. In dem riesigen Garten, der 1300 Personen Platz bietet, ist die Stimmung immer grandios.
218 C2 Wien 2., Straße des Ersten Mai 116 728 01 52
www.schweizerhaus.at
Mitte März–Okt. tägl. 11–23 Uhr (warme Küche bis 22.45 Uhr U1, U2 Praterstern, Tram 5, O Praterstern, Bus 80A Praterstern

Seidl €€

Backhendl, Lammstelze, Zwiebelrostbraten, kurz: klassische Wiener Küche (mit Fleisch aus Bio-Zucht!) bekommt man in diesem schönen Wiener Gasthaus serviert. Dazu eine beachtliche Auswahl von Qualitätsweinen und, als wirkliche Spezialität des Hauses, diverse Schwammerl (Pilze), die Chef Franz Seidl höchstderoselbst im Keller 15 m unter der Erde züchtet. Probierenswert!
223 E3 Wien 3., Ungargasse 63
713 17 81 www.gasthaus-seidl.at
Mo–Fr 11–14, 18–22 Uhr U3 Landstraße/Wien Mitte, Tram O Ungargasse

Stadtwirt €€

Die burgenländisch-oberösterreichisch inspirierte Küche dieses gehobenen Beisls ist von erster Güte. Die Qualität hat sich herumgesprochen, es herrscht immer Hochbetrieb. Wer einen Platz im Lokal oder im Schanigarten bekommen will, sollte unbedingt vorher reservieren.

217 E1 Wien 3., Untere Viaduktgasse 45
713 38 28
www.stadtwirt.at
Mo–Fr 9–24, Sa 11–24 Uhr (warme Küche bis 22 Uhr); Lounge- und Barbereich Mo–Fr 9–24, Sa 16–24 Uhr
U3 Landstraße/Wien Mitte, Tram O, Bus 74A Landstraße/Wien Mitte

Steirereck €€€

Das legendäre Steirereck der Familie Reitbauer befindet sich im Stadtpark und zählt zu den hervorragendsten Restaurants Österreichs, ja sogar zu den zehn besten Gourmettempeln der Welt. Unschlagbar also die Qualität der hiesigen »Wienerischen Neuen Küche«, abgerundet von einem exzellenten Sortiment an Spitzenweinen, Whiskys und Zigarren. Eine schöne Ergänzung ist die deutlich niedrigpreisigere Meierei, in der man 120 Käsesorten und köstliche Strudel kredenzt.

223 D5 Wien 3., Am Heumarkt 2A
713 31 68 https://steirereck.at
Mo–Fr 11.30–14.30 und ab 18.30 Uhr; Meierei: Mo–Fr 8–23, Sa/So 9–19 Uhr
U3 Landstraße/Wien-Mitte, Tram O, Bus 74A Landstraße/Wien-Mitte

Va bene €

Das idyllisch an der Donau gelegene Restaurant hat sich auf Fisch und italienische Gerichte spezialisiert. Bei schönem Wetter wird auf der großen, 150 Personen fassenden Terrasse mit herrlichem Blick auf den Fluss serviert, auf der auch in der ärgsten Sommerhitze für ein wenig Abkühlung sorgt. Ein etwa fünfminütiger Fußweg führt an der Donau entlang zu Wiens einziger buddhistischer Pagode, einem stillen und friedlichen Ort.

219 südöstl. F1 Wien 2., Lindmayer Str. 1 (Hafenzufahrtsstraße) 728 95 80
www.ristorantevabene.at tägl. 10–23.30 (im Winter Di–So ab 11 Uhr) U2 Stadion, Donaumarina

Wild €

Das gemütliche typische Wiener Wirtshaus direkt am Radetzkyplatz punktet auch mit Wiener Küche. Bevorzugte Gerichte sind Klassiker wie Innereien, sie werden allerdings mit kreativem Einschlag zubereitet. Probieren Sie beispielsweise die geröstete Leber. Mittags gibt es unter der Woche als Tagesteller ein vegetarisches Menü und eines mit Fleisch, beide sind wirklich sehr preisgünstig.

217 F2 Wien 3., Radetzkyplatz 1
920 94 77 http://gasthaus-wild.at
tägl. 9–1 Uhr (Küche 11.30–23 Uhr)
U3 Landstraße/Wien Mitte, Tram O, 1 Radetzkyplatz

Winklers Zum Posthorn €

Das urige, seit 1870 bestehende Beisl wurde mit viel Liebe revitalisiert. Originale Wandtäfelung, der alte, massive Schrank und viele skurrile Lampen unterstreichen die gemütliche Wohnzimmeratmosphäre. Schon Friedensreich Hundertwasser und Kabarettlegende Helmut Qualtinger schätzten als Stammgäste die handfesten Küchenkreationen, die Leberknödelsuppe zum Beispiel, das Backhendl oder »Wiener« (panierte Schnitzel) vom Schwein, beide mit Erdäpfelsalat, die geröstete Kalbsleber oder Knödel mit Ei. Dazu kriegt man würziges Biobier aus dem Waldviertel kredenzt.

223 E4 Wien 3., Posthorngasse 6
0664 4 31 21 23
www.winklers-zumposthorn.at
Mo–Fr 17–24, Di–Do auch 12 bis 14.30 Uhr
U3 Landstraße/Wien Mitte, Tram O Ungargasse, Bus 4A Neulinggasse

KAFFEEHÄUSER

Tian Bistro

Das Café ist ebenso bunt und exzentrisch wie das gesamte KunstHausWien. An den aus verschiedenen Holzplatten zusammengefügten Tischen stehen rund hundert verschiedene, bunt lackierte Thonet-Stühle. Und der Garten ist im Sommer schon allein wegen seiner vielen herrlichen, exotischen Blumen eine Sensation. Die Küche ist vegetarisch und qualitätvoll.

218 A1 Wien 3.,
Untere Weißgerberstr. 13
890 55 10-20 www.tian-bistro.com
tägl. 10–18 Uhr
U1, U4 Schwedenplatz,
Tram O Radetzkyplatz

Village Café

Das Café bietet seinen Gästen nicht nur Kaffee und Kuchen, hier gibt's auch ein sehr günstiges Mittagsmenü sowie Traditionelles, Vegetarisches, spezielle Gerichte für Kinder und vieles mehr – und dazu einen guten Blick auf die bunte Fassade des gegenüberliegenden Hundertwasser-Hauses (S. 178).

218 A1 Wien 3., Kegelgasse 37–39
67 64 30 31 80 http://m.village-cafe.at
tägl. 8–22 Uhr
Tram 1 Hetzgasse

Zartl

Das Zartl ist eines der schönsten klassischen Wiener Kaffeehäuser mit Logen und Billardtisch. Die Speisekarte umfasst hauptsächlich Gerichte der Wiener Küche. Eine Besonderheit ist das Extrazimmer. Dort tagen einmal pro Woche die Magier Wiens – allerdings hinter verschlossenen Türen. Im Winter gibt es sonntags von 15.30 bis 18.30 Uhr Klaviermusik live.

217 F1 Wien 3., Rasumofskygasse 7
943 89 72 tägl. 7–23 Uhr
U3 Rochusgasse, Tram 1, Bus 4A
Rasumofskygasse

Wohin zum … Einkaufen?

Der 3. Bezirk ist mit Einkaufsmöglichkeiten für die Nahversorgung der Bewohner gut ausgestattet. Wien-Besucher werden vor allem in den Shops der Museen fündig.

Die Landstraßer Hauptstraße ist mit ihren zahlreichen Geschäften die umsatzstärkste Einkaufsmeile des 3. Bezirks. Hier reiht sich ein interessantes Geschäft an das andere. Es gibt Boutiquen, Schuhgeschäfte, Parfümerien, dazwischen findet man Cafés und Möglichkeiten, den kleinen Hunger zu stillen. Am Anfang der Straße bietet der Markt im Zentrum Wien-Mitte eine Fülle von stets frischen Lebensmitteln, Fleisch und Gemüse.

Für Wien-Besucher ist vor allem der Rochusmarkt mit seinen Obst-, Gemüse- und Feinkostläden interessant. Das Arrigo (Rochusmarkt, Stand 33) führt in seiner Vinothek tolle italienische, spanische und österreichische Weine.

Originelle Mitbringsel für die Kinder zu Hause hat Norbert Navara (Ausstellungsstr. 63). Dort gibt es Holzspielwaren, Handpuppen, Nostalgiespielwaren und Kaleidoskope, die jedes Kinderherz erfreuen.

Wer ausgefallene, hübsche Dinge sucht, wird in den Museumsshops fündig. Der Shop im Kunst Haus Wien (S. 176) ist eine Fundgrube für Kalender, Tassen, Geschenkpapier, Rollerpens, Schlüsselanhänger, Seidentücher und Poster mit Hundertwasser-Motiven. Der Museumsshop im Belvedere (S. 168) führt Gegenstände für alle Lebenslagen mit Klimt-Design, von Schals über Tücher zu Schirmen, außerdem gibt es schöne Kunstbücher, Schmuck und Poster.

Kleiner Plausch auf dem Karmelitermarkt

Trotz seiner kometenhaften Karriere als Treffpunkt der jungen Lokal- und Kunstszene dienen die Lebensmittelhändler des altehrwürdigen Karmelitermarkts im Herzen des zweiten Bezirks (südwestlich der U2-Station Taborstraße, zwischen Krummbaumgasse und Haidgasse) den Anrainern immer noch als Nahversorger.

Extravagante Mode, aber auch ebensolche Schuhe, Handtaschen, Schmuck, Kopfbedeckungen, Dessous, Parfums und Lederaccessoires gibt es in Myung-Il Songs Boutique Song (Praterstr. 11-13), deren Interieur von Top-Architekt Gregor Eichinger als wahre Augenweide gestaltet wurde.

Wohin zum ... Ausgehen?

Ausgehen kann man in diesem Teil Wiens nach Herzenslust. Denn dieser 2. Bezirk hat sich in jüngster Zeit mehr und mehr zu einem Wohngebiet für Bobos (»bourgeoise Bohemiens«) und Kreative gemausert. Als besonders hip gelten seit ein paar Jahren der Karmelitermarkt und seine unmittelbare Umgebung.

MUSIK

Liebhaber von Blues, Funk, Soul und Jazz zieht es ins Café Zwe (Wien 2., Floßgasse 4, Tel. 0676 547 47 64, Di–So ab 18 Uhr, Juli/Aug. So geschl.). »Bring your own instrument« lautet das Motto für die Jam Sessions; regelmäßig auf dem Programm: Live Acts und DJ Nights. Dart-Scheiben und Backgammon tragen zur Wohnzimmeratmosphäre bei. Zu den musikalischen gibt es auch kulinarische Genüsse und gutes Bier.

BARS

Im Untergeschoss der Urania (Uraniastr. 1, Tel. 713 30 66), eines 1909 an der Mündung des Wien-Flusses nach Plänen des Jugendstilarchitekten Max Fabiani errichteten Volksbildungshauses, lädt die populäre Bar namens KLYO zur Einkehr. Sie ist Teil eines schicken Café-Restaurants, ihre Ausstattung zeitgemäß cool, das Publkum jung und urban, die Küche globalisiert-kreativ und die Getränkeauswahl superb (tägl. 9–1 Uhr).
Von April bis etwa Anfang Oktober verbreitet ganz in der Nähe der Urania die Strandbar Herrmann mit ihrem – extra aufgeschütteten – Sandstrand und den Liegestühlen »urbanes« Mittelmeer-Feeling. Mit Salaten und Snacks, danach den einen oder anderen süffigen Cocktail lässt sich hier ganz entspannt der Abend genießen. Während der Happy-Hour von 17 bis 18 Uhr gibt's 2 Cocktails zum Preis von einem (Herrmannpark, Tel. 0688 866 60 36, www.strandbarherrmann.at, tägl. 10–2 Uhr).
Schon wegen dem puristischen Innendekor und der originellen, kunterbunten Decken-

Im Sofitel gibt's zum Drink einen grandiosen Blick auf Wiens Altstadt.

gestaltung der Schweizer Künstlerin Pipilotti Rist sollte man die Bar auf dem Dach des von Jea Nouvel gestalteten Nobelhotels Sofitel aufsuchen. Zumal die Getränke (und morgens das auch für Nicht-Hotelgäste zugängliche Frühstücksbüfett) vorzüglich sortiert sind. Der große Hit ist aber die Aussicht auf Wiens historischen Stadtkern. So prächtig wie hier liegt er dem Betrachter sonst nirgendwo zu Füßen!
Eine große Auswahl an Drinks, eine umfangreiche Frühstückskarte und ein reichhaltiges Zeitungs- und Zeitschriften-Angebot sowie leckere kleine Speisen (bis Mitternacht) erwarten den Besucher in der Café Bar Einfahrt (Haidgasse 3, Tel. 942 68 86, Mo–Fr 8–1, Sa 8–17 Uhr). Vor allem aber bietet das gemütliche Lokal, das ganz in der Nähe des Karmelitermarkts liegt, regelmäßig ein buntes Kleinkunst-Potpourri – Kabarett, Lesungen, Live-Jazz, Diskussionen, Vernissagen und manches mehr. Pro Jahr zählt man an die 200 Veranstaltungen mit über 300 Künstlern (Programm abrufbar unter www.einfahrt.at).
Tolle Cocktails und gute Musik, aufgelegt von trendbewussten DJs bietet die Bricks – lazy dancebar im 2. Bezirk (Taborstr. 38, tägl. 20–4 Uhr, Tel. 216 37 01, www.bricks.co.at).

Ein schattiges Plätzchen im üppig grünen Gastgarten – mehr braucht man nicht für einen gemütlichen Nachmittag beim Heurigen.

Spaziergänge

Machen Sie sich auf zu echten Wien-Klassikern – zum Heurigen-Nachmittag in Grinzing und zu den Schauplätzen des »Dritten Mannes«.

Seite 186–195

Grinzing

Start	Grinzing, Himmelstraße; Tram 38
Ziel	Bushaltestelle Fernsprechamt Heiligenstadt; Bus 38A
Länge	2 km
Dauer	1,5 Stunden (je nach Aufenthalt in den Heurigen auch länger)

In den Grinzinger Heurigenlokalen genießen Wiener und Wien-Besucher köstliche Weine aus »erster Hand«.

Grinzing ist das älteste und berühmteste Heurigenviertel Wiens. Inmitten malerischer Weinberge gelegen, bezaubert es mit seinem ursprünglichen Dorfcharakter. Wuchtige Torbögen öffnen sich in stille Einfahrten und kleine Gärten. Die einladenden Winzerhäuser stammen zum größten Teil noch aus dem 16. und 17. Jh.

1–2

Die Trambahnlinie 38 wird im Volksmund gern »Heurigenexpress« genannt, weil sie die Wiener auf schnellstem Weg zu ihrem Heurigen bringt. Von der Endstation gehen Sie die Himmelstraße links hinauf, vorbei am Pöllinger Freihof aus dem 14. Jh., der 1730 zeitweilig als Jagdpalais von Kaiserin Maria Theresia fungierte, bis zur 1417 erbauten, spätgotischen Kirche zum Heiligen Kreuz.

2–3

Wer möchte, kann von der Kirche über Managettagasse und Managettasteig einen Abstecher zum Grinzinger Friedhof

machen. Hier ruht Gustav Mahler, dessen modernistischer Grabstein von seiner Witwe Alma Mahler-Werfel, die selbst in der Nähe begraben ist, in Auftrag gegeben wurde. Weiter findet man hier die Gräber des einarmigen Pianisten Paul Wittgenstein, dem Bruder von Ludwig Wittgenstein, sowie der Schriftsteller Heimito von Doderer und Thomas Bernhard.

3–4

Zurück an der Kirche, finden Sie rechterhand den Heurigenschank Zum Berger, eine seit Anfang des 18. Jahrhunderts in Familienbesitz befindliche Traditionsadresse, an der man bestens isst und trinkt.

4–5

Spazieren Sie jetzt die Himmelstraße bergauf bis zur Cobenzlgasse. Hier lohnt sich ein Zwischenstopp bei Müllers Heuriger. In diesem Familienbetrieb werden ausschließlich eigene – vielfach prämierte – Weine kredenzt. Ein paar Schritte weiter ist das ältesten Haus Grinzings erreicht: Der Trummelhof, Cobenzlgasse 30, wurde 1150 von den Babenbergern an der Stelle einer Römersiedlung errichtet.

5–6

Folgen Sie nun der Cobenzlgasse, die weiter stadteinwärts in die Sandgasse mündet. Diese geht schließlich in die Grinzinger Straße über. Am Haus Nr. 64 erinnert eine Tafel an Franz Grillparzer und Ludwig van Beethoven. Beide verbrachten hier 1808 einige Monate ihres Lebens.

6–7

Biegen Sie in die Armbrustergasse ein. Gegenüber vom ehemaligen Wohnhaus des langjährigen österreichischen Bundeskanzlers Bruno Kreisky (Armbrustergasse 15) führt die kleine Probusgasse stadteinwärts. Über holprige Pflastersteine kommen Sie zu einer weitere Wohnstätte Beethovens, das 2017 zu einem großen Beethoven Museum erweitert wurde. Eine kleine Treppe führt zu seiner Wohnung, in der er 1802 das berühmte *Heiligenstädter Testament* verfasst hat. Beethoven erhoffte sich von seinem Aufenthalt hier in der Sommerfrische die Linderung seines Hörleidens. Als keine Besserung eintrat, schrieb er seinen Brüdern einen leidenschaftlichen, wütenden Brief, den er niemals abschickte und der schließlich als *Heiligenstädter Testament* in die Geschichte einging.

7–8

Mehr als 80-mal wechselte Beethoven in Wien sein Quartier, kein Wunder also, dass sich am Ende der Probusgasse, am Pfarrplatz, ein weiteres Beethovenhaus befindet. In dem Gebäude aus der Mitte des 17. Jhs. arbeitete der Komponist 1817 an der 9. Symphonie, heute treffen sich hier Prominente und Weinkenner beim Heurigen Mayer am Pfarrplatz.

Vorbei an der Heiligenstädter Jakobskirche, einem der ältesten Gotteshäuser Wiens mit baulichen Relikten aus dem

2\. Jh., gelangen Sie über die Nestelbachgasse zurück zur Grinzinger Straße. Dort finden Sie stadteinwärts die Haltestelle Fernsprechamt Heiligenstadt der Buslinie 38A, die zur U-Bahn-Station Heiligenstadt führt. Von dort erreichen Sie wieder die Innenstadt.

Beim Heurigen darf's auch mal ein Gläschen mehr sein ...

KLEINE PAUSEN

Zahlreiche Heurigenrestaurants bieten ein reichhaltiges , kaltes und warmes Büfett in typischer Atmosphäre. Der **Feuerwehr-Wagner** (✉ Grinzinger Str. 53 ☎ 320 24 42 🌐 www.feuerwehrwagner.at 🕐 tägl. 16–24 Uhr) ist berühmt für sein Backhendl, der **Martin Sepp** (✉ Cobenzlgasse 34 ☎ 320 32 33 🌐 http://zummartinsepp.at 🕐 tägl. 11.30–24 Uhr) hat sich auf saisonale Gerichte spezialisiert. In der Buschenschank **Obermann** (✉ Cobenzlgasse 102 ☎ 0664 451 99 27 🌐 www.wein bauobermann.at 🕐 Fr. ab 16, Sa ab 15, So ab 13 Uhr) genießt man hervorragende Bio-Weine aus eigener Produktion. Im Wirtshaus **Neuland** (✉ Cobenzlgasse 5 ☎ 320 00 63 🌐 www. lokal-neuland.at 🕐 tägl. 11.30–22, So bis 15 Uhr) speist man in gestyltem Ambiente. Bewältigen Sie den Anstieg hinauf zum Weingut **Am Reisenberg** (✉ Oberer Reisenbergweg 15 ☎ 06991 320 94 91 🌐 www.weingutamreisenberg.at 🕐 Mai–Sept. Mo–Fr 17–23, Sa ab 15, So ab 13 Uhr), wird Ihre Mühe mit gutem Wein und einer großartigen Aussicht auf Wien belohnt.

Beethoven Museum
✉ Probusgasse 6 ☎ 0664 88 95 08 01
🌐 www.wienmuseum.at 🕐 Di–So 10–13, 14–18 Uhr 🎟 7 €, jeden 1. So im Monat frei

Heurigenschank Zum Berger
✉ Himmelstraße 19
☎ 320 58 93
🕐 Do–Sa ab 15.30, So ab 12.30 Uhr

Mayer am Pfarrplatz
✉ Pfarrplatz 2 ☎ 370 12 87
🌐 www.pfarrplatz.at 🕐 Mo–Fr 16–24, Sa/So ab 12 Uhr

Müllers Heuriger & Weingut
✉ Cobenzlgasse 38 ☎ 0680 550 90 08
🌐 www.muellers-heuriger.at
🕐 April–Juni, Aug., Sept Mi–So ab 16 Uhr, Okt. nur Fr–So

Auf den Spuren des dritten Mannes

Start	Stadtpark ⊹ 223 D5 U4 Stadtpark
Ziel	Teinfaltstraße ⊹ 216 A2 U3 Herrengasse, U3 Schottentor
Länge	3 km
Dauer	2,5 Stunden

Der Spaziergang auf den Spuren von Carol Reeds berühmtem Film »Der dritte Mann« von 1949 führt in das unterirdische Kanalsystem und durch das Wien der Nachkriegszeit, als die Alliierten und der Schwarzmarkt die zerstörte Stadt prägten.

1–2

Gehen Sie vom Stadtpark die Lothringer Straße entlang bis zu jener Litfaßsäule, durch die Harry Lime verschwand. Sie befindet sich zwischen dem Beethovenplatz auf der einen und dem Konzerthaus auf der anderen Straßenseite. Für den Film wurde sie auf einem anderen Platz nachgebaut, aber dazu später.

2–3

Im Rahmen einer speziellen »Kanal-Tour«, die Sie wegen des großen Interesses unbedingt vorher reservieren müssen, können Sie einen Teil des insgesamt 2300 km messenden Kanalsystem der Stadt begehen.

Nach einer Choleraepidemie 1830 wurden alle wichtigen Bäche im Stadtgebiet eingewölbt und zwei große Sammelkanäle parallel zum Wienfluss gebaut. Das denkmalgeschützte Tunnelgewölbe von Otto Wagner, das Sie nach der schmalen Treppe erreichen, wurde um 1900 fertig gestellt. Während der ca. 45-minütigen Führung kommen Sie auch in den Haupttunnel, in dem die Verfolgungsszenen mit Harry Lime entstanden.

Gehen Sie die Lothringer Straße entlang bis zum Schwarzenbergplatz.

3–4

Werfen Sie einen Blick nach links auf das Heldendenkmal der Roten Armee beim Hochstrahlbrunnen. Die fast 12 m hohe Bronzefigur stellt einen Russen dar und wurde am 19. August 1945 mit einer Parade sowjetischer, amerikanischer, englischer und französischer Truppen eingeweiht. Wien war von 1945 bis 1955 in vier Zonen aufgeteilt, die innere Stadt wurde von den vier Alliierten gemeinsam verwaltet. Gehen Sie vor zur Ringstraße, wo Sie links das Hotel Imperial sehen.

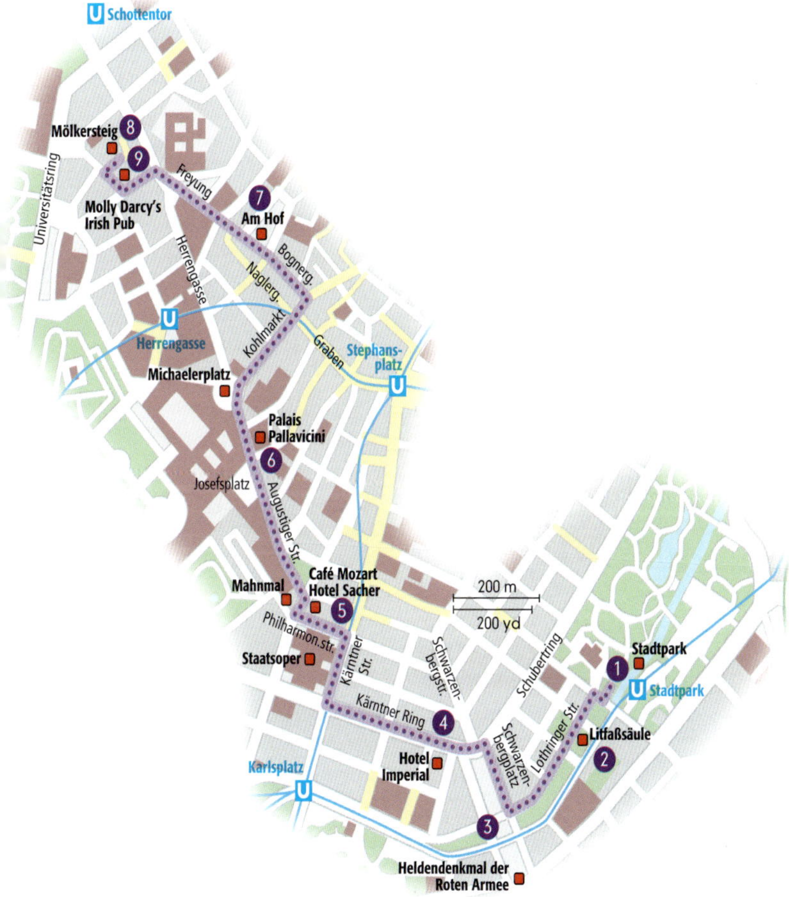

Graham Greene ließ sich im legendären »Sacher« …

4–5

In der Besatzungszeit fungierte das noble Hotel als Hauptquartier des russischen Geheimdienstes. Von hier geht es weiter den Ring entlang, bis Sie rechts zur Staatsoper (S. 117) abbiegen.

Hinter der Oper finden Sie einen anderen Geheimdienstsitz, das Hotel Sacher (S. 206) Im 1860 erbauten Hotel hatten sich die Engländer einquartiert, unter ihnen der Autor der Geschichte, Graham Greene, der hier in den Akten unzählige Anregungen für seinen Schwarzmarktthriller fand.

5–6

Im Café Mozart (S. 98), gleich hinter dem Hotel, trank Graham Greene gerne seinen Kaffee, und er ließ einige Szenen im Schanigarten des Cafés spielen. Der Philipphof auf dem Albertinaplatz, ein mehrstöckiges Wohnhaus mit einem großen Luftschutzkeller, wurde bei einem Bombenangriff 1945 völlig zerstört, 300 Menschen wurden lebendig begraben. Heute steht hier das Mahnmal des Bildhauers Alfred Hrdlicka. Gehen Sie die Augustinerstraße weiter bis zum Josefsplatz. Gegenüber dem Reiterdenkmal Kaiser Josephs II. sehen Sie das Palais Pallavicini. In *Der dritte Mann* war es Harry Limes Wohnhaus – mit dem legendären Portier Paul Hörbiger.

… und im Café Mozart zu seinem »Dritten Mann« inspirieren.

6–7

Durch die Reitschulgasse kommen Sie zum Michaelerplatz, wo das Café Marc Aurel für den Film nachgebaut wurde. Über den Kohlmarkt und die Bognergasse geht es nun weiter zum nächsten Filmschauplatz: Am Hof (S. 61) wurde die berühmteste Litfaßsäule der Filmgeschichte aus Holz nachgebaut und mit raffinierter Weitwinkeltechnik auf Zelluloid gebannt.

7–8

Gehen Sie weiter über die Freyung und die Teinfaltstraße zum Mölkersteig. Hier – im Torbogen der Schreyvogelgasse 8 – spielt eine weitere Schlüsselszene: Holly Martins bekommt erstmals Harry Lime zu Gesicht.

Farbenprächtig ausgeleuchtet ist das Wiener Kanalsystem heutzutage weniger schaurig als zu Zeiten von Harry Lime.

8–9

Sollten Sie sich an einer organisierten Führung beteiligt haben, wird für Sie in Molly Darcy's Irish Pub (Teinfaltstr. 6) auf der Zither das weltberühmte *Harry Lime Theme* gespielt und Sie erfahren außerdem allerlei amüsante Anekdoten über den Komponisten Anton Karas und die britische Filmproduktion.

KLEINE PAUSE

Gönnen Sie sich unterwegs im **Café Mozart** (S. 98) ein Tässchen Kaffee und dazu ein Stück Mozarttorte.

Die Story
Wien 1948: Der US-Schriftsteller Holly Martins (Joseph Cotten) möchte seinen Freund Harry Lime (Orson Welles) in Wien besuchen. Er kommt zu spät, Lime ist bei einem Autounfall verunglückt. Martins wird in Penicillinschieber-Geschichten verwickelt, ein Zeuge will einen dritten Mann am Unfallort gesehen haben. Es kommt zu einer spektakulären Verfolgungsjagd im Wiener Kanalnetz ...

Dritte Mann Museum
Mehr als 1000 Exponate, Plakate, Programme, Buchausgaben, Ton- und Filmversionen, dazu zahlreiche Dokumente, die den zeitgeschichtlichen Hintergrund beleuchten.
✉ Wien 4., Pressgasse 25
☎ 586 48 72 🌐 www.3mpc.net
🕐 Sa 14–18 Uhr 🎟 8,90 €

Sie möchten den Film (nochmals) sehen?
Die englische Originalversion des Films läuft jeweils freitagabends sowie dienstag- und sonntagnachmittags im Burgkino (genaue Zeiteh bitte telefonisch erfragen)
✉ Wien 1., Opernring 19
☎ 587 84 06
🌐 www.burgkino.at 🎟 9,50 €

Geführte Tour
Auf den Spuren des dritten Mannes wandeln kann man auch im Rahmen von Stadtführungen.
✉ Treffpunkt: vor der U-Bahn Station Stadtpark, Ausgang Johannesgasse
☎ 774 89 01 🌐 www.viennawalks.com
🕐 Mo und Fr 16 Uhr 🎟 19 €).

Kanal-Tour
✉ Treffpunkt und Einstieg: Karlsplatz/Girardipark (gegenüber vom Café Museum)
🕐 Mai–Okt. Do–So 10–20 Uhr jeweils zur vollen Stunde
Reservierung: ☎ Ticket-Hotline 4000-3033 (Mo–Fr 7.30–16.30 Uhr) oder online auf www.drittemanntour.at; die Tickets müssen spätestens 20 Min. vor Beginn der Tour abgeholt werden 🎟 10 €

Eine Tour mit dem Sightseeing-Bus ist natürlich recht informativ, mehr Spaß macht aber, Wiens Highlights mit dem Rad zu »erfahren«.

Praktische Informationen

Was vor der Reise wichtig ist, wie Sie vor Ort gut zurechtkommen und viele Infos mehr erfahren Sie hier.

Seite 196–212

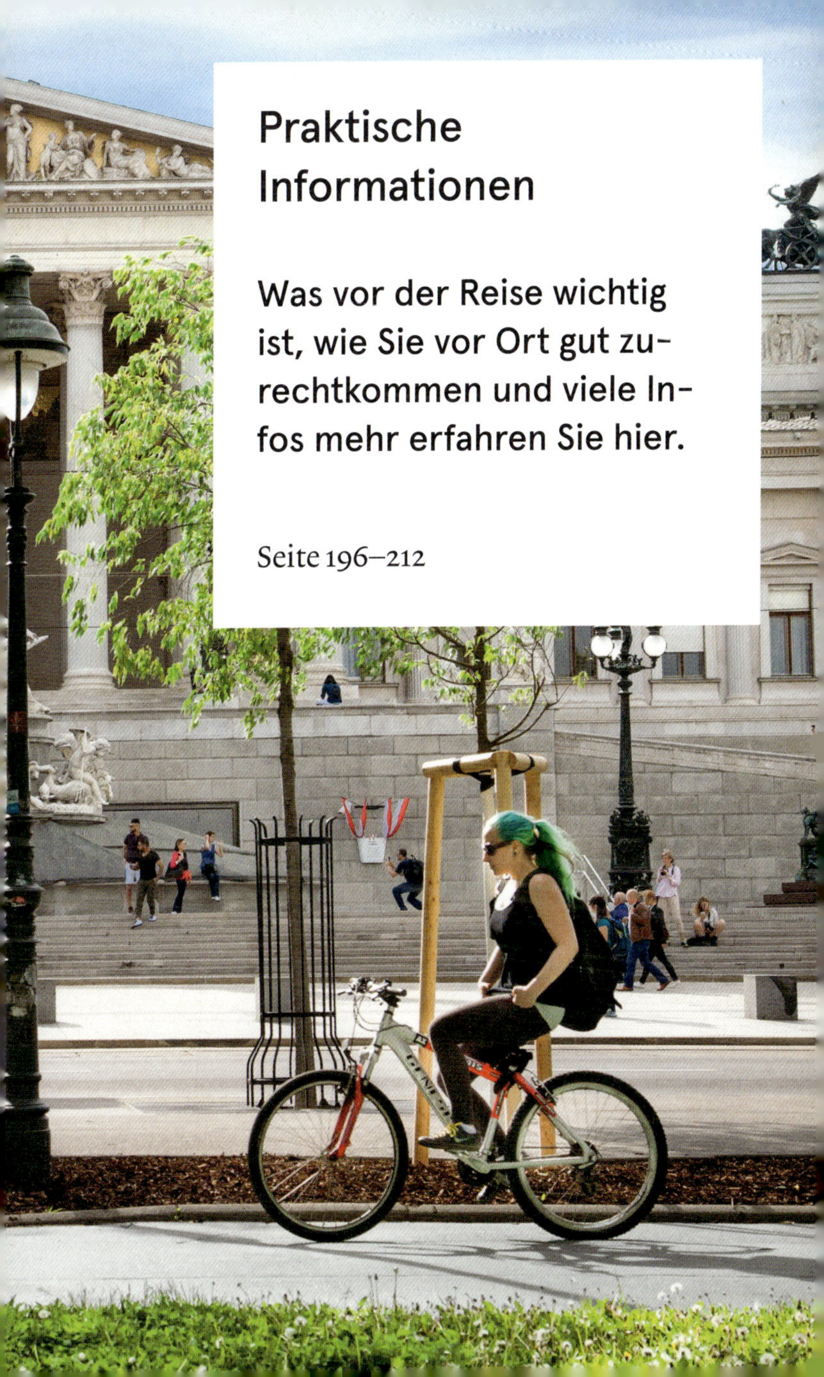

VOR DER REISE

Auskunft

Österreich Werbung
Urlaubsservice
Tel. 00800 400 200 00
(gebührenfrei; Mo–Fr 9–13 Uhr)
www.austria.info/at
Individuelle Urlaubsberatung und Prospektbestellung

Wien Tourismus
✉ Wien 1., Albertinaplatz/Maysedergasse (hinter der Staatsoper)
☎ 01 2 45 55
🌐 www.wien.info

Touristenbüros
Albertinaplatz: tägl. 9–19 Uhr
Hauptbahnhof Wien: tägl. 9–19 Uhr
Flughafen Wien-Schwechat
Ankunftshalle: tägl. 7–22 Uhr

Websites
www.festwochen.at
Infos und Programmhinweise rund um die im Mai und Juni veranstalteten Wiener Festwochen sowie Kartenbestellservice

www.stadt-wien.at
Internetportal für Wiener und diejenigen, die mehr über den Alltag der Stadt erfahren wollen

www.vienna.at
aktuelle Wien-News

www.wien.gv.at
Die Website der Stadt Wien informiert ausführlich u.a. über touristische Angebote, den öffentlichen Nahverkehr und über das Radwegenetz.

www.wien.info
offizielle Seite der Touristeninformation Wien mit Tipps und Empfehlungen

www.wien-konkret.at
aktuelle Informationen über Wien, u.a. mit vielen Ausflugstipps

Botschaften

Deutsche Botschaft
✉ Wien 1., Gauermanngasse 2-4
☎ 01 71 15 40
🌐 www.wien.diplo.de

Schweizerische Botschaft in Wien
✉ Wien 3., Prinz-Eugen-Str. 9a
☎ 01 7 95 05
🌐 www.eda.admin.ch/wien

Ermäßigungen

In vielen Museen und Sehenswürdigkeiten kommen Senioren, Kinder und Jugendliche, Auszubildende, Studierende (bis 27 J.) und Reisegruppen (ab 10 Pers.) in den Genuss von ermäßigten Eintrittskarten.

In den staatlichen Museen (Albertina, Belvedere, Kunsthistorisches Museum mit Museum für Völkerkunde & Theatermuseum, MAK, MUMOK, Naturhistorisches Museum, Technisches Museum Wien, Anatomisch-Pathologisches Museum, Österreichische Nationalbibliothek) zahlen Jugendliche (bis 19 J.) und Schülergruppen keinen Eintritt.

Sehr zu empfehlen ist die **Vienna City Card**. Mit ihr kann man für 13,90 € (bzw. 21,90 € oder 24,90 €) 24 (bzw. 48 oder 72) Stunden lang sämtliche öffentlichen Verkehrsmittel benutzen (pro Karte ein Kind bis 15 J. gratis). Hinzu kommen Ermäßigungen in den meisten Museen, Sehenswürdigkeiten, bei Events sowie in vielen Läden und Lokalen. Kaufen können Sie die Wien-Karte am Flughafen, in den Touristenbüros, den Vorverkaufsstellen der Wiener Linien, in vielen Hotels und online über www.viennacitycard.at.

Praktisch für die Nutzung von U-Bahn, Tram und Bus ist das **Mobile-Ticket** für einen Tag (gültig bis 1 Uhr früh), das man über www.wienerlinien.at für 5,50 € direkt via Smartphone kauft und gar nicht erst ausdrucken muss.

Feiertage

1. Januar: Neujahr
6. Januar: Hl. Drei Könige
März/April: Ostersonntag, Ostermontag
1. Mai: Tag der Arbeit

Mai/Juni: Christi Himmelfahrt
Pfingstsonntag, Pfingstmontag
Fronleichnam
15. August: Mariä Himmelfahrt
26. Oktober: Nationalfeiertag
1. November: Allerheiligen
8. Dezember: Mariä Empfängnis
25. Dezember: Christtag
26. Dezember: Stephanitag

Geld

Österreich gehört zur Euro-Zone.
Für die Schweiz gilt:
1 € = ca. 1,17 CHF; 1 CHF = ca. 0,85 €
(tagesaktueller Wechselkurs auf www.oanda.com)

Die meisten internationalen **Kreditkarten** werden von Banken, Hotels, Restaurants, Autovermietern und vielen Einzelhandelsgeschäften akzeptiert.

Unter der einheitlichen **Sperrnotruf-Nummer** 0049 116 116 (www.sperr-notruf.de) kann man in Deutschland Bank- und Kreditkarten, Handys, Online-Banking-Zugänge sowie die elektronische Identitätsfunktion des Personalausweises bei Verlust sperren lassen.

Für Österreich gilt die Telefonnummer: 0800 204 88 00.

Die Schweiz hat keine einheitliche Notfallnummer; die wichtigsten sind: 0041 44 659 69 00 (Swisscard); 0041 44 828 31 35 (UBS Card Center); 0041 58 9 58 83 83 (VISECA); 0041 44 8 28 32 81 (PostFinance).

Gesundheit

Mit der Europäische Krankenversicherungskarte (auf der Rückseite der elektronischen Gesundheitskarte) genießen Wien-Urlauber aus Deutschland und der Schweiz Krankenversicherungsschutz.

Man sollte dennoch eine spezielle Reisekrankenversicherung abschließen, die z.B. die Kosten für einen Krankenrücktransport übernimmt.
Ärztenotdienst: ☎ 141 (19–7 Uhr) und am Wochenende
Zahnärztlicher Notdienst: ☎ 512 20 78
Apotheken-Bereitschaftsdienst: ☎ 14 55

In Kontakt bleiben

Post: Postämter sind in der Regel von Montag bis Freitag von 8 bis 12 und 14 bis 18 Uhr geöffnet. Die Hauptpost (1., Fleischmarkt 19) und die Postämter am Haupt-, West- und Franz-Josefs-Bahnhof haben von 7 bis 20 bzw. 22 Uhr offen. Das Porto für eine Ansichtskarte beträgt 0,80 €.
Multi Media Stations: An mehr als 500 öffentlich zugänglichen Standorten ermöglichen Hightech-Telefonzellen den kostenfreien Online-Zugang zu den Webseiten der Stadt Wien und den Touristenbüros. Per Kleingeld-Einwurf kann man zudem telefonieren, skypen, unbeschränkt im Internet surfen sowie SMS und E-Mails versenden.
WLAN und Internet: Der interaktive Stadtplan auf www.wien.gv.at zeigt alle kostenlosen WLAN-Hotspots in Wien (Karteninhalt: »Kommunikation & Wirtschaft«, »WLAN-Standort«).

Notrufe

Allgemeiner Notruf: ☎ 112
Polizei: ☎ 133
Feuerwehr: ☎ 122
Notarzt/Krankenwagen: ☎ 144
Pannenhilfe des ARBÖ: ☎ 123
ADAC-Notruf: ☎ 00 49 89 22 22 22

Reisedokumente

Urlauber aus Deutschland sollten trotz des Schengener Abkommens, durch das Passkontrollen an den Grenzübergängen entfallen, weiterhin ihren Pass oder Personalausweis mitnehmen, da stichprobenartige Kontrollen durchgeführt werden. Reisende aus der Schweiz benötigen einen gültigen Personalausweis. Wer mit dem Auto nach Österreich einreist, muss den nationalen Führerschein und die Fahrzeugpapiere dabeihaben.

Reisezeit

Wien zu besuchen, lohnt sich das ganze Jahr über. Im Frühjahr bezaubert die Donaumetropole mit ihren herrlich grünen Parks, angenehmen Temperaturen für einen

Stadtbummel und einladenden Schanigärten. Doch am schönsten zeigt sich die Stadt von Mai, wenn der Flieder blüht, bis Oktober, wenn sich in den Weingebieten am Stadtrand das Laub verfärbt.

Im Sommer verspricht Wien sogar echte Badefreuden auf der Donauinsel und entlang der Alten Donau, wo Strandbäder – z. T. mit Sandstränden – für Abkühlung und »Mittelmeer-Feeling« sorgen.

Wenn es im Herbst kühl und regnerisch wird, beginnt die Theatersaison. Der Winter ist Ballsaison und berühmt für die bezaubernden Wiener Advent- und Christkindlmärkte.

Wien lockt aber vor allem mit seinem vielfältigen Kultur- und Event-Angebot: Theater- und Kabarettaufführen, Opern und Konzerte und die vielen Museen lassen vergessen, wenn die Sonne einmal nicht vom Himmel lacht.

Sicherheit

In jüngerer Vergangenheit haben Eigentumsdelikte merklich zugenommen. Vor allem Autoeinbrüche und Taschendiebstähle erschweren auch Touristen gelegentlich das Leben. Achten Sie deshalb ganz besonders auf belebten Straßen und Plätzen sowie bei Fahrten mit der U-Bahn auf Ihre Brief- oder Handtasche, Ihr Handy oder Ihre Kamera. Und wenn Sie sich ein Rad ausleihen, schließen Sie es stets ab.

Zollbestimmungen

Innerhalb der Europäischen Union (EU) ist der Warenverkehr für private Zwecke weitgehend zollfrei; allerdings gelten für Reisende nach Österreich obere Richtmengen (z. B. für Reisende über 17 J. 200 Zigaretten, 1 bzw. 2 l hoch- bzw. niedrigprozentiger Alkoholika). Zollfrei sind auch Mitbringsel bis zu einem Wert von insgesamt 430 € (bei einer Flugreise) bzw. 300 € (Reise mit Pkw, Bus oder Bahn).

Zollfrei bei der Wiedereinreise in die Schweiz sind für Personen ab 17 J. z. B. 250 Zigaretten, 5 l Wein, 1 l Spirituosen sowie weitere Reisemitbringsel im Wert von bis zu 300 CHF (aktuelle Infos unter www.zoll.de und www.ezv.admin.ch)

ANREISE

Wien ist eine überschaubare Großstadt. Egal, ob Sie mit Flugzeug, Bahn oder Auto in die Donaumetrople reisen, der Weg ins Zentrum dauert nicht lange.

Mit dem Flugzeug: Der Flughafen Wien-Schwechat (Vienna International Airport; www.viennaairport.com) liegt ca. 15 km südöstlich des Stadtzentrums. Im Ankunftsbereich gibt es einen Info-Schalter, der Informationsdienst des Flughafens ist unter Tel. 01 70 07 222 33 täglich rund um die Uhr erreichbar.

Vom Flughafen in die Stadt: Vom Flughafen kommen Sie mit S-Bahn, Bus (zwischen ca. 5.30 und ca. 24 Uhr im 30-Minuten-Takt) oder Taxi recht zügig in die Innenstadt.

Der CAT, der City Airport Train (www.cityairporttrain.com) fährt nonstop in 16 Min. vom Flughafen zum S-Bahnhof Wien Mitte. Eine (6 Monate gültige) Fahrkarte kostet 12 €, hin und zurück 21 € (online 11/19 €). Für zahlreiche Flüge kann man vom Vorabend bis 75 Min. vor Abflug das Gepäck am Terminal Wien Mitte einchecken.

Günstiger geht's mit der S-Bahn in die Stadt: Die S 7 fährt in ca. 30 Min. zum Bahnhof Wien Mitte, hält allerdings unterwegs an anderen Stationen. Mit der Fahrkarte für 4,80 € können Sie dann auf allen Wiener Linien weiterfahren.

Vom Flughafen-Busterminal fahren die Busse der Vienna Airport Line (www.viennaairportlines.at; www.flughafenbus.wien) in 20 bis ca. 40 Min. auf drei Strecken ins Stadtzentrum. Die Linie VAL 1 steuert im Halbstundentakt die Stationen Westbahnhof, Volkstheater (Bellariastraße), Rathaus (Friedrich-Schmidt-Platz) und Schottentor an; VAL 2 ebenfalls im Halbstundentakt den Morzinplatz/Schwedenplatz; die Linie VAL 3 im Stundentakt die Stationen Donaumarina, Stadion, Krieau, Kaisermühlen, Hotel NH Danube City, Kagraner Brücke und Donauzentrum. Ein Ticket kostet 8 €, Hin- und Rückfahrt 13 € (30 Tage gültig); erhältlich online, beim Busfahrer oder bei den VAL-Ticketschaltern am Flughafen.

Ein Taxi-Standplatz befindet sich nördlich der Ankunftshalle. Eine Fahrt bis ins Zentrum dauert etwa 20 Min. und kostet ungefähr 36 €. Günstiger ist es, wenn Sie mit öffentlichen Verkehrsmitteln in die Stadt fahren und dann ein Taxi zum Hotel nehmen.

Mit der Bahn: Die zentrale Drehscheibe für den internationalen Fern-, aber auch den innerösterreichischen bzw. regionalen Schienenverkehr von und nach Wien ist der Ende 2015 eröffnete, hypermoderne Hauptbahnhof. Er ist nur zwei (Karlsplatz) bzw. drei U-Bahnstationen (Stephansplatz) von der Innenstadt entfernt und von allen U-Bahn- und S-Bahn-Stationen aus in weniger als 30 Min. zu erreichen.

Der ICE verbindet Wien täglich im Zweistundentakt mit Hamburg, Regensburg, Nürnberg, Würzburg und Frankfurt/M. Der ÖBB Railjet braucht von München nach Wien keine vier Stunden, an den Wochenenden bringt er Fahrgäste direkt von Stuttgart, Mannheim oder Frankfurt/M. nach Wien. Mit dem Europa-Spezial kann man recht günstig (ab 39,90 €) von München oder Frankfurt/M. nach Wien reisen.

Der Westbahnhof, ausgestattet mit Gastro- und Shoppingbereichen, ist auch weiterhin Endpunkt für viele Züge aus Westeuropa und Österreich. Von hier (wie auch vom Hauptbahnhof) fährt auch als preisgünstige private Konkurrenz zu den staatlichen ÖBB die Westbahn mit nur wenigen Stopps nach Salzburg (jew. mit Direktanschluss nach München).

Infos

Hauptbahnhof Wien
http://hauptbahnhofcity.wien

Deutsche Bahn
Tel. 0800 1 50 70 90 (kostenlose Fahrplanauskunft); Tel. 0180 699 66 33 (Buchung); www.bahn.de

Österreichische Bundesbahnen
Tel. 05 17 17; www.oebb.at
Schweizerische Bundesbahnen
Tel. 0900 30 03 00; www.sbb.ch

Mit dem Auto: Vergessen Sie bei der Einreise nach Österreich die Autobahnvignette nicht. Alle Autobahnen und einige Schnellstraßen sind gebührenpflichtig. Maut-Vignetten können in den Geschäftsstellen und Grenzbüros der Automobilklubs sowie in grenznahen Tankstellen gekauft werden. Anhänger bzw. Wohnwagen bis 3,5 t Gesamtgewicht sind nicht vignettenpflichtig (weitere Infos: www.asfinag.at).
Auto: 9 / 26,20 / 87,30 € (10 Tage / 2 Monate / 1 Jahr)
Motorrad: 5,20 / 13,10 / 34,70 €
weitere Infos: www.asfinag.at

UNTERWEGS IN WIEN

Mit dem Öffentlichen Nahverkehr: Mit den »Öffis« kommt man in Wien überall hin, am schnellsten mit der U-Bahn, am schönsten mit der Straßenbahn. Viele der berühmtesten Sehenswürdigkeiten Wiens erkundet man am besten auf einem Bummel durch die Innenstadt; große Bereiche rund um Stephansdom, Hofburg und Rathaus sind Fußgängerzonen.

Die Züge der fünf (farblich gekennzeichneten) U-Bahnlinien verkehren täglich ab ca. 5 Uhr, die letzten Züge fahren gegen 0.30 Uhr vom Stadtzentrum ab. Freitag- und Samstagnacht sind die U-Bahnen – im 15-Min.-Takt. – ebenfalls in Betrieb. Straßenbahnen (Tram) sind mit Ziffern oder Buchstaben gekennzeichnet (z.B. 1, 10, oder D), Busse mit einer Ziffern-Buchstaben-Kombination (z.B. 1A, 10A oder 156B). In der Zeit von etwa 0.30 bis 5 Uhr verkehren 22 Nachtbuslinien im 30-Min.-Takt; die Haltestellen sind mit einem blauen N gekennzeichnet.

Ein Plan des U-Bahn-, S-Bahn- und Straßenbahn-Netzes ist in diesem Reiseführer auf der hinteren Innenklappe des Umschlags abgedruckt. Über Fahrpläne, Ticketpreise usw. infomiert, neben den Aushängen an den einzelnen Stationen, die Webseite des Verkehrsbetriebs »Wiener Linien«, www.wienerlinien.at, sowie die Öffi-App qando (Download u.a. über www.wienerlinien.at).

Fahrkarten: Innerhalb der Stadtgrenzen Wiens gelten für alle Verkehrmittel dieselben Fahrscheine, auch wenn Sie umsteigen. Da regelmäßig Fahrscheinkontrollen stattfinden, sollten Sie stets ein gültiges Ticket vorzeigen können. Werden Sie beim Schwarzfahren erwischt, kostet das ein Bußgeld von über 100 €.

Fahrkarten erhalten Sie bei den Verkaufsstellen der Wiener Linien, in Trafiken (kleinen Läden für Tabakwaren und Zeitungen), an den Verkaufsautomaten in den U-Bahn-Stationen, in vielen Hotels und auch direkt in den Straßenbahnen und Bussen (Münzen bereithalten). Per Smartphone kann man »mobile Tickets« auch bequem (und teilweise günstiger) unterwegs kaufen (www.wienerlinien.at).

Eine Einzelfahrt kosten 2,40 €, eine 24/48/72-Stunden-Netzkarte 8/14,10/17,10 €. Die Einkaufskarte für 6,10 € gilt an allen Werktagen von 8 bis 20 Uhr für beliebig viele Fahrten; die Klima-Karte für 40,80 € kann an acht unterschiedlichen Tagen auch von anderen oder von mehreren Personen gleichzeitig benutzt werden. Die meisten Tickets müssen vor Fahrtantritt entwertet werden. Sondertarife und weitere Ticket-Angebote stehen auf der Website der Wiener Linien.

Wien-Touristen sollten sich am besten die Wien-Karte kaufen (S. 198), mit der man 24, 48 oder 72 Stunden lang sämtliche öffentlichen Verkehrsmittel nutzen kann und darüber hinaus in den meisten Museen, Sehenswürdigkeiten, bei Events, in Läden und Lokalen Ermäßigungen oder Rabatte erhält.

Mit Sightseeing-Touren: Bequem lässt sich die Stadt in den Hop-on-Hop-off-Bussen von Vienna Sightseeing (www.viennasightseeingtours.at, Tel. 01 712 46 83), Red Bus City Tours (www.redbuscitytours.at, Tel. 01 512 40 30) und Big Bus Vienna (www.bigbustours.com, Tel. 01 905 91 000) entdecken, die täglich alle wichtigen Sehenswürdigkeiten anfahren. Von Mai bis Mitte Oktober bietet Oldtimer City Tour (www.oldtimertours.at) donnerstags bis sonntags Stadtrundfahrten in einem restaurierten Oldtimer-Bus. Ein Ticket kostet 19 € und los geht's um 11.15, 12.45, 14.15 und 16 Uhr am Burgtor (Heldenplatz) – allerdings nicht, wenn's regnet.

Ganz individuell und nostalgisch können Sie sich auch von einem kundigen Fahrer in einem Oldtimer, z.B. in einem Borgward Isabella Coupé von 1957, durch Wien, zum Heurigen oder auch zum Neusiedler See chauffieren lassen. Die Fahrten organisiert Gerhard Würnschimmel (Tel. 0664 411 88 93 und 01 8 69 23 50, E-Mail: miete@oldiefahrt.at, www.oldiefahrt.at)

Auch mit der Straßenbahn lässt sich Wien kennenlernen. Mit der Vienna Ring Tram (Ticketpreis: 9 €) erkunden Sie Wiens Prachtstraße und ihre herrlichen Ringstraßenpaläste wie Staatsoper, Hofburg, Parlament und Rathaus. Die Tram startet ab 10 Uhr alle halbe Stunde am Schwedenplatz; die letzte Fahrt beginnt um 17.30 Uhr.

Die Straßenbahnen der Linie D fahren vom Hauptbahnhof an Schloss Belvedere vorbei über den Schwarzenbergplatz zur Ringstraße. Wer diese Tour in einem Heurigen beenden will, bleibt einfach sitzen und steigt erst in Nußdorf aus.

Mit dem eigenen Auto: In fast sämtlichen Bezirken Wiens wurden gebührenpflichtige Kurzparkzonen eingerichtet, in denen an Werktagen – mancherorts auch am Samstag – Parken für maximal zwei Stunden erlaubt ist. Parkscheine gibt's u.a. in Tankstellen, Trafiken und an Fahrscheinautomaten der Wiener Linien; eine halbe Stunde kostet 1 €.

Günstiger ist das Parken in den meist an an U- und S-Bahn-Stationen gelegenen Park-&-Ride-Garagen, die rund um die Uhr geöffnet sind und pro Tag 3,40 € kosten.

Vom 15. Dezember bis zum 30. März besteht zwischen 20 und 5 Uhr früh ein generelles Parkverbot in allen Straßen mit Straßenbahnschienen, um bei starkem Schneefall die Räumung zu ermöglichen. Detaillierte Informationen zum Parken in Wien gibt's auf www.parken.at/wien.

Mit dem Taxi: An nahezu allen stark frequentierten Ecken Wiens, an Verkehrsknotenpunkten und vor Hotels gibt es Taxi-Standplätze. Nachts sowie an Sonn- und Feiertagen werden geringe Zuschläge berechnet.

Taxiruf: Tel. 60 160; 40 100; 31 300 oder online auf www.taxi60160.at und www.taxi40100.at.

Mit dem Fahrrad: Radwege durch verkehrsarme Zonen werden intensiv genutzt – auch mit den Citybikes (www.citybikewien.at), die man an 120 Stationen, u.a. bei U-Bahn-, Bus- und Straßenbahn-Haltestellen, ausleihen kann (die erste Stunde ist gratis, die zweite kostet 1 €, die dritte 2 €, ab der 4. Stunde je 4 €). Weitere Anbieter zur Nutzung mit Smartphone und Kreditkarten: oBike (www.o.bike) und ofo (www.ofo.com). Einige Fahrradverleiher (www.fahrradverleih.at; www.pedalpower.at; www.radverleih-hochschaubahn.com) bieten auch E-Bikes, Tandems und Rikschas sowie geführte Radtouren an.

Fahrräder dürfen Mo–Fr. 9–15 und ab 18.30 Uhr, Sa/So ganztags kostenlos in der U-Bahn transportiert werden. An allen Ladestationen von Wien-Energie ist das »Stromtanken« von E-Bikes gratis.

Mit dem Fiaker: Natürlich prägen auch die Fiaker noch immer das Stadtbild Wiens. Rund 40 Pferdekutschen warten am Stephans-, Helden- und Petersplatz sowie vor der Albertina auf Gäste, die wie zu Kaisers Zeiten unterwegs sein wollen. Eine Altstadttour kostet zwischen 55 € (20 Min.) und 110 € (1 Std.).

ÜBERNACHTEN

Edel, hip oder Budget? Das Angebot an Unterkünften in der österreichischen Hauptstadt ist für jeden Geschmack und Geldbeutel immens. Da Wien mit mehr als 15 Mio. Übernachtungen pro Jahr zu den Topzielen in Europa zählt, gilt es, nicht nur während der Hauptsaison rechtzeitig ein Zimmer zu buchen – egal ob in einem stylischen Designhotel, in einem prächtigen Palais oder in einer charmanten Pension.

Hotels

Die österreichischen Hotels sind in fünf Kategorien klassifiziert, vom Fünf-Sterne-Haus der Luxusklasse bis zur einfachen Pension mit einem Stern. Ein nettes, gut ausgestattetes Doppelzimmer in einem Mittelklassehotel in der Wiener Innenstadt kostet pro Nacht zwischen 100 und 150 €.

In der Innenstadt reihen sich die Luxushotels aneinander, darunter so berühmte wie das »Bristol«, das »Imperial« und das »Sacher«. In einer dieser Nobelherbergen zu übernachten, würde wohl das Urlausbudget der meisten Wienbesucher sprengen. Doch bei einem Drink in der Hotelbar oder einer Melange im hauseigenen Café können auch »Normalsterbliche« das mondäne Flair dieser besonderen Häuser genießen.

Auf www.wien.info, der Webseite des Wien Tourismus, können Sie aus rund 400 Hotels, Pensionen und Apartments auswählen und buchen; die telefonische Hotline zur Hotelreservierung erreichen Sie von Montag bis Freitag von 9 bis 19 Uhr unter Tel. 01 245 55. Kommen Sie ohne Reservierung nach Wien, hilft Ihnen die Tourist-Information gern weiter.

Apartments

Wer lieber in einem Apartment übernachten möchte, findet auf den Webseiten www.airbnb.de, www.apartment.at, www.checkvienna.com, www.ferienwohnungen-wien.at oder https://vienna.apartments.at eine große Auswahl an (Ferien)Wohnungen. Die Preise variieren stark je nach Lage und Ausstattung.

Übernachtungspreise

für ein Doppelzimmer pro Nacht (ohne Frühstück):

€	unter 100 Euro
€€	100–150 Euro
€€€	150–200 Euro
€€€€	über 200 Euro

Hotelempfehlungen

Altstadt Vienna €€€

Das schmucke Flairhotel liegt zentral in der Nähe der Shoppingmeile Mariahilfer Straße. Das besondere Ambiente der Hotelpension lädt zum Wohlfühlen ein, die Zimmer sind äußerst geschmackvoll eingerichtet, und der

Tag beginnt mit einem wirklich reichhaltigen Frühstücksbüfett. Ein Hotel, in dem man sich gut betreut und wie zu Hause fühlt.
⊹221 E5 ✉ Wien 7., Kirchengasse 41
☎ 522 66 66 ⊕ www.altstadt.at 🚇 U2, U3 Volkstheater

Anatol €€
Ein modernes Stadthotel in unmittelbarer Nähe zur Mariahilfer Straße und zum Westbahnhof. Es wurde gekonnt renoviert, und die modern und geschmackvoll-schlicht eingerichteten Zimmer lassen in puncto Funktionalität und Hightech-Ausstattung (WLAN) nichts zu wünschen übrig. Beachten Sie die besonders günstigen Packages, die immer wieder angeboten werden.
⊹221 D3 ✉ Wien 6., Webgasse 26
☎ 599 96-0
⊕ www.austria-trend.at/hotel-anatol
🚇 U3 Zieglergasse

Arcotel Wimberger €€
Ein großer Pluspunkt dieses Hotels ist seine praktische Lage: In nur 5 Minuten erreicht man zu Fuß den Westbahnhof und die U-Bahn. Auch die Stadthalle mit ihren Konzerten und Events sowie das Raimundtheater befinden sich in Spaziernähe. Günstige Zimmer, freundliches Personal und ein äußerst beliebter sonntäglicher Jazzbrunch mit ausgesuchten Bands sprechen für das Haus am Gürtel.
⊹220 B4 ✉ Wien 7., Neubaugürtel 34–36
☎ 521 65-0 ⊕ www.arcotelhotels.com
🚇 U3, U6 Westbahnhof

Art Hotel €
Ein junges Hotel, vor allem preiswert und bunt. Der Name Art Hotel verspricht allerdings mehr Kunst und Design, als das Hotel letztendlich halten kann. Aber das engagierte Team, die Lage in Naschmarkt-Nähe und die günstigen Zimmerpreise machen das Haus durchaus interessant. Hotelgästen steht außerdem eine Internetecke zur freien Verfügung.
⊹221 südl. E1 ✉ Wien 5., Brandmayergasse 7–9
☎ 544 51 08 ⊕ www.thearthotelvienna.at
🚇 U4 Pilgramgasse

Beethoven €€
Dieses stimmungsvolle, sehr persönlich geführte Vier-Stern-Hideaway liegt, etwas verborgen in einer ruhigen Seitengasse, direkt neben dem Theater an der Wien und dem Naschmarkt. Der klassizistische Bau offeriert liebevoll und individuell gestaltete Zimmer, ein ausgezeichnetes Frühstücksbüfett sowie sonntags hauseigene Live-Kammerkonzerte.
⊹222 A4 ✉ Wien 6., Papagenogasse 6
☎ 587 44 82 ⊕ www.hotel-beethoven.at
🚇 U1, U2, U4 Karlsplatz

Bristol €€€€
Seit 1892 steht das imposante imperiale Haus zwischen Ring, Oper und dem Einkaufsboulevard Kärntner Straße für Gastlichkeit der sehr gehobenen Art. Ein klassisches Luxushotel mit wunderschönen Zimmern und eleganten Suiten, livrierten Kofferträgern, ausgezeichnetem Service und allem, was einfach dazugehört. Die holzgetäfelte Bristol Bar ist ein beliebter Treffpunkt und ein elegantes, intimes Hideaway mit klassischer Klaviermusik.
⊹222 B5 ✉ Wien 1., Kärntner Ring 1
☎ 515 16-0 ⊕ www.bristolvienna.com
🚇 U1, U2, U4 Karlsplatz

Coburg €€€€
Das Palais aus dem 19. Jahrhundert zählt zu den Luxushotels der Stadt, es wurde 2004 mit einem ungeheuren Presseecho eröffnet. Alle Suiten haben edle Marmorbäder, einige sogar einen eigenen Garten, und das mitten in der Innenstadt. Die Hightech-Ausstattung ist auf neuestem Stand, das hauseigene Spa – wie das ganze Hotel – ein Ort des Wohlfühlens und Genießens. Eine Sensation ist der Weinkeller des Hauses. Mit mehr als 60 000 extrem kostbaren Flaschen zählt er zu den größten Europas. Führungen mit Verkostungen sind auf Anfrage möglich.
⊹222 C5 ✉ Wien 1., Coburgbastei 4
☎ 518 18-0 ⊕ www.palais-coburg.at
🚇 U3 Stubentor

Das Triest €€€
Das Designhotel in den ehemaligen Pferdestallungen der Postkutschenlinie Wien-Triest zählt zu den schönsten Hotels der

Stadt: Modernes Design fügt sich geschmackvoll in die alten Gewölbe. Im Zimmerpreis sind Büfettfrühstück, Fitnesscenter und Sauna enthalten. Das hoteleigene Restaurant Collio ist ausgezeichnet und die Silverbar legendär.
✈ 222 B3 ✉ Wien 4., Wiedner Hauptstr. 12
☎ 589 18-0 🌐 www.dastriest.at 🚌 U1, U2, U4 Karlsplatz

Domizil €€
Die hübsche Hotelpension lockt nicht mit vordergründigem Pomp, dafür aber mit echtem Wiener Charme. Die 40 Zimmer sind individuell und liebevoll gestaltet. Einer der großen Pluspunkte ist die geografische Lage: Der Stephansdom ist nur 50 m entfernt, und das Mozarthaus ist gleich um die Ecke. So ist das Domizil der ideale Ausgangspunkt für Erkundungen der historischen Altstadt. Den Auftakt zu einem beschwingten Tag in Wien bildet das reiche Frühstücksbüfett – und ein Glas Sekt.
✈ 216 C1 ✉ Wien 1., Schulerstr. 14
☎ 513 31 99 🌐 www.hoteldomizil.at
🚌 U1, U3 Stephansplatz

Donauwalzer €
Das zentrumsnahe, gutbürgerliche und familienfreundliche Stadthotel beeindruckt durch günstige Preise und besondere Wochenendarrangements. In der Nähe findet man zum Beispiel die Heurigen in Ottakring oder die Volksoper. Der einzige Nachteil des Hotels ist seine Lage am Gürtel, einer der Hauptverkehrsadern Wiens.
✈ 214 B3 ✉ Wien 17., Ottakringer Str. 5
☎ 405 76 45-0 🌐 www.donauwalzer.att
🚌 U6 Alserstraße

Ibis Wien Mariahilf €
Riesiger Hotelbau mit schlichten, aber freundlichen Zimmern. Das Hotel liegt nahe dem Westbahnhof (und somit der U-Bahn!) und nicht weit vom Raimundtheater entfernt. Wer keinen Luxus-Schnickschnack und keine prunkvollen Zimmer erwartet, wird dank der attraktiven Preise zufrieden sein.
✈ 220 B2 ✉ Wien 6.,
Mariahilfer Gürtel 22–24 ☎ 599 98
🌐 www.ibishotel.com
🚌 U3, U6 Westbahnhof

König von Ungarn €€€€
Sie möchten das Wien der Kaiserzeit kennenlernen? Dann sind Sie hier genau richtig: Im Herzen der Altstadt, gleich hinter dem Stephansdom, vermittelt das Hotel die Atmosphäre altösterreichischer Gastlichkeit. Das schließt WLAN und Klimaanlage in den Zimmern nicht aus. Ein Teil des Restau-

Unser besonderer Tipp
Imperial €€€€
Übernachten wie ein Staatsgast, Filmschauspieler oder Popstar – das verträgt sicherlich nicht jede Urlaubskasse. 1873 wurde das schöne Ringstraßenpalais in ein Hotel umgebaut und zählt seither zu den allerersten Adressen der Stadt. Schließlich bietet es alle erdenklichen Annehmlichkeiten wie einen Butlerservice oder sogar gebügelte Zeitungen. Doch im Café des Hotels ein Stück Imperial-Torte zu genießen, das sollten sich auch »normale« Wien-Besucher nicht entgehen lassen.
✈ 222 C4 ✉ Wien 1., Kärntner Ring 16
☎ 501 10-0 🌐 www.imperialvienna.com
🚌 U1, U2, U4 Karlsplatz

rants befindet sich im ehemaligen Wohnhaus Mozarts, in dem heute auf drei Etagen eine Gedenkstätte untergebracht ist. Besonders idyllisch ist es, sich im überdachten Innenhof des Hotels von den Strapazen der vielen Stadtspaziergänge auszuruhen.
216 C1 ✉ Wien 1., Schulerstr. 10
☎ 515 84-0 ⊕ ww.kvu.at
U1, U3 Stephansplatz

Landhaus Fuhrgasslhuber €€
Für alle, die in der Stadt und doch auf dem Lande wohnen wollen, empfiehlt sich das rustikal-romantische Landhaus. Das Hotel liegt mitten im Heurigenort Neustift am Walde, malerisch umgeben von grünen Weinbergen. Wer etwas ländlichere Atmosphäre mag, gerne spazieren geht und seine Abende bevorzugt beim Heurigen verbringt, wird sich in der gastfreundlichen Pension mit ausgezeichnetem Frühstücksbüfett und sehr bemühtem Service bestens erholen.
214 nordwestl. A5 ✉ Wien 19., Rathstr. 24 ☎ 440 30 33
⊕ www.landhaus-fuhrgasslhuber.at Bus 35A Neustift am Walde

Le Meridien €€€€
Dieses Haus ist ein Musterbeispiel für modernes Hoteldesign mit trendiger Einrichtung und aufwendiger Ausstattung. Das feine Restaurant, die glamouröse Bar und der ausgedehnte Wellnessbereich samt Fitnessstudio haben diesem Haus der internationalen Luxushotelkette zu fünf Sternen verholfen. Die Lage zwischen Oper, Hofburg und MuseumsQuartier ist einzigartig und ideal für Kulturfreunde.
222 B5 ✉ Wien 1., Opernring 13–15 ☎ 588 90-0 ⊕ www.lemeridienvienna.com U1, U2, U4 Karlsplatz

Mercure Grand Hotel Biedermeier €€€
Inmitten des romantischen Biedermeierensembles im Sünnhof liegt das gepflegte Hotel, das mit »Zimmern zum Wohlfühlen« wirbt. Die Innenstadtnähe und der City-Airport-Train-Terminal ums Eck sind eindeutige Pluspunkte des Hotels. Besonders schön ist der Aufenthalt zur Adventszeit, wenn im Sünnhof ein Weihnachtsmarkt stattfindet.
223 E5 ✉ Wien 3., Landstraßer Hauptstr. 28 ☎ 716 71-0 ⊕ www.accorhotels.com
U3 Landstraße/Wien Mitte, Rochusgasse

Neuer Markt €€
Im 2. und 3. Stock eines Gründerzeithauses liegt diese Pension direkt am Neuen Markt, nur wenige Minuten von Stephansdom und Kärntner Straße entfernt. Die Zimmer des familiär geführten Hauses sind nicht gerade hypermodern, aber ordentlich und nett, der Service ist freundlich, und die Preise sind für die zentrale Lage günstig.
216 C1 ✉ Wien 1., Seilergasse 9
☎ 512 23 16 ⊕ www.hotelpension.at
U1, U3 Stephansplatz

Palais Hansen Kempinski €€€€
Das 1873 von Ringstraßen-Stararchitekt Theophil Hansen errichtete, 2014 aufwendig adaptierte und luxuriösest ausgestattete, neo-klassizistische Prunkpalais wird von einem jungen, dynamischen Team professionellst geführt. Das Frühstücksbüfett ist ebenso famos wie das Gourmetrestaurant »Die Küche«. Hinzu kommen ein toller Spa- und Fitnessbereich, eine großzügige Lobby, eine Piano-Bar, Zigarrenlounge und vieles mehr.
216 B3 ✉ Wien 1., Schottenring 24
☎ 23 61 00 ⊕ www.kempinski.com
U2, U4 Schottenring

Sacher €€€€
Vermutlich das charmanteste der großen Häuser mit den vielen Sternen – traditionsreich, weltberühmt und immer noch in Familienbesitz. Es ist ein Haus mit Geschichte und die Heimat der legendären Sacher-Torte. Das erstklassige Luxushotel mit persönlicher Atmosphäre liegt sehr zentral, gleich hinter der Oper, zwischen Kärntner Straße und Albertinaplatz. Im Dachgeschoss verfügt das Hotel über einen attraktiven Spa- und Wellnessbereich (gegen Gebühr auch für Nicht-Hotelgäste) sowie über eine Reihe äußerst moderner (und hundefreundlicher) Suiten.
222 B5 ✉ Wien 1., Philharmonikerstr. 4
☎ 514 56-0 ⊕ www.sacher.com
U1, U2, U4 Karlsplatz

The Levante Parliament €€€
Nur ein paar Schritte hinter Rathaus und Parlament, also in unmittelbarer Nähe der Ringstraße, hat ein weiteres attraktives Designhotel seine Pforten geöffnet. Moderne, gradlinige Innenarchitektur, heller Naturstein, dunkles Holz und andere edle Materialien sowie eine hypermoderne Hightech-Ausstattung gewährleisten Stil und Komfort auf Top-Niveau. Das viele Glas und die raffinierte indirekte Beleuchtung sorgen für eine lichte Atmosphäre, ein Fitnesscenter für Kondition und der 400 m² große Garten im Innenhof ist ein wahrer Ruhepol.
215 E1 Wien 8.,
Auerspergstr. 9
☎ 228 28-00 www.thelevante.com
U2 Rathaus, Tram 46 Auerspergstraße

Viennart €€€
In diesem gut ausgestatteten Vier-Sterne-Hotel ist das funktionale Design modern, geschmackvoll und hell, WLAN ist in allen Zimmern verfügbar. Aber das Besondere an diesem Haus ist die hervorragende Lage: In unmittelbarer Nähe befinden sich Volkstheater, MuseumsQuartier, Spittelberg, Ringstraße, Mariahilfer Straße und unzählige Beisln, Bars und Lokale.
221 E5 Wien 7., Breite Gasse 9
☎ 523 13 45-0 www.austrotel.at
U2, U3 Volkstheater

Zur Schwalbe €€
Das charmante, ruhige Hotel mit netten Zimmern liegt im 16. Bezirk, also etwas außerhalb. Vom familiär geführten Unternehmen ist man mit der nahen U-Bahn in einer knappen Viertelstunde am Stephansplatz, wer im Grünen Erholung sucht, kann in nur 5 Gehminuten den Wienerwald erreichen und dort nach Herzenslust spazieren gehen. Herzlicher Service und angemessen-günstige Preise machen das Vororthotel attraktiv.
214 westl. A4 Wien 16.,
Degengasse 45 ☎ 486 11 81
www.hotelschwalbe.com
U3 Ottakring

ESSEN UND TRINKEN

Als einzige Stadt der Welt ist die Donaumetropole auch Namensgeberin eines eigenständigen Speisen-Stils. Dabei war die typische »Wiener Küche« immer schon »Fusion« – sie hat ihre Wurzeln in Böhmen, Österreich, Ungarn und auf dem Balkan. Diese Traditionen werden weiterhin hochgehalten und zeitgemäß mit überraschenden Einflüssen aus der ganzen Welt vermischt. Wenn Sie also die typische Wiener Küche kennenlernen wollen – die unzähligen Restaurants, Beisln, Kaffeehäuser und Würstelstände der Stadt bieten ausreichend Gelegenheit dazu!

Kaffeehaus-Frühstück
Wer nicht schon im Hotel gefrühstückt hat, kann dies ja in einem Kaffeehaus (S. 33) nachholen: mit einem traditionellen Wiener Frühstück – eine Tasse Kaffee und eine Kaisersemmel oder ein Kipferl, darauf Butter und Marmelade – oder mit einer der angebotenen internationalen oder »hauseigenen«, oft opulenten Frühstücksvariationen.

Beisl
Herzhaftes gibt's in einem Beisl, einem gemütlichen kleinen Gasthaus. Auf den Tisch kommen Fritattensuppe, Schnitzel, Gulasch, Tafelspitz oder Schinkenfleckerl, und als Nachtisch Apfelstrudel oder Palatschinken, gefüllt mit Topfen (Quark) oder Marillen(Aprikosen)marmelade.

Apropos Palatschinken: Beliebt ist die Wiener Küche wegen ihrer Vielzahl an leckeren Mehlspeisen (Süßspeisen), einst aus Fastenvorschriften der katholischen Kirche entstanden. Die Bezeichnung »Mehl« ist eigentlich irreführend, da einige dieser Gerichte gar kein Mehl enthalten – Mehlspeisen im ursprünglichen Sinn waren einfach Speisen ohne Fleisch. Heute wird der Begriff für die unterschiedlichsten kalorienreichen, süßen Desserts wie Palatschinken (Einzahl: Palatschinke; Pfannkuchen) oder den Kaiserschmarrn verwendet, ein in Butter gebackener, zerrupfter Rosinenpfannkuchen.

Würstelstand
Wen in Wien der kleine Hunger plagt, der sollte statt an die sattsam bekannten Hamburger- oder Döner-Läden an den Würstelstand (S. 29) denken. Sie sind während der K.u.k.-Monarchie entstanden und aus Wiens Stadtbild nicht wegzudenken. Mehr als 300 gibt es davon – der älteste, »Würstelstand Leo«, steht seit 1928 an der Ecke Nussdorferstraße/Währinger Gürtel (http://wuerstelstandleo.at). Hier heißen die Imbiss-Klassiker Debreziner, Käsekrainer, Waldviertler und Burenwurst.

Oder man lässt sich – zusammen mit einem »Pfiff« – die traditionsreichen Brötchen mit den verschiedenen, überaus leckeren Aufstrichen von Trzesniewski schmecken (S. 84).

Heuriger
Der Wiener Wein schmeckt am besten bei einem Heurigen am Stadtrand, z. B. in Grinzing (S. 188), Neustift am Walde oder Stammersdorf. Stadtheurige wie »Gigerl« (1., Rauhensteingasse 3, Tel. 01 513 44 31, www.gigerl.at; So–Do 15–1, Fr/Sa bis 2 Uhr, Küche bis 24 Uhr) vermitteln diese Stimmung auch im Wiener Zentrum.

Schanigarten
In der warmen Jahreszeit verwandeln sich die Plätze und Gehsteige vor den Restaurants oder Kaffeehäusern in eine Terrasse – denn im »Schanigarten« schmeckt's dann noch besser.

Restaurant-Öffnungszeiten
Die meisten Lokale schließen ihre Küche zwischen 22 und 23 Uhr. Wer ein gehobenes Restaurant besuchen möchte, sollte besser einen Tisch reservieren. Und wenn die Rechnung kommt: Mit 5 % Trinkgeld macht man nichts falsch.

EINKAUFEN

Noble Boutiquen, gemütliche Geschäfte, bunte Märkte und funktionale Einkaufszentren – Wien ist für jede Einkaufstour gerüstet und macht dem Luxusshopper ebenso viel Freude wie dem Schnäppchenjäger.

Wohin zum Einkaufen?
Eine der klassischen Einkaufsmeilen Wiens ist die Mariahilfer Straße zwischen Innenstadt und Westbahnhof. Hier finden Sie die großen Modeketten und Hunderte von Geschäften mit Flippigem für junges Publikum. Wer ausgefallene Mode, Schuhe und Accessoires sucht, wird in der Neubau- und der Lindengasse, zwei Seitengassen der Mariahilfer Straße, sicherlich fündig. In der Innenstadt bilden Kärtner Straße, Graben und Kohlmarkt mit edlen Designerläden, Juwelieren und Parfümerien, mit traditionsreichen K.u.k.-Hoflieferanten und exklusiven Flagshipstores sowie nicht zuletzt mit dem Delikatessen- und Feinkost-Tempel »Julius Meinl« ein wahres, allerdings etwas teureres Shopping-Eldorado. Luxuriöses bietet im 1. Bezirk auch das Goldene Quartier zwischen Tuchlauben, Seitzer- und Bognergasse.

Kaufhäuser
Kaufhäuser wie Steffl (1., Kärntner Str. 19) und Gerngroß (7., Mariahilfer Str. 38–48) sowie die Ringstraßen-Galerien (1., Kärntner Ring 5–7) bieten Einkaufsmöglichkeiten bei jedem Wetter und für (fast) jeden Geldbeutel.

Märkte
Recht lebendig geht es auf Wiens Märkten zu, die auf keiner Shopping-Tour fehlen dürfen. An den rund 120 Ständen und Lokalen des Naschmarkts (S. 144), dem größtem und stimmungsvollstem Markt der Stadt, vorbeizuschlendern und hin und wieder eine kleine kulinarische Entdeckung zu probieren, zählt zu den ganz besonderen Wien-Erlebnissen.

Auf den diversen Bauernmärkten, etwa dem auf der Freyung (S. 56), finden Sie von Anfang Mai bis Mitte November montags bis donnerstags (10–18.30 Uhr) neben Obst und Gemüse auch Süßwaren, Modeschmuck sowie Keramik- und Korbwaren.

Der Brunnenmarkt, ein bunter Multikulti-Markt in Ottakring, gehört mit rund 160 Marktständen zu den größten Straßenmärkten Europas (16., Brunnengasse, Mo–Fr 6–19.30, Sa bis 17 Uhr).

In der Vorweihnachtszeit verwandeln sich viele Plätze Wiens, u.a. der Stephansplatz, der Karlsplatz und Rathausplatz, in festlich-glanzvolle Adventmärkte.

Sammler und Schnäppchenjäger stöbern samstags auf dem riesigen Flohmarkt (S. 146) direkt neben dem Naschmarkt und entdecken so manche Raritäten.

Etwas tiefer in die Tasche greifen muss man auf Zeitreise Antikmarkt in den Ringstraßen-Galerien, der jeden zweiten und vierten Sonntag im Monat von 8 bis 16 Uhr Antikes, Kunst und Kurioses bietet.

Souvenirs

Wer stilvolle Souvenirs mit nach Hause nehmen möchte, sollte auf jene Produkte achten, die mit Wien Products (www.wienproducts.at) gekennzeichnet sind. Unter diesem Label verkaufen über 50 ausgesuchte Wiener Betriebe ihre einzigartigen, qualitätvollen Produkte, u.a. moderner Schmuck, edle Möbelstoffe und Delikatessen von der Sachertorte über Schlumberger Sekt bis zu Manner-Schnitten.

Öffnungszeiten

Im Allgemeinen haben die Geschäfte in der Innenstadt von Montag bis Freitag von 9 bis 19 Uhr geöffnet, einige wenige bis 20 Uhr. Donnerstag- und Freitagabends öffnen zahlreiche Supermärkte und Geschäfte in den Einkaufsstraßen meist bis 21 Uhr. Samstags wird indes um 17, spätestens 18 Uhr geschlossen. An Sonn- und Feiertagen öffnen nur einige Souvenirläden, die Museums-Shops, Läden in Bahnhöfen und am Flughafen Wien-Schwechat.

AUSGEHEN

Ob Sie sich nun dem kulturellen Hochgenuss einer Aufführung in der Staatsoper hingeben, populäre Musicalsongs im »Ronacher« mitsummen, begeistert eine Kabarett-Revue im »Simpl« beklatschen oder in einer Bar einfach nur leisen Jazzklängen lauschen – die »Welthauptstadt der Musik« garantiert Ihnen jeden Abend unvergessliche Momente.

Musik und Theater

Die prunkvolle Staatsoper (S. 117) ist bekannt für beeindruckende Inszenierungen mit einem internationalen Staraufgebot und musikalisch begleitet von den weltberümten Wiener Philharmonikern. Die Volksoper, Wiens zweitgrößtes Opernhaus (9., Währingerstr. 78, www.volksoper.at), verbindet mit ihren Opern-, Operetten-, Ballett- und Musicalaufführungen Traditionelles mit Modernem.

Auch die Konzerte im Musikverein (S. 153) und im Konzerthaus (S. 157) versprechen klassischen Hörgenuss. Im Ronacher (1., Seilerstätte 9, www.musicalvienna.at) und im Raimundtheater (6., Wallgasse 18, www.musicalvienna.at). begeistern poppige Musicals das Publikum.

Auch Wiens Theaterszene ist kaum zu toppen. Erste Adresse ist die »Burg«, das renommierte Burgtheater (S. 112), mit seinem anspruchsvollen Programm. Beim Volkstheater (7., Arthur-Schnitzler-Platz 1, www.volkstheater.at) stehen Komödien und unterhaltsame Klassiker auf dem Spielplan. Im angesehenen Akademietheater (3., Lisztstraße 1, www.burgtheater.at) werden klassische und zeitgenössische Stücke gezeigt, das kleine Schauspielhaus (9., Porzellangasse 19, www.schauspielhaus.at) präsentiert moderne Autorenstücke. Das Theater in der Josefstadt (8., Josefstädter Straße 26, www.josefstadt.org) und die Kammerspiele (1., Rotenturmstraße 20, www.josefstadt.org) bringen traditionelle Klassiker und moderne Komödien auf die Bühne.

Kleinkunst

Einen lustigen, kurzweiligen Abend verspricht die ausgesprochen vielfältige Kleinkunstszene Wiens, z.B. im Simpl, der ältesten und berühmteste Kabarettbühne Österreichs (1., Wollzeile 36, www.simpl.at) oder im Stadtsaal in der Mariahilfer Straße 81 (www.stadtsaal.com) Der Kabarettnachwuchs wächst im Niedermair (8., Lenaugasse 1a, www.niedermair.at) und im Theater am Alsergrund (9., Löblichgasse 5, www.alsergrund.com). Im Schmähstadl (5., Hamburger Straße 14) hat sich Wiens erster

Comedy-Club etabliert. Und in Wiens einziger Stegreifbühne, dem Freilichttheater Tschauner (mit Schiebedach!), gibt's von Mitte Juni bis Anfang September viel Wiener Schmäh (16., Maroltingergasse 43, www.tschauner.at).

Bars und Clubs

Im sogenannten Bermuda-Dreieck (S. 67), einem Kneipen- und Szeneviertel zwischen Stephansdom und Donaukanal, im Umkreis von Schönlaterngasse und Bäckerstraße bis hin zur Kirche St. Ruprecht bieten Bars und Clubs Nachtschwärmern Livemusik und gute Stimmung (www.bermudadreieckwien.at). Bunt und schrill sind auch die Bars um den Wiener Gürtel, die sich in den historischen Stadtbahnbögen eingenistet haben. Wen es nach Beachparty gelüstet, den treibt es in die hippen »In-Treffs« an der Donau, z.B. das Tel Aviv Beach, die Strandbar Herrmann, die Event-Location Summer Stage oder in die Bars der Copa Cagrana bei der Donauinsel.

Schicker und ruhiger geht es in den gepflegten Schlemmerrestaurants und Bars am Naschmarkt zu. Hier trifft man sich auf einen Plausch, entweder zum Chillen oder als »Warm-up« für einen Opern-, Theater- oder Konzertbesuch.

Veranstaltungsinfos

Das wöchentliche Eventprogramm Wiens kann im der Stadtzeitung »Falter« (www.falter.at), die jeden Mittwoch erscheint, durchforstet werden.

Noch mehr Programm gibt's im Internet unter www.wien.info, www.events.at und www.vienna.at.

Kartenvorverkauf

Auf www.oeticket.com können Sie sich über Veranstaltungen informieren und Karten bestellen. Außerdem können Sie am Veranstaltungsort, in Hotels und Kartenbüros in der Innenstadt Tickets kaufen.

Vorverkaufsstelle der Bundestheater
Karten für Staatsoper, Burgtheater, Wiener Staatsballett, Volksoper und Akademietheater
✉ Wien 1., Operngasse 2
◷ Mo.–Fr. 8–18, Sa./So. 9–12 Uhr
☎ 01 5 14 44 78 80
🌐 www.bundestheater.at

Vienna Ticket Office
✉ Wien 1., Kärntner Str. 51
◷ tägl. 8.30–19 Uhr ☎ 01 5 13 11 11
🌐 www.viennaticketoffice.com

Wien Ticket Center
✉ Wien 1., Herbert-von-Karajan-Platz (Pavillon bei der Staatsoper)
◷ tägl. 10–19 Uhr
☎ Karten-Tel. 01 5 88 85 (tägl. 8–20 Uhr)
🌐 www.wien-ticket.at

Vienna Classic
Kundenzentrum
✉ Wien 1., Operngasse 6
◷ tägl. 9–17, Sa./So. bis 16, Juli/Aug. nur bis 14 Uhr
☎ 01 8 90 55 55
🌐 www.viennaclassic.com

VERANSTALTUNGSKALENDER

Bälle, Konzerte, Festivals – in Wien ist vom ersten bis zum letzten Tag des Jahres Fest-Saison. Den Auftakt macht das legendäre Neujahrskonzert der Wiener Philharmoniker, das auch live im Fernsehen übertragen wird. Und im Februar verwandelt der berühmte Opernball die Staatsoper in einen prunkvollen Ballsaal. Im Frühjahr geht es dann richtig los mit Frühlingsfestival, den Schönbrunner Schlosskonzerten und den Wiener Festwochen. Highlight des Sommers ist das Donauinselfest: Drei Tage lang gibt's auf dieser größten Openair-Party Europas Rock und Pop unter freiem Himmel – und zwar gratis. In der Weihnachtszeit kann man sich von über einem Dutzend Adventmärkten verzaubern lassen, bevor man auf dem Kaiserball ins neue Jahr »walzert«.
Hier ist eine kleine Auswahl der wichtigsten Feste und Events:

Januar/Februar

Neujahrskonzert: Am 1. Januar geben die Wiener Philharmoniker im Goldenen Saal

des Musikvereins ihr berühmtestes Konzert, das via TV weltweit ausgestrahlt wird (www.wienerphilharmoniker.at).
Wiener Eistraum: Auf dem Rathausplatz wird vor dem in allen Farben leuchtenden Rathaus zu Musik von Walzer bis Salsa Schlittschuh gelaufen (www.wienereistraum.com).
Fasching: Wien tanzt auf rund 300 glanzvollen Bällen. Absoluter Höhepunkt ist der Opernball, zu dem internationale Prominenz anreist. Für alle, die nicht dabei sein können, gibt's eine Fernsehübertragung und einen Live-Stream im Internet (www.wiener-staatsoper.at/opernball).

März/April
Osterklang: Bei dem Musikfestival sind in der Karwoche und zu den Osterfeiertagen im Musikverein, im Konzerthaus und an vielen andern Orten absolute Spitzenmusiker zu hören, darunter die Philharmoniker (www.osterklang.at).
Vienna City Marathon: Tausende Amateure und Leistungssportler nehmen an dem Marathon teil, der von der Reichsbrücke über Schönbrunn in den Prater führ (www.vienna-marathon.com).

Mai/Juni
Wiener Festwochen: Das Großereignis des Wiener Kulturlebens wird mit einem Riesen-Openair-Spektakel am Rathausplatz eröffnet. Zu sehen sind Neuinszenierungen von Klassikern, Premieren avantgardistischer Stücke und Inszenierungen renommierter europäischer Theater, oft in der Originalsprache. Gespielt wird an zahlreichen Orten (www.festwochen.at).
Regenbogenparade: Einen Tag lang wird die ehrwürdige Ringstraße zum Schauplatz eines bunten, ausgelassenen Mega-Spektakels (www.viennapride.at).
Donauinselfest: Die größte Openair-Party auf der Donauinsel dauert drei Tage, Tausende Besucher strömen zu Musik und Sportshows (www.donauinselfest.at).
Life Ball: Dieser Ball ist exzentrisch und sensationell, sein Ertrag kommt der Aids-Hilfe zugute (www.lifeball.org).

Juli/August
Jazzfest: Wien steht Anfang Juli im Zeichen internationaler Jazzgrößen, der zentrale Veranstaltungsort ist die Staatsoper (www.viennajazz.org).
Musikfilm-Festival: Auf dem Rathausplatz werden bis Anfang September täglich auf einer Großleinwand Opern-, Musical- und Operettenfilme gezeigt (Eintritt frei; www.wien-event.at).
Klangbogen: Beim Musikfestival sind an den schönsten Aufführungsorten der Stadt, darunter der Musikverein, das Konzerthaus und das Theater an der Wien, rund 150 Konzerte zu hören.
Impuls Tanz: Tanz von Klassik bis Avantgarde ist das Thema dieses Festivals. Tanztruppen aus der ganzen Welt zeigen an verschiedenen Orten, darunter im Burgtheater und im Akademietheater, Körperkunst auf höchstem Niveau (www.impulstanz.com).

September/Oktober
Praterfest: Anfang September steigt im Prater ein großes Volksfest (www.praterwien.com).
Viennale: Bei diesem Festival im Oktober geht es um aktuelles Filmschaffen aus der ganzen Welt (www.viennale.at).
Lange Nacht der Museen: An einem Abend Anfang Oktober hat man die Qual der Wahl: Mit nur einem Ticket (15 €) – das auch als Ticket für U-Bahn, Tram und Bus gilt – kann man zwischen 18 und 1 Uhr mehr als 100 verschiedenen Museen einen Besuch abstatten.

November/Dezember
Adventzauber und Weihnachtsmärkte: Die beliebtesten sind der am Rathausplatz, am Spittelberg, auf der Freyung, vor dem Schloss Schönbrunn und vor der Karlskirche.
Kaiserball: In den Prunkräumen der Hofburg wird in der Silvesternacht im Walzerschritt ins neue Jahr getanzt.
Silvesterpfad: Am letzten Abend des Jahres wird die City zur Festzone, mit Musikbühnen, Punschständen, Tanzzelt u.v.m. (www.silvesterpfad.at).

KLEINER SPRACHFÜHRER

Blunzengröstl mit Vogerlsalat? Backhendl oder Schinkenfleckerl? Oder doch lieber Beuschel mit einem Knödel? Zum Nachtisch dann Palatschinken und zum Kaffee Buchteln mit Powidl? Unser kleines »Wiener Küchenlexikon« hilft Ihnen über so manche Sprachbarriere hinweg, die sich Ihnen – vielleicht – in Restaurants oder Kaffeehäusern in den Weg stellen.

ausg'steckt	**Ein vor dem Haus angebrachtes Reisigbündel zeigt an, dass der Winzer Wein ausschenkt.**
Backhendl	**Backhähnchen**
Beisl	**kleines Gasthaus**
Beuschel	**Lunge**
Blunzn	**Blutwurst**
Buchtel	**Hefegebäck**
Buschenschank	**Heuriger**
Doppler	**2-l-Flasche Wein**
Eierschwammerl	**Pfifferlinge**
Eierspeis	**Rührei**
Erdäpfel	**Kartoffeln**
Faschiertes	**Gehacktes, Hackfleisch**
Fisolen	**grüne Bohnen**
Fleckerl	**Nudelgericht**
Fleischlaberl	**Frikadelle**
Frankfurter	**Wiener Würstchen**
Frittaten	**Suppeneinlage aus in Streifen geschnittenen Pfannkuchen**
Gabelroller	**Rollmops**
Gebäck	**Sammelbezeichnung für Semmeln, Salzstangerl, Kipferl etc.**
Germknödel	**Dampfnudel**
Gselchtes	**Geräuchertes**
Gspritzter	**Weinschorle**
Häuplsalat	**Kopfsalat**
Heuriger	**Weinausschank beim Winzer**
Jause	**jede Art von Zwischenmahlzeit**
Karfiol	**Blumenkohl**
Kipferl	**halbmondförmiges Gebäck**
Knofl	**Knoblauch**
Kolatsche	**Gebäck aus Blätterteig mit Mohn-, Quark- oder Pflaumenmusfüllung**
Kracherl	**Limonade**
Kren	**Meerrettich**
Krügerl	**1/2 l Bier**
Kukuruz	**Mais**
Lungenbraten	**Filet**
Marille	**Aprikose**
Melanzani	**Auberginen**
Obers	**Sahne**
Obi	**Apfelsaft**
Obi gspritzt	**Apfelsaftschorle**
Palatschinke	**Pfannkuchen**
Paradeiser	**Tomate**
Pfiff	**kleines Glas Bier (ca. 1/8 l)**
Pikkolo	**der Jüngste des Kaffeehauspersonals**
Powidl	**Pflaumenmus**
Ribisel	**Johannisbeere**
Saft	**Soße (Bratensoße)**
Schanigarten	**Tische und Stühle eines Cafés oder Gasthauses, die vor dem Lokal auf der Straße aufgestellt werden**
Schmankerl	**Leckerbissen, Spezialität**
Schulterscherzel	**besonders gutes Stück Rindfleisch**
Schwammerl	**Pilze**
Seidl	**1/3 l Bier**
Semmel	**Brötchen**
Strohröhrl	**Trinkhalm**
Topfen	**Quark**
Vogerlsalat	**Feldsalat**
Weichseln	**Sauerkirschen**
Zwetschkenröster	**Pflaumenkompott**

Cityatlas

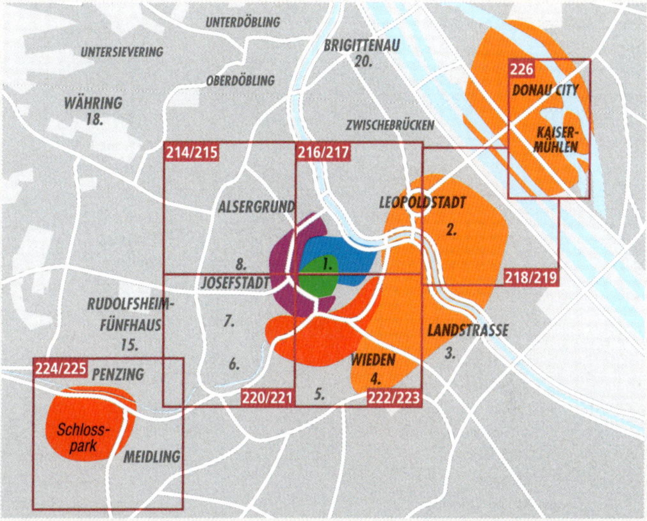

Legende

- Bemerkenswertes Gebäude/ Öffentliches Gebäude
- Marktfläche
- Gewässer
- Grünfläche
- Wald
- Fußgängerzone
- U-Bahn mit Station
- S-Bahn mit Station
- Straßenbahn mit Haltestelle
- Badner Bahn
- 2 ★★ TOP 10
- 12 Nicht verpassen!
- 12 Nach Lust und Laune!
- Information
- Museum
- Theater, Oper
- Sehenswürdigkeit
- Denkmal, Monument
- Kirche, Kapelle
- Synagoge
- Bibliothek
- Post
- Polizei
- Krankenhaus
- Botschaft, Konsulat
- Parkhaus, Parkplatz

1 : 12 500

0 250 500 m

0 250 500 yd

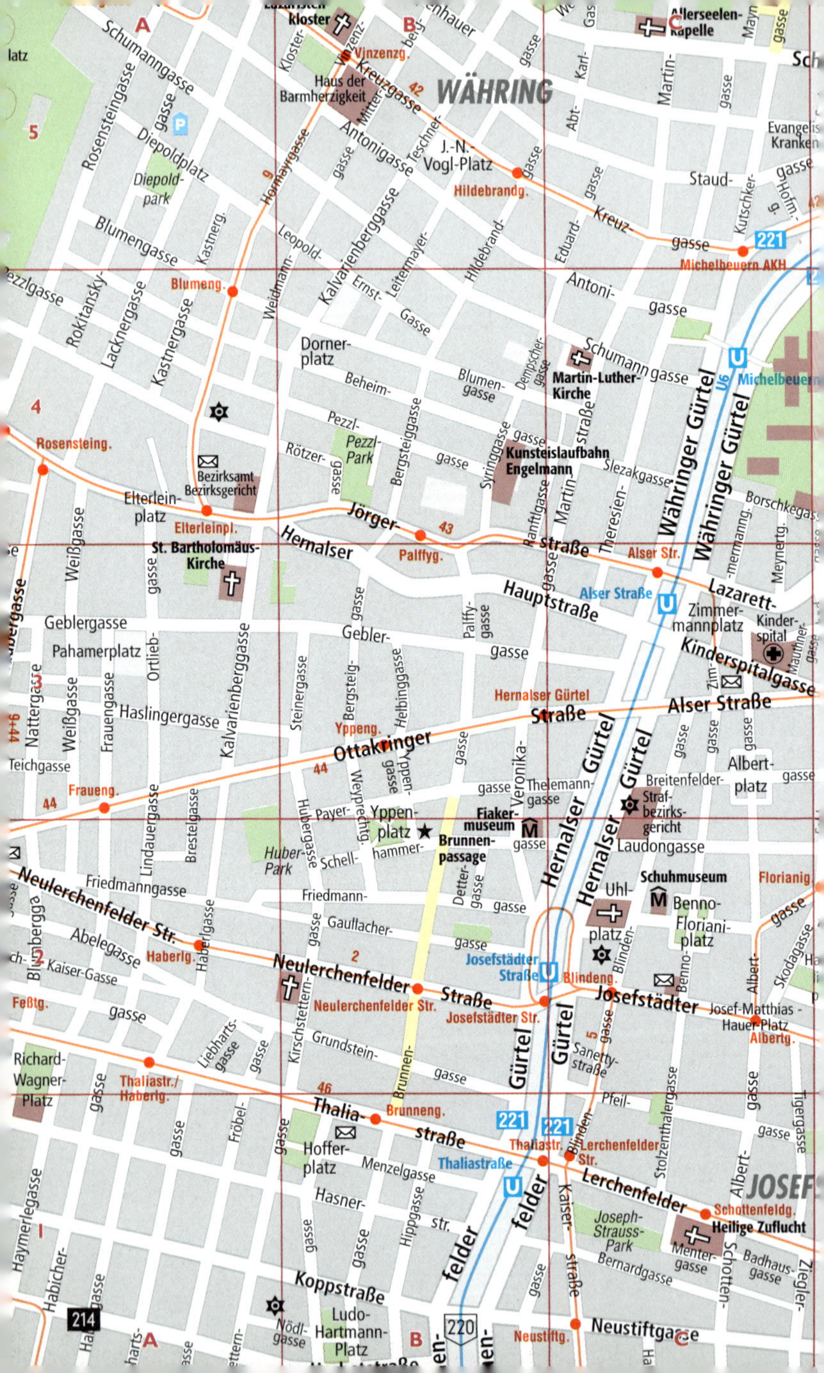

WÄHRING
Kloster
Vinzenzg.
Haus der Barmherzigkeit
Kreuzgasse
Antonigasse
Schumanngasse
Rosensteingasse
Diepoldplatz
Diepold-park
Blumengasse
Kastnerg.
Hormayrgasse
Leopold-
Kalvarienberggasse
Leitermayer-
Hildebrand-
J.-N. Vogl-Platz
Hildebrandg.
Teschner-
Abt-
Karl-
Martin-
Allerseelen-Kapelle
Staud-
Kutschker-
Evangelis Kranken
Kreuz-gasse
Michelbeuern AKH
221
Ezzlgasse
Rokitansky-
Lacknergasse
Kastnergasse
Blumeng.
Weidmann-
Ernst-
Gasse
Eduard-
Antoni-gasse
Dorner-platz
Beheim-
Blumen-gasse
Dempscher-gasse
Schumann gasse
Martin-Luther-Kirche
Michelbeuern
U6
Währinger Gürtel
Rosensteing.
Pezzl-
Pezzl-Park
Rötzer-gasse
Bergsteiggasse
Syringgasse
Kunsteislaufbahn Engelmann
Martin-straße
Slezakgasse
Bezirksamt Bezirksgericht
Elterlein-platz
Elterleinpl.
Jörger-Straße
43
Palffyg.
Ranftlgasse
Theresien-
Alser Str.
Borschkegasse
-mermanng.
Meynertg.
St. Bartholomäus-Kirche
Hernalser Hauptstraße
Weißgasse
Alser Straße
Lazarett-
Zimmer-mannplatz
Kinder-spital
Mauthner-gasse
Kinderspitalgasse
Geblergasse
Pahamerplatz
Ortlieb-
Gebler-gasse
Palffy-gasse
Nattergasse
Frauengasse
Haslingergasse
Kalvarienberggasse
Steinergasse
Bergsteig-
Helbinggasse
Hernalser Gürtel
Alser Straße
Yppeng.
Ottakringer Straße
Yppen-gasse
Weyprechtg.
Veronika-gasse
Thelemann-gasse
Breitenfelder-
Albert-platz
Teichgasse
44
Fraueng.
Lindauergasse
Brestelgasse
Hubergasse
Payer-
Yppen-platz
Fiaker-museum
Brunnen-passage
Hernalser Gürtel
Straf-bezirks-gericht
Laudongasse
Huber-Park
Schell-
hammer-
Friedmanngasse
Friedmann-
Detter-gasse
Uhl-platz
Schuhmuseum
Benno-Floriani-platz
Florianig.
Neulerchenfelder Str.
Abelegasse
Blumberggasse
Haberlgasse
Haberlg.
Gaullacher-gasse
Josefstädter Straße
Blindeng.
Blinden-
Benno-
Albert-
Skodagasse
Kaiser-Gasse
Neulerchenfelder Straße
2
Neulerchenfelder Str.
Josefstädter Str.
Josefstädter
Josef-Matthias-Hauer-Platz
Albertg.
Feßtg.
Kirschstetten-
Grundstein-gasse
Gürtel
Sanetty-straße
Liebharts-gasse
Richard-Wagner-Platz
Thaliastr./Haberlg.
46
Pfeil-
Stolzenthalergasse
Thalia-straße
Brunneng.
221
Fröbel-
Hoffer-platz
Thaliastr.
Lerchenfelder Str.
Thaliastraße
Menzelgasse
Hasner-
Lerchenfelder
Schottenfeldg.
Heilige Zuflucht
JOSEF
Haymerlegasse
Hippgasse
Kaiser-straße
Joseph-Strauss-Park
Menter-gasse
Badhaus-gasse
Schotten-
Zieglergasse
Habicher-
Koppstraße
Bernardgasse
Ludo-Hartmann-Platz
Nödl-gasse
220
Neustiftg.
Neustiftgasse
Tigergasse

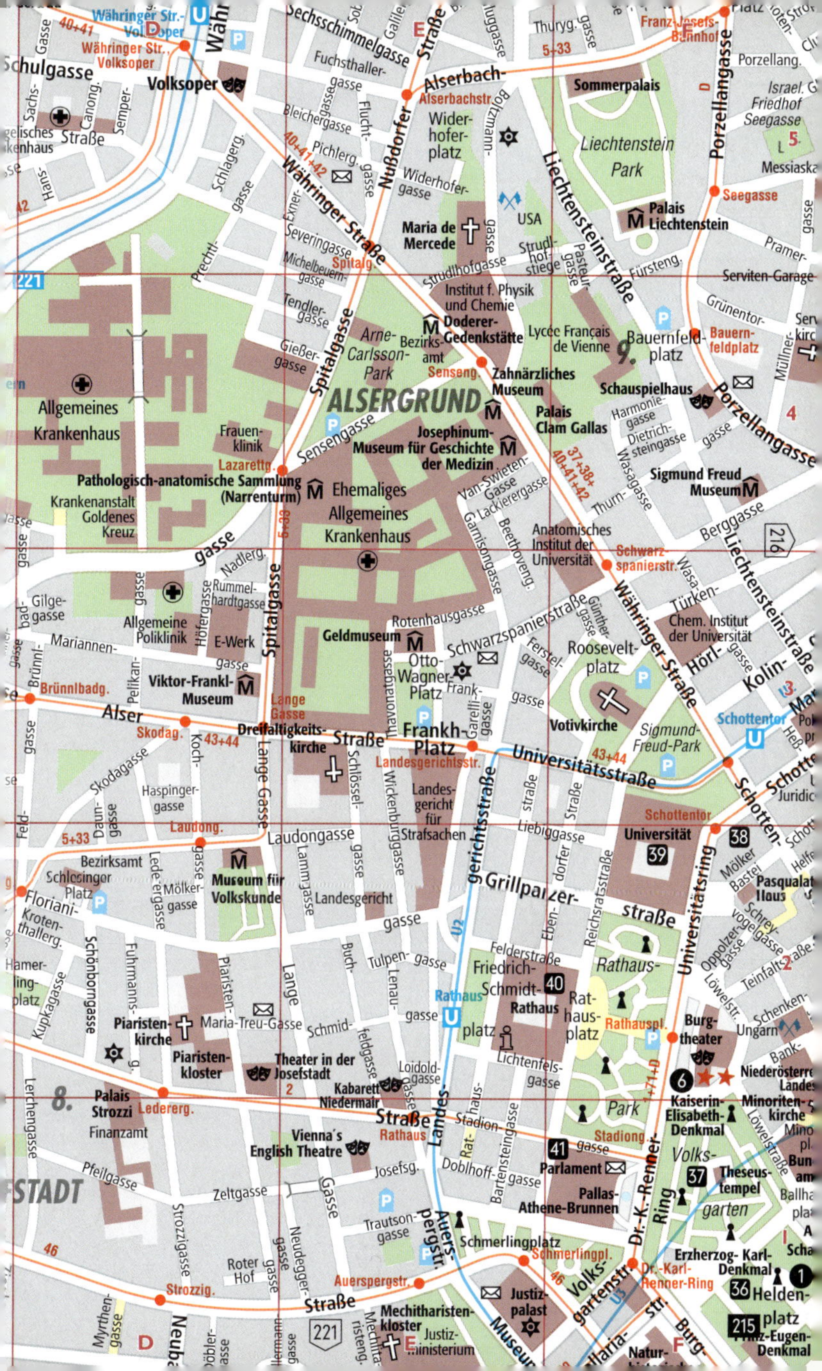

Währinger Str.-Volksoper
40+41
Währinger Str.-Volksoper
Volksoper
Schulgasse
Sachs-gasse
Canong.
Semper-
Straße
Hans-
Sechsschimmelgasse
Fuchsthaller-gasse
Bleichergasse
Pichlerg.
Schlagerg.
Währinger Straße
40+41+42
Nußdorfer Straße
Alserbach-
Alserbachstr.
Wider-hofer-platz
Widerhofer-gasse
Boltzmanngasse
Thuryg.
5+33
Franz-Josefs-Bahnhof
Porzellangasse
Porzellang.
Sommerpalais
Liechtenstein Park
Israel. Friedhof Seegasse
Seegasse
Messiaska
Palais Liechtenstein
Pramer-
Serviten-Garage
Fürsteng.
Maria de Mercede
USA
Strudlhofgasse
Strudl-hof-stiege
Pasteur-gasse
Liechtensteinstraße
221
Prechtl-
Exner-
Severingasse
Michelbeuern-gasse
Spitalg.
Tendler-gasse
Institut f. Physik und Chemie
Doderer-Gedenkstätte
Lycée Français de Vienne
Bauernfeld-platz
Bauern-feldplatz
Grünentor-
Müllner-
Gießer-gasse
Arne-Carlsson-Park
Bezirks-amt
Senseng.
Zahnärzliches Museum
9.
Schauspielhaus
Porzellangasse
Allgemeines Krankenhaus
ALSERGRUND
Sensengasse
Spitalgasse
Palais Clam Gallas
Harmonie-gasse
Dietrich-steingasse
Frauen-klinik
Josephinum-Museum für Geschichte der Medizin
Lazarettg.
37+38+40+41+42
Wasagasse
Sigmund Freud Museum
Pathologisch-anatomische Sammlung (Narrenturm)
Ehemaliges Allgemeines Krankenhaus
Van-Swieten-Gasse
Lackierergasse
Thurn-
Berggasse
Krankenanstalt Goldenes Kreuz
Garnisongasse
Beethoveng.
Anatomisches Institut der Universität
Schwarz-spanierstr.
216
gasse
Nadlerg.
5+33
Rummel-hardtgasse
Gilge-gasse
Allgemeine Poliklinik
Höfergasse
E-Werk
Rotenhausgasse
Schwarzspanierstraße
Günther-gasse
Türken-
Chem. Institut der Universität
Mariannen-
Geldmuseum
Otto-Wagner-Platz
Ferstel-gasse
Roosevelt-platz
Hörl-gasse
Kolin-
Brünnl-
Pelikan-
Viktor-Frankl-Museum
Frank-gasse
Garelli-gasse
Votivkirche
Schottentor
Brünnlbadg.
Lange Gasse
Alser
Skodag.
Dreifaltigkeits-kirche
Straße
Frankh-Platz
Sigmund-Freud-Park
Koch-
43+44
Thavonatgasse
Landesgerichtsstr.
Universitätsstraße
43+44
Schotten-
Skodagasse
Haspinger-gasse
Schlössel-gasse
Wickenburggasse
Landes-gericht für Strafsachen
Liebiggasse
Schottentor
Universität
39
38
Feld-
Daun-gasse
Lange Gasse
Laudong.
Laudongasse
Lammgasse
gerichtsstraße
Ebendorferstraße
Reichsratsstraße
Universitätsring
Mölker Bastei
Pasqualati Haus
Bezirksamt
Schlesinger Platz
Lederergasse
Mölker-gasse
Museum für Volkskunde
Landesgericht
Grillparzer-
straße
Floriani-
Kroten-thallerg.
gasse
Schreyvogelgasse
Hamer-ling-platz
Kupkagasse
Schönborngasse
Fuhrmanns-g.
Piaristen-
Buch-
Tulpen-gasse
Lenau-
Felderstraße
Friedrich-Schmidt-
40
Rathaus-
Oppolzer-gasse
Teinfaltstraße
Löwelstr.
U2
Rathaus
gasse
Rathaus
Rat-haus-platz
Rathauspl.
Piaristen-kirche
Maria-Treu-Gasse
Schmid-
platz
Burg-theater
Schenken-
Ungarn
Piaristen-kloster
Theater in der Josefstadt
Kabarett Niedermair
feldgasse
Loidold-gasse
Lichtenfels-gasse
+71+D
6
Niederösterre Landes
Bank-
8.
Palais Strozzi
Lederergasse
Straße
Landes-
Stadion-
Park
Kaiserin-Elisabeth-Denkmal
Minoriten-kirche
Finanzamt
Rathaus
Stadiong.
Rat-
gasse
Bartensteingasse
Vienna's English Theatre
41
Volks-
Löwelstraße
Pfeilgasse
Josefsg.
Doblhoff-gasse
Parlament
37
Theseus-tempel
Lerchengasse
STADT
Zeltgasse
Gasse
Pallas-Athene-Brunnen
Dr.-K.-Renner-Ring
garten
Strozzigasse
Trautson-gasse
Auers-pergstr.
Schmerlingplatz
Erzherzog-Karl-Denkmal
46
Roter Hof
Neudegger-gasse
Schmerlingpl.
Dr.-Karl-Renner-Ring
1
Strozzig.
Auerspergstr.
46
Volks-gartenstr.
36
Helden-platz
Myrthen-gasse
Straße
Mechitharisten-kloster
Justiz-palast
Museum
Burg-str.
215
Prinz-Eugen-Denkmal
D
Neubau
Döbler-gasse
221
Justiz-ministerium
Mechitaristeng.
U3
E
F
Natur-

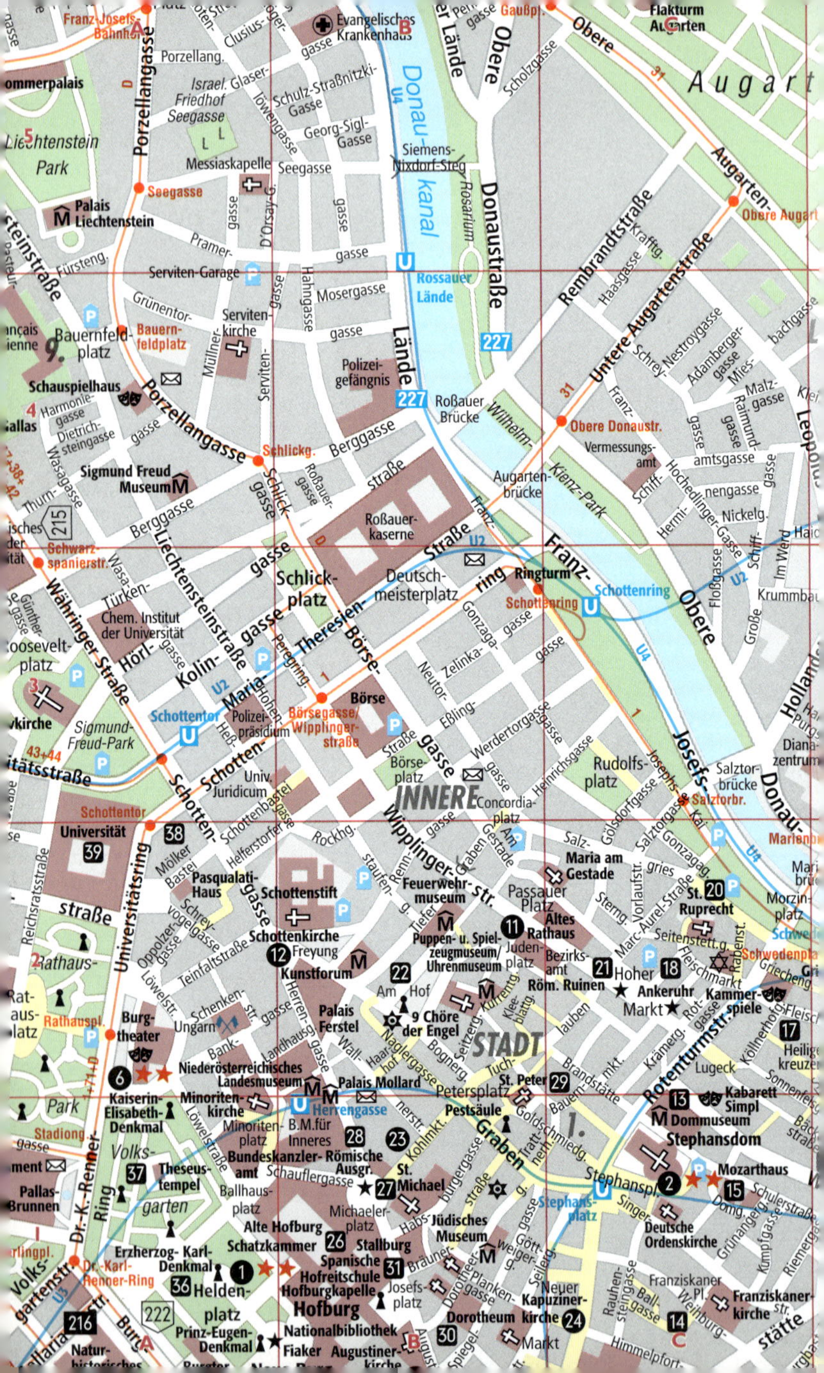

Franz-Josefs-Bahnhof
Porzellangasse
Porzellang.
Clusius-gasse
Evangelisches Krankenhaus
Gaußpl.
Flakturm Augarten
Obere
Augarten
Obere Lände
Scholzgasse
Palais Liechtenstein
Liechtenstein Park
Israel. Friedhof Seegasse
Glaser-gasse
Schulz-Straßnitzki-Gasse
Georg-Sigl-Gasse
Donaukanal
U4
Siemens-Nixdorf-Steg
Messiaskapelle
Seegasse
Rosarium
Donaustraße
Augarten-
Obere Augarten
Pramer-gasse
D'Orsay-G.
Fürsteng.
Serviten-Garage
Rossauer Lände
Rembrandtstraße
Kraftg.
Haasgasse
Untere Augartenstraße
Grünentor-gasse
Mosergasse
Hahngasse
Servitenkirche
Bauernfeldplatz
9.
227
Schrey-
Nestroygasse
Adambergergasse
Mies-
bachgasse
Müllner-gasse
Serviten-gasse
Polizeigefängnis
Lände
Roßauer Brücke
Wilhelm-
Malzgasse
Raimund-gasse
Schauspielhaus
Harmoniegasse
Dietrichsteingasse
Porzellangasse
Schlickg.
Berggasse
31
Obere Donaustr.
Vermessungsamt
amtsgasse
Leopold
Wasagasse
Sigmund Freud Museum
Schlickgasse
Roßauer-gasse
straße
Roßauer-kaserne
Augartenbrücke
Kienz-Park
Schiff-
Hochedlinger-Gasse
nengasse
Nickelg.
Thurn-
215
Berggasse
Liechtensteinstraße
Franz-
Hermi-
Schwarzspanierstr.
U2
Ringturm
Franz-Josefs-Kai
Obere
Floßgasse
Im Werd
Krummbau
Währinger Straße
Türken-
Schlickplatz
Deutschmeisterplatz
Schottenring
Chem. Institut der Universität
Hörl-gasse
Kolin-gasse
Maria-Theresien-
Börse-
Gonzagagasse
Große
Roosevelt-platz
Peregring.
Zelinkagasse
Neutor-gasse
Holland-
Börse
Eßling-
Werdertorgasse
Sigmund-Freud-Park
Schottentor
Polizeipräsidium
Börsegasse/Wipplingerstraße
Heß-
Hohen-
Straße
Börseplatz
gasse
Heinrichsgasse
Rudolfsplatz
Salztorbrücke
Dianazentrum
43+44
Universitätsstraße
Schotten-
Univ. Juridicum
Schottenbastei
INNERE
Concordiaplatz
Salzgries
Josephs-Kai
Salztorbr.
Donau-
Schottentor
Universität
38
39
Mölker Bastei
Helferstorfer-
Rockhg.
Wipplinger-str.
Gölsdorfgasse
Salztorgasse
Gonzagag
Marienbrücke
Reichsratsstraße
straße
Pasqualati-Haus
Schottengasse
Schottenstift
Renngasse
staufen-g.
Feuerwehrmuseum
Am Gestade
Graben
Maria am Gestade
Passauer Platz
Vorlaufstr.
Marc-Aurel-Straße
St. Ruprecht
20
Morzinplatz
Oppolzergasse
Schreyvogelgasse
Schottenkirche
Freyung
12
Tiefer
Puppen- u. Spielzeugmuseum/ Uhrenmuseum
11
Altes Rathaus
Judenplatz
Sterng.
Seitenstett.g.
Rabenst.
Schwedenpl.
Rathaus-
Teinfaltstraße
Kunstforum
22
Bezirksamt
21
Hoher
18
Fleischmarkt
Griecheng.
Universitätsring
Löwelstr.
Am Hof
Röm. Ruinen
Ankeruhr
Markt
Kammerspiele
Rathauspl.
Burgtheater
Ungarn
Schenkenstr.
gasse
Palais Ferstel
9 Chöre der Engel
Kleeblattg.
Kurrentg.
Rotgasse
Köllnerhofg.
17
Heiligenkreuzer
Bankg.
Landhausg.
Herrengasse
Wallner-
Haarhof
Naglergasse
Bognerg.
Seitzerg.
STADT
Tuch-
lauben
Brandstätte
Krämerg.
Lugeck
Rotenturmstr.
6
Niederösterreichisches Landesmuseum
Palais Mollard
St. Peter
29
Kabarett Simpl
13
Sonnenfels
Park
Kaiserin-Elisabeth-Denkmal
Minoritenkirche
Herrengasse
Petersplatz
Pestsäule
Graben
Bauernm.
1.
Dommuseum
Stephansdom
Stadiong.
Minoritenplatz
B.M.für Inneres
28
23
Kohlmkt.
Goldschmiedg.
Trattnerh.
Volks-
37
Theseustempel
Bundeskanzleramt
Römische Ausgr.
St. Michael
Stephanspl.
2
Mozarthaus
15
Schulerstraße
Pallas-Brunnen
garten
Ballhausplatz
Schauflergasse
27
Michaelerplatz
Habsburgergasse
Dorotheergasse
Stephansplatz
Singer
Domg.
Deutsche Ordenskirche
Grünangerg.
Kumpfgasse
Riemerg.
Dr.-K.-Renner-Ring
Alte Hofburg
Schatzkammer
26
Stallburg
Jüdisches Museum
Göttweiger-g.
Seilerg.
Erzherzog-Karl-Denkmal
Spanische Hofreitschule
31
Bräunerstr.
Franziskaner Pl.
Weihburg-
Franziskanerkirche
Volksgartenstr.
Dr.-Karl-Renner-Ring
1
36
Heldenplatz
Hofburgkapelle
Josefsplatz
Planken-gasse
Kapuzinerkirche
Neuer Markt
24
Rauhensteingasse
Ballgasse
14
U3
216
222
Hofburg
Prinz-Eugen-Denkmal
Nationalbibliothek
Dorotheum
30
Spiegel-
Himmelpfort-
stätte
Naturhistorisches
Burgring
Fiaker
Augustinerkirche

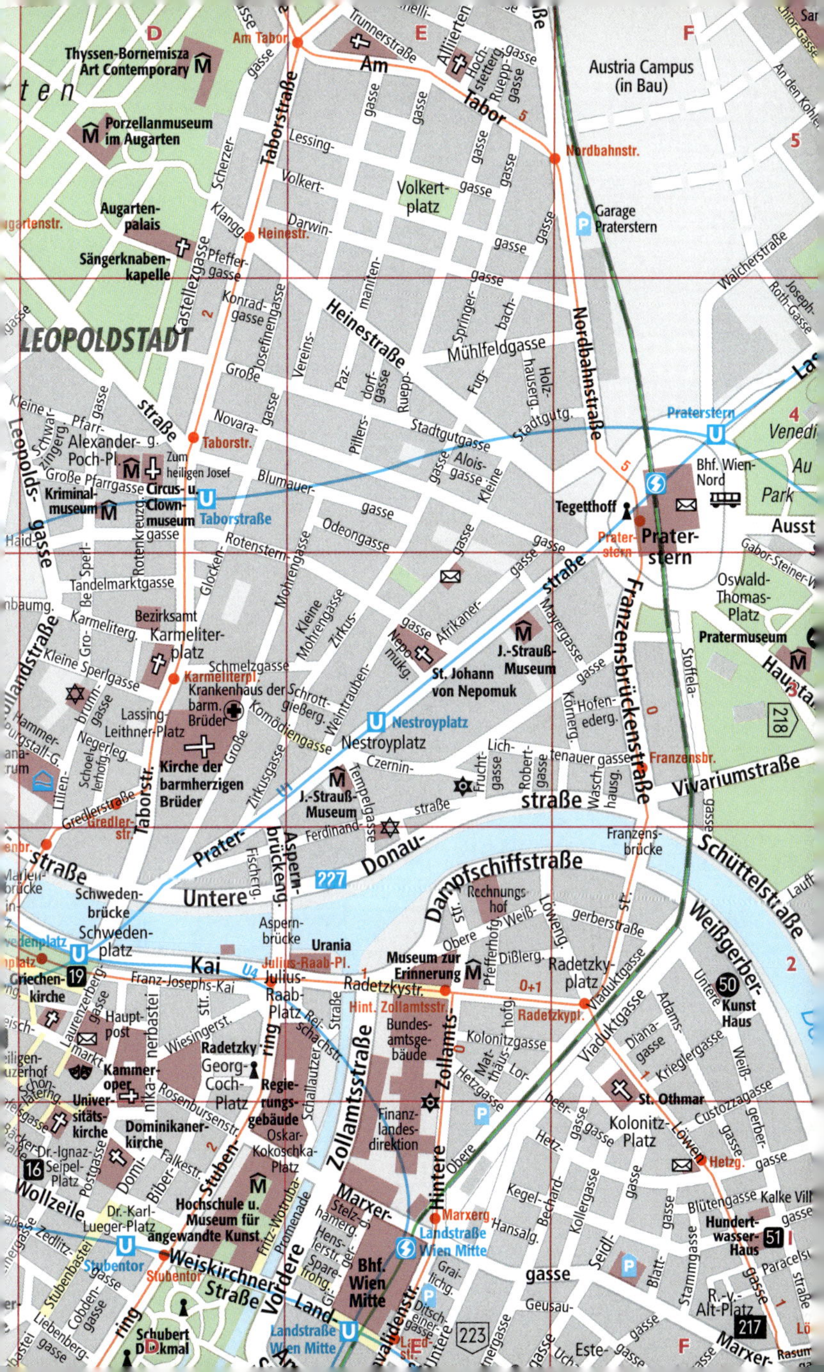

D
E
F
Thyssen-Bornemisza Art Contemporary
Porzellanmuseum im Augarten
Augartenpalais
Sängerknabenkapelle
Augartenstr.
LEOPOLDSTADT
Am Tabor
Taborstraße
Trunnerstraße
Alliierten
Hochstetterg.
Rueppgasse
Austria Campus (in Bau)
Nordbahnstr.
Lessinggasse
Volkertgasse
Volkertplatz
Darwingasse
Heinestr.
Klangg.
Scherzergasse
Pfeffergasse
Castellezgasse
Konradgasse
Josefinengasse
Große Stadtgutgasse
Heinestraße
Vereinsgasse
Pazmanitengasse
Springergasse
Mühlfeldgasse
Bachgasse
Holzhausergasse
Nordbahnstraße
Garage Praterstern
Walcherstraße
Joseph-Roth-Gasse
Fuggasse
Ruepp-gasse
Pillersdorfgasse
Stadtgutgasse
Aloisgasse
Kleine Pfarrgasse
Schwarzingergasse
Leopoldsgasse
Alexander-Poch-Pl.
Große Pfarrgasse
Zum heiligen Josef
Circus- u. Clownmuseum
Kriminalmuseum
Taborstr.
Novaragasse
Blumauergasse
Taborstraße
Praterstern
Bhf. Wien-Nord
Venediger Au
Park
Ausst
Tegetthoff
Praterstern
Haidgasse
Rotensterngasse
Odeongasse
Glockengasse
Rotenkreuzg.
Sperlgasse
Tandelmarktgasse
Mohrengasse
Kleine Mohrengasse
Zirkusgasse
Afrikanergasse
Nepomukg.
Meyergasse
J.-Strauß-Museum
Gabor-Steiner-Weg
Oswald-Thomas-Platz
Pratermuseum
Hauptallee
Stoffelagasse
Franzensbrückenstraße
Karmeliterg.
Bezirksamt
Karmeliterplatz
Karmeliterpl.
Kleine Sperlgasse
Große Schiffgasse
Schmelzgasse
Krankenhaus der barm. Brüder
Schrottgießerg.
Komödiengasse
Weintraubengasse
St. Johann von Nepomuk
Hofenederg.
Körnerg.
Lassingleithner-Platz
Negerlegasse
Schoellerhofg.
Hammer-Purgstall-G.
Lilienbrunngasse
Kirche der barmherzigen Brüder
Nestroyplatz
Czerningasse
Tempelgasse
J.-Strauß-Museum
Lichtenauer Gasse
Fruchtgasse
Robertgasse
Waschhausg.
Franzensbr.
Vivariumstraße
218
Gredlerstraße
Gredlerstr.
Ferdinandstraße
Praterstraße
Fischerg.
Aspernbrückeng.
Donaustraße
Franzensbrücke
Schüttelstraße
Untere Donaustraße
227
Dampfschiffstraße
Rechnungshof
Marienbrücke
Schwedenbrücke
Schwedenplatz
Aspernbrücke
Urania
Obere Weißgerberstraße
Löweng.
Pfefferhofg.
Dißlerg.
Radetzkyplatz
Viaduktgasse
Weißgerberlände
Untere Weißgerberstraße
Kunst Haus
50
Kai
Franz-Josephs-Kai
Julius-Raab-Pl.
Julius-Raab-Platz
Radetzkystr.
Hint. Zollamtsstr.
Museum zur Erinnerung
Radetzkypl.
Griechenkirche
19
Laurenzerberg
Hauptpost
Dominikanerbastei
Wiesingerstr.
Radetzky Georg-Coch-Platz
Regierungsgebäude
Reischachstr.
Schallautzerstraße
Zollamtsstraße
Bundesamtsgebäude
Kolonitzgasse
Matthäusgasse
Hetzgasse
Lorbeergasse
Diana-gasse
Adamsgasse
Krieglergasse
Heiligenkreuzerhof
Fleischmarkt
Kammeroper
Universitätskirche
Schönlaterngasse
Dominikanerkirche
Rosenbursenstr.
Oskar-Kokoschka-Platz
Finanzlandesdirektion
St. Othmar
Kolonitz-Platz
Custozzagasse
Löwengasse
Hetzg.
Dr.-Ignaz-Seipel-Platz
16
Postgasse
Bäckerstraße
Falkestr.
Stubenring
Wollzeile
Zedlitzg.
Dr.-Karl-Lueger-Platz
Biberstr.
Hochschule u. Museum für angewandte Kunst
Fritz-Wotruba-Promenade
Marxergasse
Stelzhamerg.
Henslerstr.
Sparefrohg.
Hintere Zollamtsstraße
Marxerg.
Landstraße Wien Mitte
Obere Viaduktgasse
Kegelgasse
Hansalg.
Bechardgasse
Kollergasse
Blütengasse
Kalke Vill
Hundertwasser-Haus
51
Paracelsusgasse
Stubentor
Weiskirchner Straße
Vordere Zollamtsstraße
Bhf. Wien Mitte
Landstr. Hauptstr.
Ditscheinergasse
Gigergasse
Seidlgasse
Geusaugasse
Blattgasse
Stammgasse
R.-v.-Alt-Platz
Stubenbastei
Cobdengasse
Liebenberggasse
Schubert Denkmal
Landstraße Wien Mitte
Invalidenstr.
223
Estegasse
Untere Viaduktgasse
Marxergasse
217
Rasumofskygasse

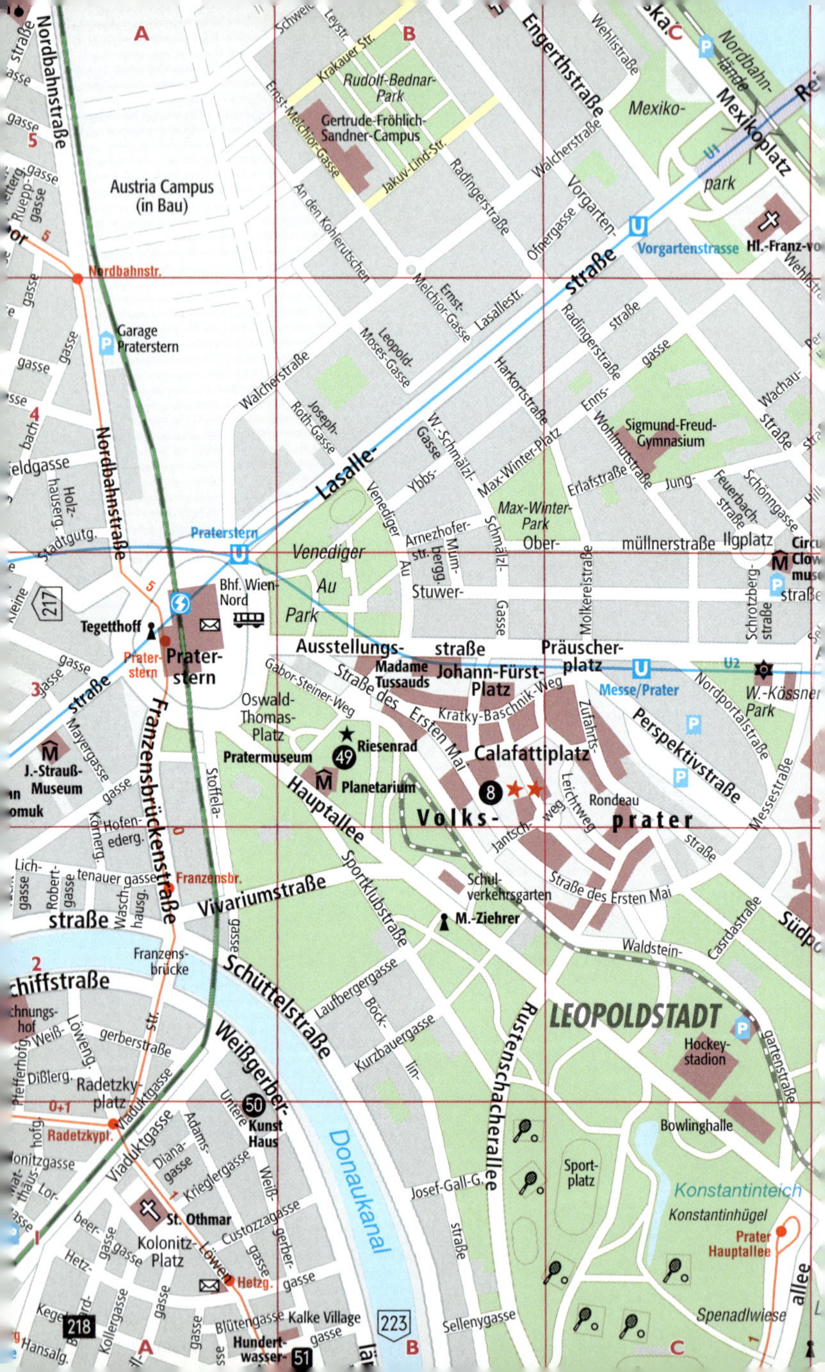
A
B
C
Nordbahnstraße
Austria Campus
(in Bau)
Krakauer Str.
Leystr.
Rudolf-Bednar-
Park
Gertrude-Fröhlich-
Sandner-Campus
Ernst-Melchior-Gasse
Jakov-Lind-Str.
An den Kohlerutschen
Engerthstraße
Wehlistraße
Walcherstraße
Radingerstraße
Vorgarten-
Ofnergasse
Mexiko-
park
Mexikoplatz
Nordbahn-
lände
U1
Vorgartenstrasse
Hl.-Franz-v
Nordbahnstr.
Garage
Praterstern
Ernst-
Melchior-Gasse
Lasallestr.
straße
Leopold-
Moses-Gasse
Walcherstraße
Joseph-
Roth-Gasse
Lasalle-
Radingerstraße
Harkortstraße
Enns-
gasse
Wachau-
straße
Sigmund-Freud-
Gymnasium
Wohlmutstraße
Max-Winter-Platz
W.-Schmälzl-
Gasse
Ybbs-
Venediger
Au
Erlafstraße
Jung-
Feuerbach-
straße
Schönngasse
Max-Winter-
Park
Ober-
müllnerstraße
Ilgplatz
Praterstern
Venediger
Au
Park
Arnezhofer-
str.
Mum-
bergg.
Schmälzl-
Stuwer-
Gasse
Molkereistraße
Schrotzberg-
straße
straße
Circu
Clow
mus
Nordbahnstraße
Stadtgutg.
Holz-
hauserg.
Feldgasse
217
Tegetthoff
Prater-
stern
Bhf. Wien-
Nord
Ausstellungs-
straße
Präuscher-
platz
U2
Madame
Tussauds
Johann-Fürst-
Platz
Messe/Prater
W.-Kössner
Park
Gabor-Steiner-Weg
Straße des Ersten Mai
Kratky-Baschnik-Weg
Nordportalstraße
Perspektivstraße
Oswald-
Thomas-
Platz
Riesenrad
49
Pratermuseum
Planetarium
Calafattiplatz
Zufahrts-
8
Leichtweg
Rondeau
Volks-
prater
Messestraße
Mayergasse
J.-Strauß-
Museum
Stoffela-
Hauptallee
Jantsch-
weg
straße
Franzensbrückenstraße
Hofen-
ederg.
Körnerg.
Lich-
tenauer gasse
Franzensbr.
Vivariumstraße
Sportklubstraße
Schul-
verkehrsgarten
Straße des Ersten Mai
Robert-
gasse
Wasch-
hausg.
straße
M.-Ziehrer
Waldstein-
Castsdastraße
Südp
Franzens-
brücke
Schüttelstraße
gasse
Schiffstraße
Laufbergergasse
Böck-
Kurzbauergasse
Rustenschacherallee
LEOPOLDSTADT
Hockey-
stadion
gartenstraße
Weißgerber-
Untere
50
Kunst
Haus
Radetzky-
platz
Viaduktgasse
gerberstraße
Löweng.
Dißlerg.
Radetzkypl.
0+1
Donaukanal
Bowlinghalle
Adams-
gasse
Diana-
gasse
Krieglergasse
Weiß-
gerber-
gasse
Sport-
platz
Josef-Gall-G.
Konstantinteich
Konstantinhügel
Prater
Hauptallee
St. Othmar
Kolonitz-
Platz
Custozzagasse
Löwen
Hetzg.
gasse
beer-
gasse
Hetz-
gasse
Kegel-
Kollergasse
Blütengasse
Kalke Village
223
Sellenygasse
straße
Spenadlwiese
allee
Hansalg.
Hundert-
wasser-
51

D
E
F
Reichsbrücke
Donau
Inselinfo
Neue Donau
Rudolf-Nurejew-Promenade
Bellegardegasse
226
Schüttau-
platz
Wasserspielplatz
Donauinsel
Am Kaisermühlendamm
Moissigasse
Schiffmühlenstr.
5
Schiffahrtszentrum
Wien
Praterlände
Donauuferautobahn
Handelskai
Perschlingstr.
Kaisermühlenbrücke
Bücherei
Engerthstraße
Donauinsel
4
Engerthstraße
Hillerstraße
Teuffenbachstraße
55
Wilhelms-
kaserne
Circus- und
Clown-
museum
Kuba Moschee
Wehlistr.
Sebastian-Kneipp-Gasse
Kafkastraße
Machstraße
Ausstellungsstraße
Elderschplatz
Lößlweg
gasse
Landungshauslände
3
Albrechts-
kaserne
Messe
Wien
Offenbachgasse
Krieau
WU Campus
(Wirtschaftsuniversität Wien)
Trabrennstraße
Stella-Klein-Löw-Weg
Dr.-
Natterer-
Gasse
2
Stella-Klein-Löw-Weg
Vorgartenstr.
U2
2.
Engerthstraße
Kaiserallee
Trabrennbahn
Stadion
Trabrennstraße
Liliputbahn
Prater
Stadion Center
Olympia-
platz
Hauptallee
Lagewiese
Nordportalstr.
Meiereistr.
Ernst-Happel-
Stadion
Denkmal
1848
D
E
F

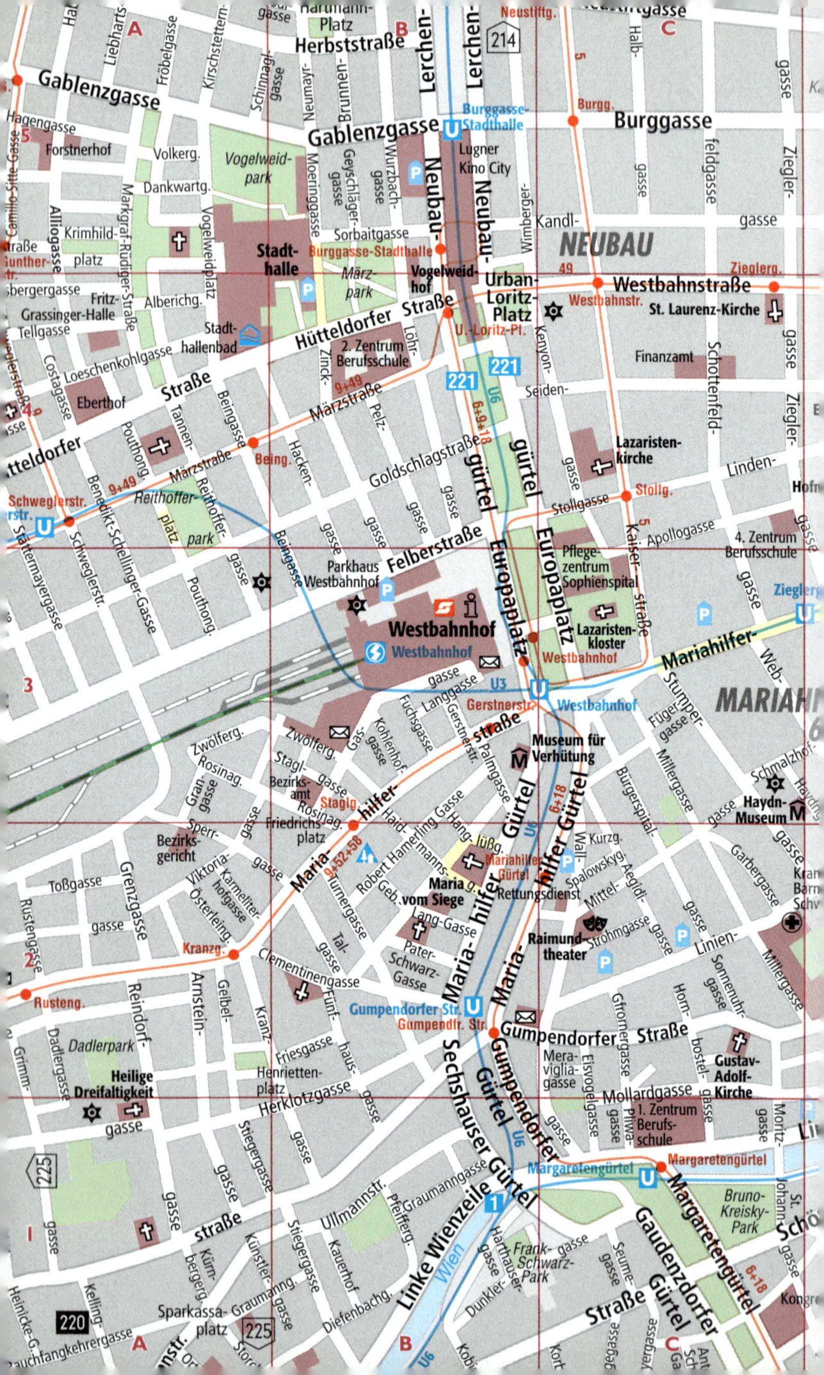
A
B
C
Herbststraße
Gablenzgasse
Burggasse
Burggasse-Stadthalle
Lugner Kino City
Vogelweidpark
Stadthalle
Stadthallenbad
Märzpark
Vogelweidhof
Urban-Loritz-Platz
U.-Loritz-Pl.
NEUBAU
Westbahnstraße
Westbahnstr.
Zieglerg.
St. Laurenz-Kirche
Finanzamt
Hütteldorfer Straße
2. Zentrum Berufsschule
Märzstraße
Goldschlagstraße
Neubaugürtel
Lazaristenkirche
Stollgasse
Stollg.
Kaiserstraße
Apollogasse
4. Zentrum Berufsschule
Felberstraße
Parkhaus Westbahnhof
Westbahnhof
Europaplatz
Pflegezentrum Sophienspital
Lazaristenkloster
Mariahilfer Straße
MARIAHILF
Gerstnerstr.
Museum für Verhütung
Haydn-Museum
Schmalzhofgasse
Forstnerhof
Volkerg.
Dankwartg.
Krimhildplatz
Alberichg.
Fritz-Grassinger-Halle
Tellgasse
Loeschenkohlgasse
Eberthof
Schweglerstr.
Reithofferplatz
Reithofferpark
Being.
Zwölferg.
Rosinag.
Staglg.
Bezirksamt
Friedrichsplatz
Bezirksgericht
Toßgasse
Kranzg.
Rusteng.
Dadlerpark
Heilige Dreifaltigkeit
Clementinengasse
Gumpendorfer Str.
Gumpendfr. Str.
Mariahilfer Gürtel
Maria vom Siege
Rettungsdienst
Raimundtheater
Gumpendorfer Straße
Gustav-Adolf-Kirche
Mollardgasse
1. Zentrum Berufsschule
Margaretengürtel
Bruno-Kreisky-Park
Gaudenzdorfer Gürtel
Linke Wienzeile
Wien
Frank-Schwarz-Park
Sechshauser Gürtel
Henriettenplatz
Herklotzgasse
Sparkassaplatz
Ullmannstr.
Kauerhof
Diefenbachg.
U3
U6
214
221
225
220

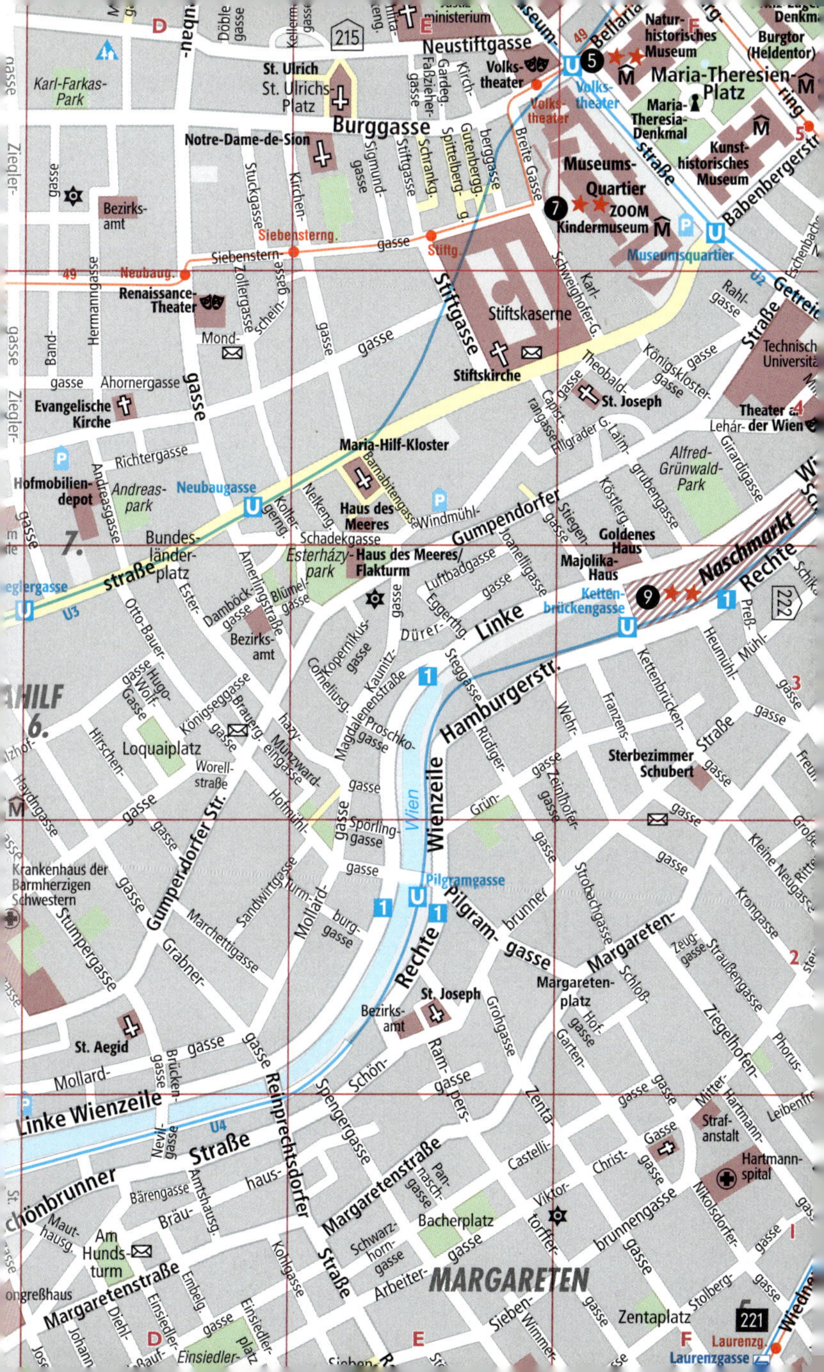
215
222
221
D
E
F
3
2
4
5
6.
7.
Neustiftgasse
St. Ulrich
St. Ulrichs-Platz
Burggasse
Notre-Dame-de-Sion
Volkstheater
Bellaria
Naturhistorisches Museum
Burgtor (Heldentor)
Maria-Theresien-Platz
Maria-Theresia-Denkmal
Kunsthistorisches Museum
Babenbergerstr.
Museums-Quartier
ZOOM Kindermuseum
Museumsquartier
Karl-Farkas-Park
Bezirksamt
Siebensterng.
Siebenstern-gasse
Stiftg.
Neubaug.
Renaissance-Theater
Mondscheingasse
Stiftgasse
Stiftskaserne
Stiftskirche
Getreidemarkt
Technische Universität
Theater an der Wien
St. Joseph
Theobaldgasse
Königsklostergasse
Lehárgasse
Girardigasse
Alfred-Grünwald-Park
Laimgrubengasse
Köstlergasse
Evangelische Kirche
Ahornergasse
Bandgasse
Hermanngasse
Zieglergasse
Richtergasse
Hofmobiliendepot
Andreaspark
Andreasgasse
Neubaugasse
Maria-Hilf-Kloster
Barnabitengasse
Haus des Meeres
Windmühlgasse
Gumpendorfer Straße
Bundesländerplatz
Schadekgasse
Esterházypark
Haus des Meeres/Flakturm
Goldenes Haus
Majolikahaus
Naschmarkt
Kettenbrückengasse
Linke Wienzeile
Rechte Wienzeile
Hamburgerstr.
Luftbadgasse
Joanelligasse
Eggerthgasse
Dürergasse
Kopernikusgasse
Kaunitzgasse
Magdalenenstraße
Proschkogasse
Corneliusgasse
Amerlingstraße
Blümelgasse
Dambockgasse
Otto-Bauer-Gasse
Hugo-Wolf-Gasse
Königseggasse
Loquaiplatz
Worellstraße
Münzwardeingasse
Hofmühlgasse
Sporlinggasse
Wien
Pilgramgasse
Steggasse
Rüdigergasse
Zeinlhofergasse
Wehrgasse
Franzensgasse
Kettenbrückengasse
Sterbezimmer Schubert
Mühlgasse
Heumühlgasse
Preßgasse
Kleine Neugasse
Krongasse
Straußengasse
Zeuggasse
Schloßgasse
Margaretenplatz
Margaretenstraße
Strobachgasse
Brunnergasse
Gumpendorfer Str.
Hirschengasse
Haydngasse
Krankenhaus der Barmherzigen Schwestern
Stumpergasse
Grabnergasse
Marchettigasse
Sandwirtgasse
Mollardgasse
Turmburggasse
St. Aegid
Brückengasse
Mollardgasse
Reinprechtsdorfer Straße
Spengergasse
Schönbrunner Straße
Bezirksamt
St. Joseph
Grohgasse
Rampersgasse
Hofgasse
Gartengasse
Zentagasse
Ziegelofengasse
Mittersteig
Hartmanngasse
Strafanstalt
Hartmann-spital
Phorusgasse
Leibenfrostgasse
Castelligasse
Christgasse
Viktor-Christ-Gasse
Bacherplatz
Pannaschgasse
Schwarzhorngasse
Arbeitergasse
Margaretenstraße
Nevillegasse
Bärengasse
Amtshausgasse
Bräuhausgasse
Am Hundsturm
Mauthausgasse
Kohlgasse
Embelgasse
Einsiedlergasse
Einsiedlerplatz
Diehlgasse
Johannagasse
Siebenbrunnengasse
MARGARETEN
Viktor-Wimmer-Gasse
Nikolsdorfer Gasse
Stolberggasse
Zentaplatz
Laurenzg.
Laurenzgasse
Wiedner
U2
U3
U4
49

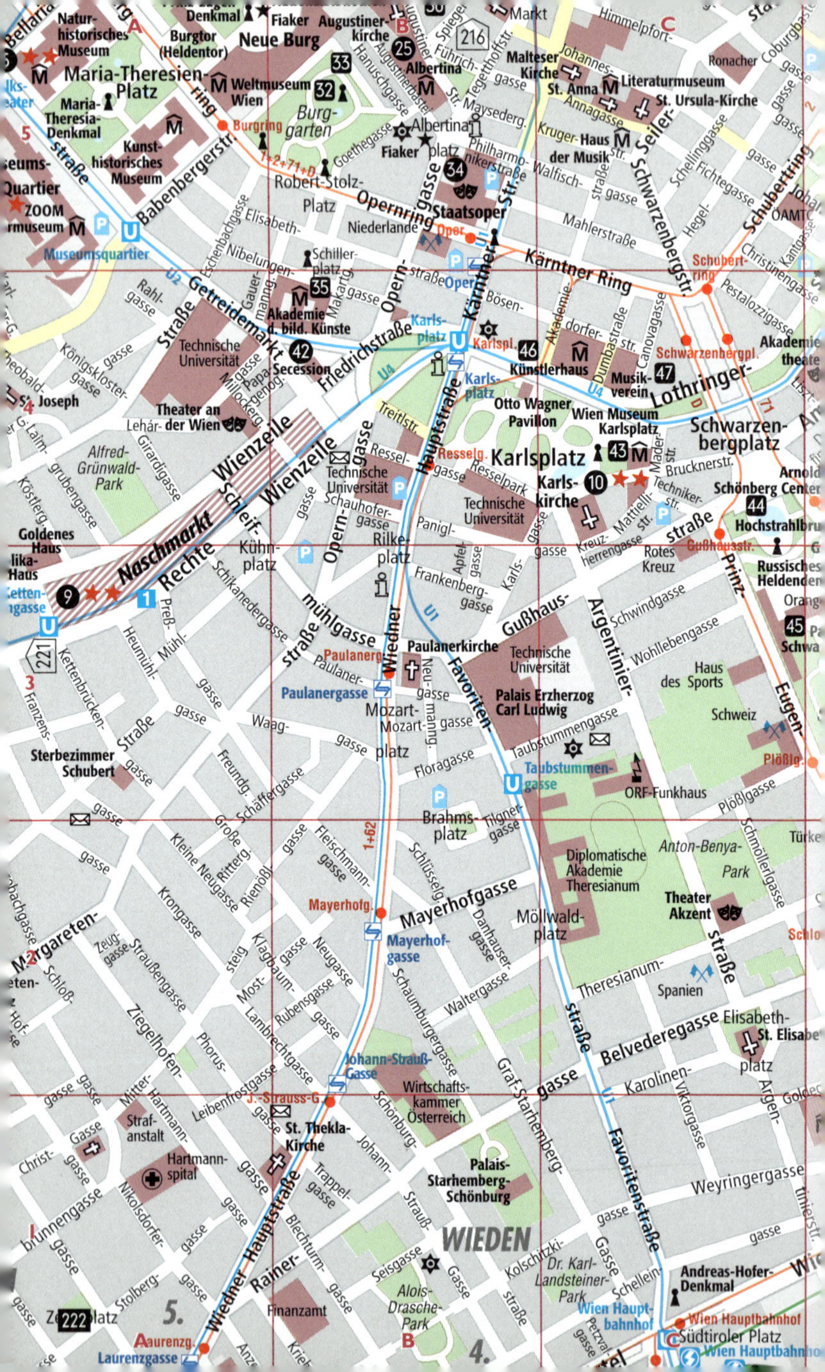

Naturhistorisches Museum
Maria-Theresien-Platz
Maria-Theresia-Denkmal
Kunsthistorisches Museum
Museumsquartier
ZOOM
Museumsquartier
Burgtor (Heldentor)
Neue Burg
Weltmuseum Wien
Burggarten
Burgring
Babenbergerstr.
Fiaker
Augustinerkirche
Albertina
Albertinaplatz
Hanuschgasse
Augustinerbastei
Führichgasse
Tegetthoffstr.
Maysederg.
Philharmonikerstraße
Markt
Himmelpfortg.
Malteser Kirche
Johannesg.
St. Anna
Annagasse
Literaturmuseum
St. Ursula-Kirche
Ronacher
Coburgbastei
Krugerstr.
Haus der Musik
Seilerstätte
Schwarzenbergstr.
Schellinggasse
Fichtegasse
Hegelgasse
Walfischgasse
Mahlerstraße
Schubertring
ÖAMTC
Christinengasse
Pestalozzigasse
Goethegasse
Robert-Stolz-Platz
Opernring
Opernasse
Staatsoper
Niederlande
Oper
Elisabethstr.
Eschenbachgasse
Nibelungengasse
Schillerplatz
Makartg.
Gauermanng.
Rahlgasse
Getreidemarkt
Akademie d. bild. Künste
Operngasse
Kärntner Ring
Kärntner Str.
Bösendorferstr.
Dumbastraße
Canovagasse
Schwarzenbergpl.
Akademie theater
Karlsplatz
Karlspl.
Künstlerhaus
Musikverein
Lothringerstr.
Friedrichstraße
Secession
Technische Universität
Königsklostergasse
Papagenog.
Millöckerg.
St. Joseph
Theater an der Wien
Lehárg.
Linke Wienzeile
Rechte Wienzeile
Treitlstr.
Otto Wagner Pavillon
Wien Museum Karlsplatz
Schwarzenbergplatz
Ressel-Park
Resselgasse
Resselg.
Karlskirche
Brucknerstr.
Technikerstr.
Arnold Schönberg Center
Hochstrahlbrunnen
Alfred-Grünwald-Park
Girardigasse
Köstlerg.
Grubengasse
Goldenes Haus
Majolikahaus
Kettenbrückengasse
Naschmarkt
Schleifmühlgasse
Kühnplatz
Schikanedergasse
Schauhofergasse
Paniglgasse
Rilkeplatz
Frankenberggasse
Apfelgasse
Karlsgasse
Mattiellistr.
Kreuzherrengasse
Rotes Kreuz
Gußhausstr.
Gußhausstraße
Prinz-Eugen-Straße
Russisches Heldendenkmal
Mühlgasse
Preßgasse
Heumühlgasse
Paulanerkirche
Paulanerg.
Paulanergasse
Wiedner Hauptstraße
Neumanngasse
Favoritenstraße
Technische Universität
Palais Erzherzog Carl Ludwig
Argentinierstraße
Schwindgasse
Wohllebengasse
Haus des Sports
Schweiz
Plößlgasse
Plößlg.
Franzensgasse
Kettenbrückengasse
Sterbezimmer Schubert
Waaggasse
Mozartplatz
Mozartgasse
Floragasse
Taubstummengasse
ORF-Funkhaus
Freundg.
Schäffergasse
Große Neugasse
Kleine Neugasse
Ritterg.
Rienößlgasse
Fleischmanngasse
Schlüsselg.
Brahmsplatz
Tilgnergasse
Diplomatische Akademie Theresianum
Anton-Benya-Park
Schmöllerlgasse
Theater Akzent
Krongasse
Margaretenstraße
Zeuggasse
Straußengasse
Mayerhofg.
Mayerhofgasse
Danhausergasse
Möllwaldplatz
Theresianumgasse
Spanien
Mostgasse
Klagbaumgasse
Neugasse
Rubensgasse
Schaumburgergasse
Waltergasse
Belvederegasse
Elisabethplatz
St. Elisabeth
Ziegelofengasse
Phorusgasse
Lambrechtgasse
Johann-Strauß-Gasse
Wirtschaftskammer Österreich
Graf-Starhemberg-Gasse
Karolinengasse
Viktorgasse
Argentinierstr.
Mittergasse
Hartmanngasse
Strafanstalt
Leibenfrostgasse
J.-Strauss-G.
St. Thekla-Kirche
Schönburgstr.
Hartmannspital
Trappelgasse
Palais Starhemberg-Schönburg
Weyringergasse
Christgasse
Nikolsdorfer Gasse
Blechturmgasse
Straußengasse
WIEDEN
Kolschitzkygasse
Dr. Karl-Landsteiner-Park
Schelleingasse
Andreas-Hofer-Denkmal
Stolberggasse
Rainergasse
Finanzamt
Seisgasse
Alois-Drasche-Park
Wien Hauptbahnhof
Südtiroler Platz
Laurenzgasse
Laurenzg.
5.
4.

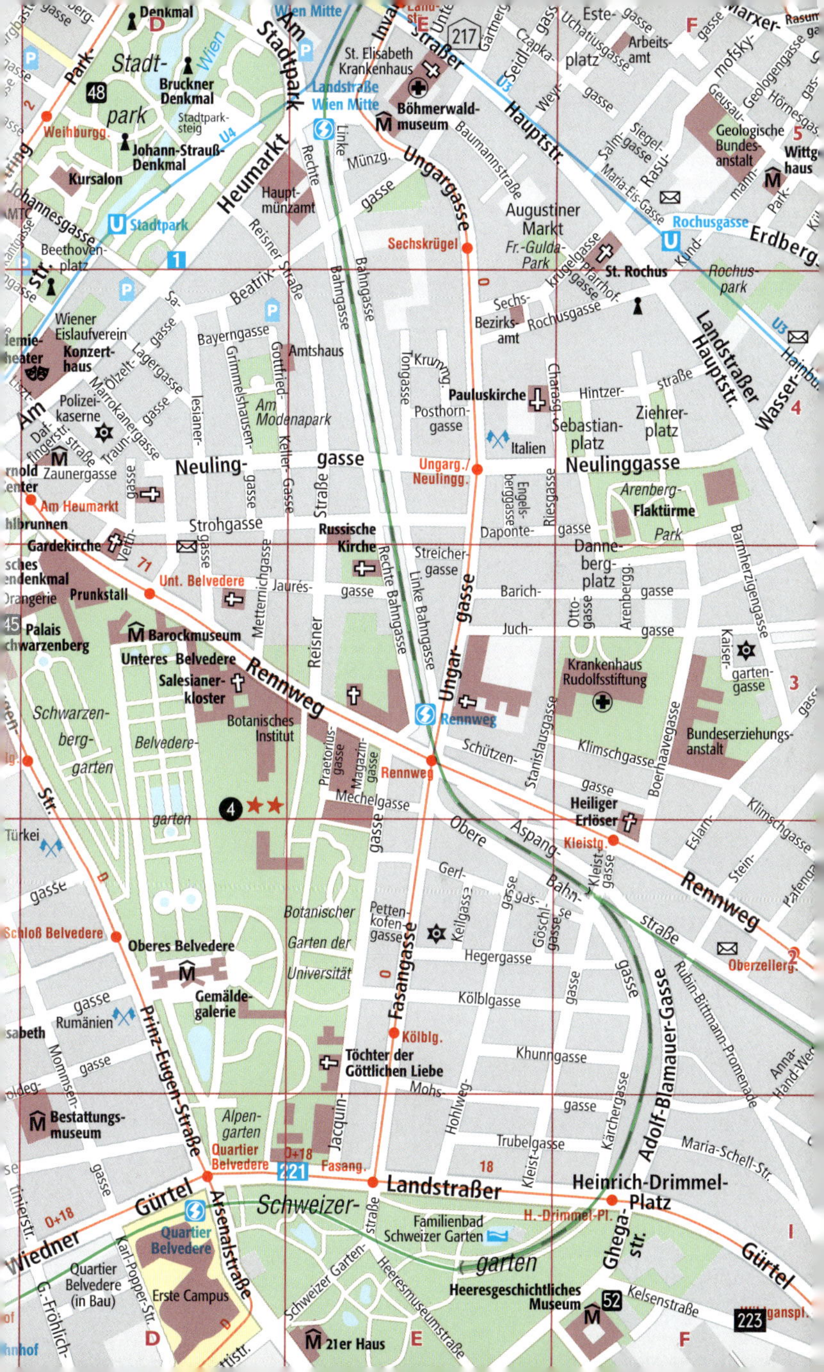
Denkmal
Stadtpark
Wien
Bruckner Denkmal
Stadtpark-steig
Weihburgg.
Johann-Strauß-Denkmal
Kursalon
Parkring
Johannesgasse
Stadtpark
Beethovenplatz
Heumarkt
Am Stadtpark
Wien Mitte
Landstraße Wien Mitte
St. Elisabeth Krankenhaus
Böhmerwald-museum
Invalidenstraße
Landstr.
217
Seidlgasse
Czapkagasse
Uchatiusgasse
Weyrgasse
Gärtnergasse
Estegasse
Arbeitsamt
Marxergasse
Rasumofskygasse
Geologengasse
Hörnesgasse
Geusaugasse
Geologische Bundesanstalt
Wittgensteinhaus
Salmgasse
Siegelgasse
Rasumofskygasse
Maria-Eis-Gasse
Rochusgasse
Erdberg
Linke Bahngasse
Rechte Bahngasse
Münzgasse
Ungargasse
Baumannstraße
Hauptmünzamt
Augustiner Markt
Fr.-Gulda-Park
Sechskrügel
Krugelgasse
Pfarrhofgasse
St. Rochus
Rochuspark
Landstraßer Hauptstr.
Kundmanngasse
Parkgasse
U3
U4
Reisnerstraße
Beatrixgasse
Salesianergasse
Bahngasse
Sechs-Bezirks-amt
Rochusgasse
Wiener Eislaufverein
Konzerthaus
Akademietheater
Lothringerstraße
Am Heumarkt
Lisztstraße
Polizeikaserne
Marokkanergasse
Ölzeltgasse
Lagergasse
Traungasse
Daffingerstr.
Zaunergasse
Bayerngasse
Grimmelshausengasse
Gottfried-Keller-Gasse
Amtshaus
Am Modenapark
Tongasse
Krummgasse
Posthorngasse
Pauluskirche
Charasgasse
Hintzerstraße
Sebastianplatz
Ziehrerplatz
Wassergasse
Italien
Neulinggasse
Ungarg./Neulingg.
Engelsbergg.
Riesgasse
Arenberg-Park
Flaktürme
Jacquingasse
Strohgasse
Russische Kirche
Rechte Bahngasse
Linke Bahngasse
Streichergasse
Dapontegasse
Dannebergplatz
Barmherzigengasse
Am Heumarkt
Schwarzenbergplatz
Hochstrahlbrunnen
Gardekirche
Veithgasse
Metternichgasse
Jaurésgasse
Unt. Belvedere
Sowjetisches Heldendenkmal
Orangerie
Prunkstall
Palais Schwarzenberg
Barockmuseum
Unteres Belvedere
Salesianerkloster
Rennweg
Botanisches Institut
Reisnerstraße
Barichgasse
Juchgasse
Ottogasse
Arenbergg.
Kaisergarten-gasse
Krankenhaus Rudolfsstiftung
Schwarzenberggarten
Belvederegarten
Praetoriusgasse
Magazingasse
Rennweg
Schützengasse
Stanislausgasse
Klimschgasse
Boerhaavegasse
Bundeserziehungsanstalt
Mechelgasse
Heiliger Erlöser
Kleistg.
Kleistgasse
Eslarngasse
Steingasse
Klimschgasse
Hafengasse
Türkei
Obere Bahngasse
Aspangstraße
Gerlgasse
Keilgasse
Göschlgasse
Pettenkofengasse
Botanischer Garten der Universität
Hegergasse
Kölblgasse
Schloß Belvedere
Oberes Belvedere
Gemäldegalerie
Rumänien
Fasangasse
Kölblg.
Töchter der Göttlichen Liebe
Khunngasse
Mohsgasse
Hohlweggasse
Oberzellerg.
Rubin-Bittmann-Promenade
Anna-Hand-Weg
Adolf-Blamauer-Gasse
Kärchergasse
Trubelgasse
Kleistgasse
Maria-Schell-Str.
Prinz-Eugen-Straße
Mommsengasse
Bestattungsmuseum
Alpengarten
Quartier Belvedere
221
Fasang.
Landstraßer Gürtel
Heinrich-Drimmel-Platz
H.-Drimmel-Pl.
Arsenalstraße
Wiedner Gürtel
Quartier Belvedere
Schweizergarten
Familienbad Schweizer Garten
Schweizer Garten-straße
Heeresmuseumstraße
Heeresgeschichtliches Museum
Ghegastr.
Kelsenstraße
Quartier Belvedere (in Bau)
Karl-Popper-Str.
Erste Campus
G.-Fröhlich-
21er Haus
Gürtel

PENZING
Penzing
Cumberlandstr.
Heilige-Jakob-K.
Einwanggasse
Sarravagasse
Töpfergasse
Gurk-
Beckmanngasse
Reinhardtgasse
Zichygasse
Schloßallee
Technisches Museum
Linzer
G.-Jager-Park
Penzinger Str.
Mariahilfer Str.
St. Rochus
Penzinger Str.
Nestroy-Denkmal
Nisselg.
Diester-
Gyrowetzg.
Teybergasse
Philipsgasse
Max-Reinhardt-Sem.
Auer-Welsbach-Pa
Hietzing/Kennedybrücke
Hadik-
gasse
10+58
10+52
Hadikpark
Schloss Schönbrunn
Hans-Moser-Park
Kennedy-brücke
Hietzing
Coudenhovepark
Schloß-brücke
Linke
Schönbrunner-
Schloß-
str.
58+60
Kaiserstock
Hietzinger Fahrstraße
Wagen-burg
Schlosstheater
Kaiser-Maximilien-Dkm.
Lichte Allee
Am Platz
Maria-Hietzing-K.
Schloss Schönbrunn
Meidinger Vierecki
Kindermuseum
Marionetten-theater
Finstere Allee
Meidinger Fahrstraße
Lindenallee
Tiergartenallee
Kronprinzen-garten
Palmen-haus
Obeliskenallee
Lichte Allee
Tiergartenallee
Schlosspark
Finstere Allee
Rustenallee
Tiergarten
hausallee
Taubenhaus
Tauben-
Lindenallee
Neptunbrunnen
Römische Ruine
Sybillengrotte
Botanischer Garten
Tivoligasse
Tiroler Garten
Bundesbad Schönbrunn
Bundesamt für Wald
Grünbergstr.
Gloriette
Tivol
Maxing-park
Forstl. Versuchsanstalt
Kleine Gloriette
Fasangarten
Hohenbergstr.
St. Clem
Gartenbau Anstalt
Krastelgasse
Stranitzkygasse
Maria-Theresien-Kaserne
Elisabethall
Schwertzweg
A
B
C
1
2
3
4
5

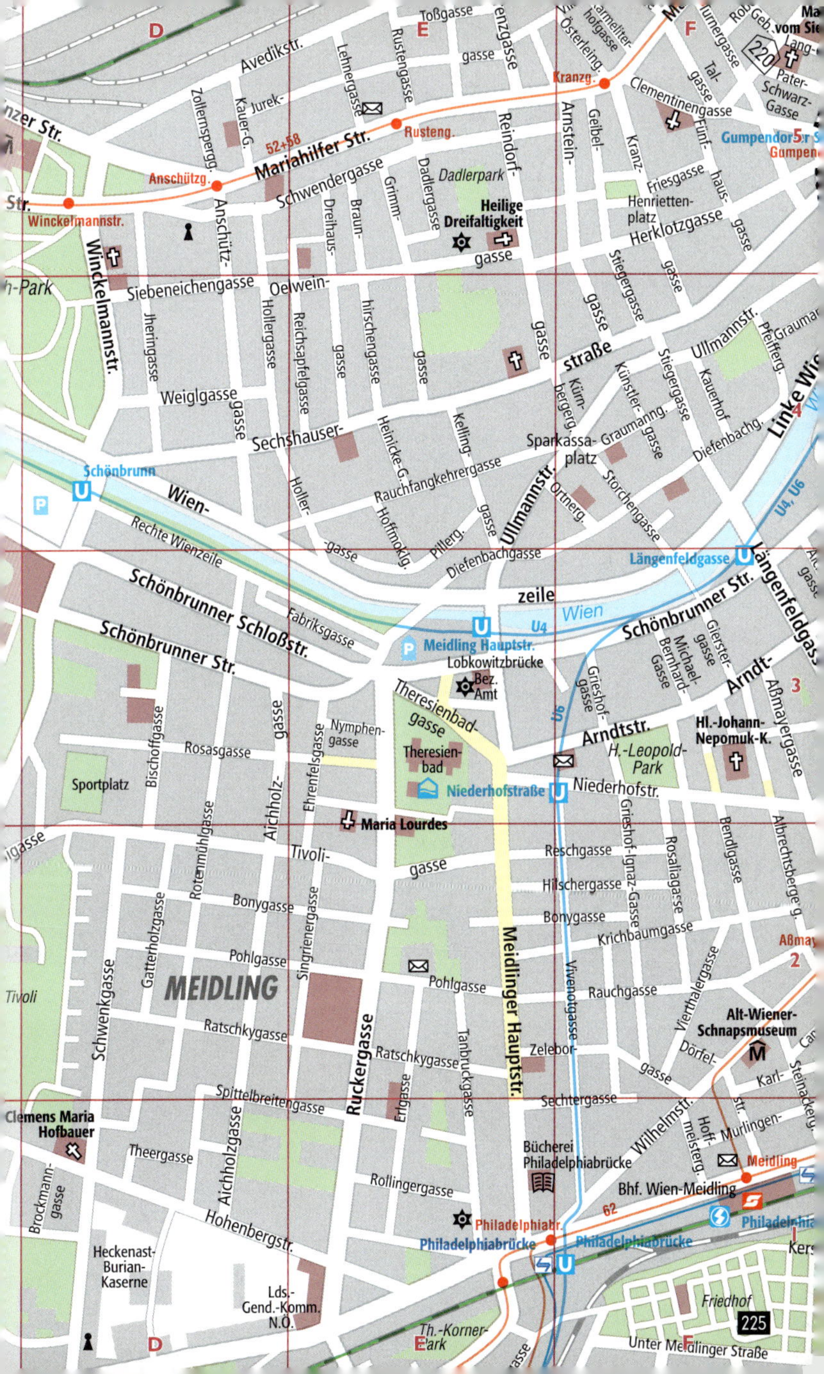
D
E
F
Toßgasse
Avedikstr.
Lehnergasse
Rustengasse
Jurek-
Kauer-G.
Zollernspergg.
Mariahilfer Str.
52+58
Anschützg.
Rusteng.
Kranzg.
Winckelmannstr.
Schwendergasse
Dreihaus-
Braun-
Grimm-
Dadlergasse
Dadlerpark
Reindorf-
Heilige Dreifaltigkeit
gasse
Arnstein-
Geibel-
Kranz-
Österleing.
Clementinengasse
Fünf-
haus-
gasse
Tal-
gasse
Pater-Schwarz-Gasse
Gumpendorfer Str.
Friesgasse
Henrietten-
platz
Herklotzgasse
Anschütz-
Siebeneichengasse
Oelwein-
Jheringasse
Hollergasse
Reichsapfelgasse
gasse
hirschengasse
Stiegergasse
Ullmannstr.
Pfeifferg.
straße
Kürn-
bergerg.
Künstler-
gasse
Stiegergasse
Kauerhof
Weiglgasse
Sechshauser-
Heinicke-G.
Kelling-
Sparkassa-
platz
Graumanng.
Diefenbachg.
Linke Wienzeile
Schönbrunn
Wien-
Rechte Wienzeile
Holler-
Rauchfangkehrergasse
Hoffinokg.
gasse
Pillerg.
Ullmannstr.
Ortnerg.
Storchengasse
U4, U6
Längenfeldgasse
Diefenbachgasse
zeile
Wien
U4
Schönbrunner Schloßstr.
Schönbrunner Str.
Fabriksgasse
Meidling Hauptstr.
Lobkowitzbrücke
Bez. Amt
Längenfeldgasse
Schönbrunner Str.
Giersterg.
Michael-Bernhard-Gasse
Grieshof-gasse
Arndt-
Aßmayergasse
3
Theresienbad-gasse
Nymphen-gasse
Ehrenfelsgasse
Aichholz-
gasse
Bischoffgasse
Rosasgasse
Sportplatz
Theresien-bad
Niederhofstraße
Niederhofstr.
Arndtstr.
H.-Leopold-Park
Hl.-Johann-Nepomuk-K.
U6
Maria Lourdes
Tivoli-
gasse
Rotenmühlgasse
Reschgasse
Hilschergasse
Bonygasse
Grieshof-Ignaz-Gasse
Rosaliagasse
Bendlgasse
Albrechtsberger g.
Bonygasse
Krichbaumgasse
Gatterholzgasse
Singrienergasse
Pohlgasse
Pohlgasse
Meidlinger Hauptstr.
Vivenotgasse
Rauchgasse
Aßmayerg.
2
MEIDLING
Tivoli
Schwenkgasse
Ratschkygasse
Ruckergasse
Ratschkygasse
Tanbruckgasse
Zelebor-
gasse
Viertmalergasse
Dörfel-
str.
Alt-Wiener-Schnapsmuseum
Karl-
Steinackerg.
Spittelbreitengasse
Erlgasse
Sechtergasse
Clemens Maria Hofbauer
Aichholzgasse
Theergasse
Wilhelmstr.
Hoff-meisterg.
Murlingen-
Meidling
Bücherei Philadelphiabrücke
Rollingergasse
Bhf. Wien-Meidling
Brockmann-gasse
62
Hohenbergstr.
Philadelphiabr.
Philadelphiabrücke
Philadelphiabrücke
Heckenast-Burian-Kaserne
Lds.-Gend.-Komm. N.Ö.
Th.-Körner-Park
Friedhof
Unter Meidlinger Straße
D
E
F

Donaupark
DONAU CITY
UNO-CITY
KAISERMÜHLEN
Donauparkbahn
Donaupark-bühne
See
Rosengarten
Iris-
Salvador Allende
Bundessportbad Alte Donau
Arbeiterstrandbadstraße
Alte Donau
Anton-Sattler
Loidl-Str.
Kagraner Brück
U1
Sportcenter Donaucity
Wohnpark Alte Donau
Kratochwilestr.
Wagramer Straße
Leonard-Bernstein-Str.
Vienna International Centre
Austria Center Vienna
IZD Tower
Koptische Markuskirche
Fischerstrand
Anglerweg
Eiswerkstr.
Fischerweg
Nauschgasse
Gotenweg
Julius-Payer-Gasse
Bruno-Kreisky-Platz
Muhammad-Asad Platz
Carl-Auböck-Promenade
Isidro-Fabela-Promenade
Kaisermühlen-Vienna International Centre
DC Towers
Platz der Vereinten Nationen
Kaiserwasser
Lagerwiese
Weissauweg
Kl. Säulenhaufen
Laberlweg
Strandbad Gänsehäufel
Cineplexx/Kids Town
Schüttaustr.
Wohnpark Neue Donau
Schiffmühlenstr.
Jungmaisstr.
Schödlbergergasse
Ernst-Sadil-Platz
Gänsehäufelbrücke
Sinagasse
Bellegardegasse
Schüttauplatz
Herz-Jesu-Kirche
Moissigasse
Inselinfo
Wasserspielplatz Donauinsel
Neue Donau
Rudolf-Nurejew-Promenade
Am Kaisermühlendamm
Donauuferautobahn
Schnitterweg
Berchtoldgasse
Harrachgasse
Kaisermühlenbrücke
Donau
Straßenbahne
A
B
C
1
2
3
4
5
8
53
54
219

Register

akg-images: S. 19, 26 (oben u. unten), 27 (oben)

Dieterich, Werner: S. 55, 58 (oben u. unten), 67 (Mitte), 107 (links oben)

DuMont Bildarchiv/Toni Anzenberger: S. 5 (oben u. unten), 6 (1), 6 (2) © Domkirche St. Stephan, Wien, 6 (3), 6 (4), 6 (6), 6 (7), 6 (8), 6 (9), 9, 11 (oben u. unten), 12/13, 14, 15, 16 (links oben, rechts oben, links unten u. rechts unten), 18, 21, 22, 24, 25 (rechts), 27 (unten), 29 (links u. rechts), 30, 31, 32 (oben rechts, unten links u. unten rechts), 33, 34, 36/37, 41 (unten), 42, 43 (oben links u. rechts), 44 (links u. rechts), 45, 47, 48 (oben, unten links u. unten rechts, © Domkirche St. Stephan, Wien), 52, 54, 56, 57, 60, 65, 68/69, 73 (links u. rechts), 74, 75 (rechts, links oben u. unten), 76 (oben u. (unten), 77, 79, 80, 82, 83, 84, 85, 89, 93, 95, 97, 98, 100/101, 105 (unten), 106 (links u. rechts), 107 (links unten u. rechts), 108 (oben u. unten), 109, 112, 113, 115, 116, 118, 120, 121, 122, 123, 126/127, 131 (oben), 132, 133 (links oben u. rechts), 134 (links u. rechts), 137, 142, 144, 146, 148, 151, 153, 154, 158/159, 164, 165 (links u. rechts), 166, 167, 168, 170, 171, 172, 175, 176, 178, 182 (rechts), 185, 186/187, 191, 194 (oben), 195, 196/197, 205

DuMont Bildarchiv/Krause: S. 28

DuMont Bildarchiv/Ernst Wrba: S. 6 (5), 6 (10), 25 (links oben u. unten), 32 (oben links), 35, 41 (oben links u. rechts), 62, 64, 66, 111, 131 (links unten), 147, 156, 163, 184, 188, 194 (unten)

Freyer, Ralf: S. 180

Hackenberg, Rainer: S. 87

laif/Gladieu/Le Figaro Magazine: S. 99

Lendl, Christian: S. 135

Lookphotos/SagaPhoto: S. 155

mauritius images: age fotostock/Peter Widmann S. 125; blickwinkel S. 92; BlueBell/Alamy S. 96; Hackenberg-Photo-Cologne/Alamy S. 63, 67 (oben u. unten); imageBROKER/Dr. Wilfried Bahnmüller S. 133 (links unten); Volker Preusser S. 182 (links); Dirk Renckhoff/Alamy S. 105 (oben); volkerpreusser/Alamy S. 179; Ernst Wrba/Alamy S. 43 (links unten); YankeePhotography/Alamy S. 124

picture alliance/APA/picturedesk.com: S. 17

Schloss Schönbrunn Kultur- und Betriebsges. mbH/Knaack: S. 20

Thomas, M.: S. 131 (unten rechts)

WKE, Wien: S. 139

Abb. S. 21, 73 (oben rechts), 74, 131 (oben), 132, 134 (rechts) mit freundlicher Genehmigung der Schloß Schönbrunn Kultur- und Betriebsgesellschaft m.b.H. in Wien

Titelbild: U1 oben und unten:
DuMont Bildarchiv/Toni Anzenberger

IMPRESSUM

© MAIRDUMONT GmbH & Co. KG
VERLAG KARL BAEDEKER

4. Aufl. 2019
Völlig überarbeitet und neu gestaltet

Text: Diane Naar-Elphee und Walter M. Weiss, Hanne Egghardt, Katharina Kunz
Redaktion: Baedeker (Dieter Luippold)
Layout: CYCLUS · Visuelle Kommunikation, Stuttgart
Projektleitung: Dieter Luippold
Programmleitung: Birgit Borowski
Chefredaktion: Rainer Eisenschmid

Kartografie: © MAIRDUMONT GmbH & Co. KG, Ostfildern
3D-Illustrationen: jangled nerves, Stuttgart

Anzeigenvermarktung: MAIRDUMONT MEDIA
Tel. 0711 45 02-0, media@mairdumont.com
media.mairdumont.com

Printed in Poland

Trotz aller Sorgfalt von Autoren und Redaktion sind Fehler und Änderungen nach Drucklegung leider nicht auszuschließen. Dafür kann der Verlag keine Haftung übernehmen. Berichtigungen, Kritik und Verbesserungsvorschläge sind uns jederzeit willkommen, bitte informieren Sie uns unter:

Verlag Karl Baedeker / Redaktion
Postfach 3162
D-73751 Ostfildern
Tel. 0711 45 02-262
smart@baedeker.com
www.baedeker.com

10 Gründe wiederzukommen!

1. Kaum eine Millionenmetropole tickt in so gemächlichem, menschengerechtem Tempo.

2. Wien ist so demokratisch und leger, dass man auch für wenig Geld enorm viel erleben kann.

3. Beim Flanieren über die Ringstraße und durch die Hofburg kann man sich wie ein Kaiser fühlen.

4. Staats- und Volksoper, Musikverein, Konzerthaus fachen die Musikleidenschaft stets aufs Neue an.

5. Bei der Dichte an hochkarätigen Museen hat man nie wirklich alle Kunstschätze entdeckt.

6. Bälle, Clubbing, Festivals: An der Donau gibt es immer etwas zu feiern.

7. Wiens Kaffeehäuser sind und bleiben einzigartige Inseln im Strom der Zeit.

8. Die kunterbunte Lokalszene verwandelt selbst Frühaufsteher in begeisterte Nachteulen.

9. Prater, Wienerwald, Alte und Neue Donau machen aus Wien eine grüne Stadt.

10. So geschmeidig-raunzig klingt die deutsche Sprache nirgendwo sonst in den Ohren.